U0541187

本书受西南财经大学全国中国特色社会主义政治经济学研究中心"中国特色社会主义政治经济学理论体系构建研究"项目资助

中国房地产市场空间分异与调控优化研究

丁如曦 ◎ 著

中国社会科学出版社

图书在版编目（CIP）数据

中国房地产市场空间分异与调控优化研究/丁如曦著.—北京：中国社会科学出版社，2020.5
ISBN 978-7-5203-6271-9

Ⅰ.①中… Ⅱ.①丁… Ⅲ.①房地产市场—研究—中国 Ⅳ.①F299.233

中国版本图书馆 CIP 数据核字（2020）第 059431 号

出 版 人	赵剑英	
责任编辑	喻　苗	
责任校对	胡新芳	
责任印制	王　超	

出　　版	中国社会科学出版社	
社　　址	北京鼓楼西大街甲 158 号	
邮　　编	100720	
网　　址	http://www.csspw.cn	
发 行 部	010-84083685	
门 市 部	010-84029450	
经　　销	新华书店及其他书店	
印　　刷	北京明恒达印务有限公司	
装　　订	廊坊市广阳区广增装订厂	
版　　次	2020 年 5 月第 1 版	
印　　次	2020 年 5 月第 1 次印刷	
开　　本	710×1000　1/16	
印　　张	15	
插　　页	2	
字　　数	231 千字	
定　　价	69.00 元	

凡购买中国社会科学出版社图书，如有质量问题请与本社营销中心联系调换
电话：010-84083683
版权所有　侵权必究

前　言

　　房地产问题事关人民安居乐业和经济社会发展全局，其重要性、复杂性和敏感性伴随一国经济发展与社会转型而凸显。中国作为一个人口众多、地域广袤、地区差异明显的大国，自改革开放后特别是 1998 年住房货币化改革以来，房地产业获得快速发展，房地产市场规模不断扩大。与此同时，中国房地产市场结构性调整也加快进行，并在区域空间维度上逐步呈现出一些新变化和新特征，集中表现为不同地区和城市房地产供求矛盾程度不一，城市房地产价格的空间分布差异与关联互动愈加复杂，房地产市场的空间性、结构性问题越发凸显。更加精准有效地促进中国大国房地产市场平稳、健康、协调发展，已经成为建设现代经济体系和保障改善民生的重要任务之一。在此背景下，深入探究并客观认识中国房地产市场运行的空间机理、过程与趋势，进而更加有效地推动中国房地产市场调控优化和长效发展机制完善，不仅具有重要的理论价值和现实意义，还具有丰富的政策内涵与启示。

　　本书以"中国房地产市场的区域空间分异与调控优化"为主题，以解决"中国房地产市场运行中具有怎样的空间分异机理与过程，又该如何通过调控优化来促进房地产市场的稳健发展"等核心问题为主线，综合采用理论建模、统计分析、计量检验、规范分析等多种研究方法，对房地产市场区域空间分异的一般机理进行梳理与归纳，对中国房地产市场区域空间分异的状况进行定量测度和刻画，并就其空间分异动力机制以及可能产生的影响进行实证检验与评估。在此研究基础上，结合经济规律、国际经验和中国实际，提出进一步推进房地产市场调控机制优化以及相关制度改革深化和调控政策完善的对策与建议，以期为促进中国房地产市场的平稳、健康和协调发展提供有益的政策决策参考。通过比较系统的理论分析与逐步深入的实证考察，得出如下主要研究结论与研究发现。

第一，房地产市场区域空间分异是区域房地产市场空间属性的重要呈现形式，集中表现为区域房地产需求、供给和价格在空间上的差异分布、相互联系及动态变化，是人口、资本、信息等可移动因素与土地、房屋等不可移动因素在特定空间区域上相互作用、相互影响的动态过程的空间映射，并统一于"空间—需求—供给—价格"四位一体的理论分析框架之中。

第二，受经济集聚力、分散力和交通条件改善等的影响，大国房地产市场的区域空间格局演变具有"中心扩展整合"和"外围分化倾斜"的非均衡性分异趋向。中心扩展整合表现在中心城市、都市圈以及城市群区域出现居住或就业等活动空间扩展，以及职住空间一体化趋向；外围分化倾斜体现为离中心城市较远的外围地域空间上，出现人口与住房供求相对集中区域的局部隆起，以及一些边缘地区和城市的相对收缩与下沉。

第三，中国房地产市场供给、需求和价格具有多个空间尺度上的差异性特征。无论从全国范围、东中西部和东北地区四大地带，还是都市圈城市群层面看，房地产市场在区域空间维度上的分布及其变动特征不尽相同。不同地区和不同类型城市间房地产供求之间的空间匹配程度不一，重点城市、热点城市、都市圈和城市群的房地产供需矛盾比较突出，房价波动上涨相对较快。

第四，中国房地产市场的区域空间分异是房地产市场自身结构动态调整和大国区域、城市经济发展不同步相叠加的结果，其内在驱动因素具有局域空间依赖的全域空间异质性特征。在中国全域空间上，具有以北京、上海、广州和深圳等城市为中心的房价"多中心—外围"模式；在局域空间上，具有以直辖市、副省级城市和省会城市为中心的房价"多中心—外围"特征。特别是随着中国区域经济由传统的省域经济逐步转向都市圈、城市群经济，以及城市体系的多中心网络化演进，中国房地产价格的多中心集群网络化差异联动体系正在形成。

第五，现阶段，中国房地产市场区域空间分异的出现，具有内在规律性和现实客观性。但由于多年来房地产市场自身问题积存以及长效机制建设不足，由此会带来一些不容忽视的问题和影响：一是热点、重点城市和地区相比于过往房价普涨时期，更容易成为房地产市场过热的策源地和房地产泡沫的载体；二是部分城市房价的非理性持续上涨，会对城市最优规模以及合理城市规模体系的形成造成消极影响；三是对房地产市场调控施策的统一性与差别性的兼顾把控、调控及改革措施推进的空间次序和力度拿捏，以及房地产市场调控的精准性与协同性，提出新的更高的要求。

第六，科学应对中国房地产市场区域空间分异过程中的突出问题和潜在风险，必须明确引导房地产市场实现稳健协调发展的目标要求，坚持稳定市场的房地产市场调控与固本强基的制度建设短效、长效举措两手抓且有机配合。一方面，稳中求进，协同推动住房金融、土地、财税、租赁等关键领域的改革突破和长效制度机制完善，重点优化、完善房地产市场调控长效机制及激励约束机制；另一方面，结合中国区域与城市经济时空演进趋向，以及区域房地产市场的空间差异联动特征，着力构建以都市圈、城市群为空间依托的差别化精准施策和协同联动运作的房地产市场调控政策体系。同时，加强战略统筹、规划引导与政策协同，依托都市圈、城市群不断拓展新时代中国地产市场供求平衡和稳健协调发展的新空间。

目　　录

第一章　导论 ……………………………………………………（1）
　第一节　研究背景与意义 ………………………………………（1）
　第二节　文献梳理与述评 ………………………………………（7）
　第三节　研究思路与框架 ………………………………………（19）
　第四节　本书的创新之处 ………………………………………（21）

第二章　房地产市场区域空间分异的理论基础 ………………（24）
　第一节　空间—需求—供给—价格四位一体理论分析框架 …（24）
　第二节　房地产市场空间均衡模型：城市内与城市间 ………（31）
　第三节　大国房地产市场的空间运行机制及调控机理 ………（44）

第三章　中国房地产市场区域空间分异的现实基础与环境 …（61）
　第一节　典型发达国家房地产市场运行基础与环境 …………（61）
　第二节　中国房地产市场时空运行的自然地理条件 …………（76）
　第三节　中国房地产市场时空运行的经济发展背景 …………（80）
　第四节　中国房地产市场时空运行的社会文化环境 …………（88）

第四章　中国房地产市场区域空间分异状况的测度及分析 …（92）
　第一节　房地产市场区域空间分异的测度指标体系 …………（92）
　第二节　房地产市场空间分异特征：全国整体态势 …………（95）
　第三节　不同区域尺度下房地产市场空间分异特征 …………（99）

第五章　中国房地产市场区域空间分异动力机制实证检验 ………（111）
  第一节　计量模型设定 ………………………………………（111）
  第二节　数据来源说明 ………………………………………（114）
  第三节　估计方法选取 ………………………………………（116）
  第四节　回归结果分析 ………………………………………（117）
  第五节　进一步的讨论 ………………………………………（129）

第六章　中国房地产市场区域空间分异的影响评估 ……………（144）
  第一节　对房地产市场局部过热演变影响 …………………（145）
  第二节　对人口流动空间结构调整的影响 …………………（151）
  第三节　对调控主体构成及政策搭配影响 …………………（153）

第七章　房地产市场区域空间分异的国际镜鉴：以日本房地产泡沫为例 …………………………………………（156）
  第一节　日本房地产市场区域空间分异的环境与背景 ……（158）
  第二节　日本房地产市场区域空间分异的表现及原因 ……（160）
  第三节　日本房地产市场区域空间分异及泡沫破灭影响 …（166）
  第四节　中日房地产市场（局部）过热表现及成因比较 …（170）
  第五节　日本房地产泡沫的经验教训对当代中国的启示 …（176）

第八章　中国房地产市场调控机制优化：目标、原则与重点 …（179）
  第一节　中国房地产市场调控机制优化的重要性与迫切性 …（179）
  第二节　中国房地产市场调控优化及深化改革的目标设计 …（186）
  第三节　中国房地产市场调控优化及深化改革的推进原则 …（188）
  第四节　中国房地产市场调控优化及深化改革的路径重点 …（190）

第九章　中国房地产市场调控政策优化：对策、措施及建议 ……（197）
  第一节　中国房地产市场调控政策回顾：1998—2018 年 …（197）
  第二节　过往调控施策中存在的欠缺以及调整优化方向 …（204）
  第三节　构建以城市群为依托的差别联动调控政策体系 …（206）

第四节　完善差别联动调控政策体系的基础性配套措施 ……… (210)
　　第五节　健全差别联动调控政策体系的长效性支持机制 ……… (212)

参考文献 ………………………………………………………… (217)

后　记 …………………………………………………………… (226)

第 一 章

导　　论

第一节　研究背景与意义

一　研究背景

自 20 世纪 90 年代末城镇住房分配制度在全国范围取消以来，伴随工业化和大规模城镇化的推进，中国房地产业快速发展，房地产市场规模不断扩大。在此过程中，住房价格在时间维度上的快速攀升以及在空间维度上的分布差异，构成中国房地产市场运行的一个核心事实。近年来，伴随中国大规模城镇化推进过程中城乡与区域人口流动分布的变动，以及房地产供求结构的动态调整，不同地区房地产供需矛盾程度不一，住房价格水平以及上涨幅度的差异变得越来越明显，呈现出较高住房价格城市在区域空间上集聚分布与散点状分布并存的现象。

全国地级及以上城市的统计数据显示，2005 年，中国较高住房价格城市集中分布于长三角、珠三角等东部沿海地区，具有中低水平住房价格的城市则多位于广袤内陆区域，其住房价格平均水平（商品住宅平均销售价格）普遍在 2600 元/平方米以下。同时，像武汉、成都、西安等具有较高行政级别的城市的平均住房价格普遍要高出其他内陆城市，呈现散点状分布（见图 1-1）。历经多年发展，到 2013 年，城市住房价格水平与 2005 年相比普遍上升，同时更高住房价格水平的城市在东部沿海集聚性分布和内陆散点性分布特征依旧明显，而住房价格平均水平较低的城市多分布于内陆偏远地带以及离大城市较远的区域。与此同时，成渝等内陆地区较高住房价格城市的集聚分布雏形显现，不同地区和城市间住房价格绝对水平的差异突出。

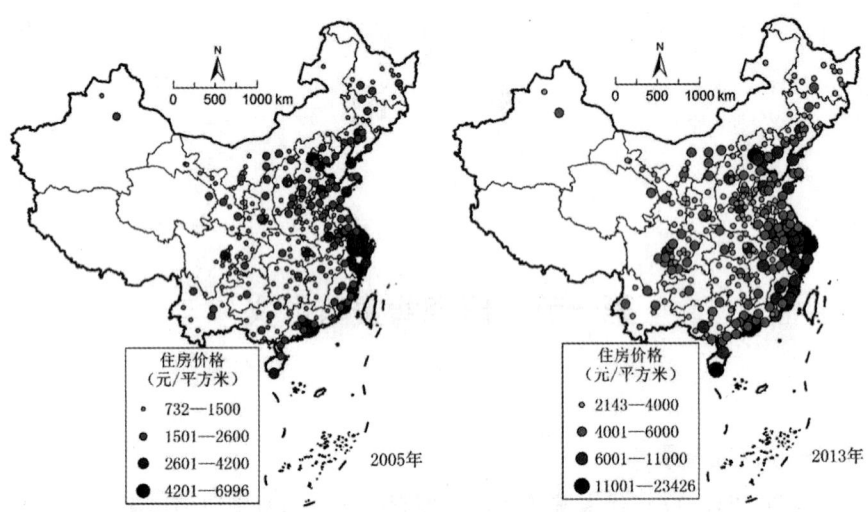

图 1-1　2005 年和 2013 年中国地级及以上城市住房价格的区域空间分布示意图

资料来源：本图基于国家测绘地理信息局标准地图服务网站下载的审图号为 GS（2016）2892 号的标准地图制作，底图无修改。

2015—2016 年，中国房地产市场在快速回暖中出现局部过热现象，部分地区和城市投资投机需求高涨，"地王""抢房潮"频频涌现，房价快速攀升，并在空间上呈现出扩散蔓延之势，使得房地产市场的区域空间差异更加明显。从全国总体来看，2016 年 2—9 月，全国商品住宅平均销售价格（全国商品房销售额/全国商品房销售面积）同比分别增长 14.39%、18.25%、16.28%、14.26%、12.30%、11.50%、11.51%、12.66%，涨幅皆超过 2014 年全年（1.28%）和 2015 年全年（9.11%）水平，其中 3 月增幅为最高值，几乎为 2015 年全年同比增速的两倍。从城市层级上看，2015—2016 年 70 个大中城市中一、二、三线城市的房价都经历了一个"U 形"爬升上涨过程。其中，北京、上海、广州、深圳等一线城市房价大幅、快速上涨，2016 年 4 月新建商品住宅销售价格同比涨幅达到 33.9%，创造了历史新高；二线城市房价涨幅则持续扩大，加快攀升；三线城市房价涨幅平缓，与一二线城市差异明显。从空间分布上看，东部地区重点、热点城市及其周边地区全面升温，个别城市房价快速上升，其中深圳市2016年4月的同比涨幅达到63.5%，可谓创造了局部暴涨"奇迹"；中部、西部和东北地区个别城市房价迅猛攀升，与多数城市温和回暖或下降并存，空间分布差异现象比较突出。其中，中部地区的合肥、武汉、长沙、郑州等省会城市房价同比增速迅猛（见图1-2）。2016年9月，合肥、厦门、南京、上海、深圳、北京的新建商品住宅价格同比涨幅皆超过30%，分别达到47.0%、47.0%、43.0%、39.5%、34.5%、30.4%。其中，合肥、北京、上海、厦门的二手房住宅价格同比上涨率高达50.1%、40.5%、37.4%和37%。

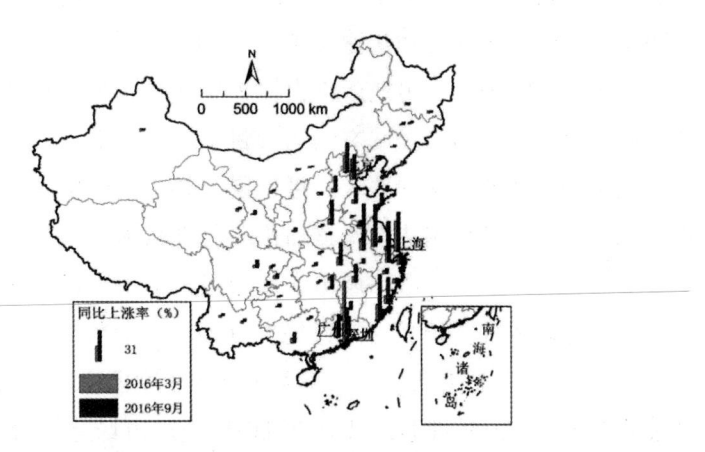

图1-2 2016年70个大中城市新建商品住宅销售价格同比增长分布示意图
资料来源：根据国家统计局数据整理绘制。

随着中国房地产发展从总量供不应求逐步转向总量供求基本平衡、结构性矛盾突出的新阶段，区域城市间住房价格分布及波动差异不断显现，重点、热点地区和城市房地产供需矛盾相对突出，不时面临房地产价格高位过快上涨、市场过热等问题。由于过高房价会导致普通居民购房困难，制约企业的创新发展，易诱发区域性与系统性经济金融风险等，因此，抑制住房价格的过快上涨，促进房地产市场供求平衡和健康发展，具有十分重要的意义。尤其对于中国这样一个人口数量庞大的发展中大国而言，住房问题不仅是传统"衣食住行"四大民生问题中的头等大事，也是影响国民经济发展和社会稳定和谐的全局性重要问题。正因如此，房地产市场发展变化的每一步几乎都会牵动大众神经，备受各级政府和社会关注。2016年12月召开的中央经济工作会议明确提出，要坚持"房子是用来住的，不是用来炒的"的定位，提出"既抑制房地产泡沫，又防止大起大落"。党的十九大报告进一步明确指出，"坚持房子是用来住的、不是用来炒的定位，加快建立多主体供给、多渠道保障、租购并举的住房制度，让全体人民住有所居"。2017年12月召开的中央经济工作会议强调，要"加快住房制度改革和长效机制建设"。2019年国家发展和改革委员会印发的《2019年新型城镇化建设重点任务》中明确指出，要"健全都市圈商品房供应体系，强化城市间房地产市场调控政策协同"。伴随城镇化的加快推进和快速交通网络的建设，人们的居住、就业等活动空间正在不断拓展，房地产正由原先单个城市向都市圈、城市群拓展和转变，房地产市场的区域空间运行将愈加系统和复杂，这也对房地产市场调控提出新的更高的要求。可以说，在中国经济空间格局经历深刻重塑、房地产市场空间结构调整加快、促进房地产市场稳健发展的重要性愈加凸显的背景下，中心城市、都市圈、城市群的发展演进将为中国房地产市场的区域差异联动运行提供重要的空间依托，新时代"房住不炒"定位、"全民住有所居"目标基本奠定了中国房地产市场发展的基调和政策方向。在此背景下，对中国城市房地产市场运行的区域空间机理、过程、特征等问题进行系统剖析，对于全面认识和把握房地产市场区域空间分布差异状况与演变趋向，探索构建更加具有针对性的高质量房地产市场调控机制与政策体系，进而不断促进中国房地产市场的平稳、健康和协调发展，具有十分重要的理论价值与实践意义，已成为亟待深入、系统研究的一个重要理论与实践问题。

二　研究意义

（一）理论意义与学术价值

相关理论研究和实践经验显示，一国房地产市场的区域空间分异是在宏观环境变化、地区经济社会不同步发展以及房地产调整交织过程中形成的（Manning，1989①；Potepan，1996②；Goodman & Thibodeau，2008③；Zheng et al.，2010④；Kim & Rous，2012⑤；Oikarinen & Engblom，2016⑥）。对于中国这样人口众多、地域广袤、地区差异明显的发展中大国，由于自然、地理、经济、社会、文化等多种因素的相互影响，其房地产市场运行的区域空间机理、过程等可能更为复杂。现有研究尽管进行了有益的尝试（梁云芳和高铁梅，2007⑦；丁祖昱，2012⑧；谢旦杏和林雄斌，2014⑨；等），并形成了许多有价值的研究成果，但一些关键性问题仍然有待深入和系统性研究。一方面，现有研究对房地产市场区域空间分异机理的理论解析相对不足。房地产市场由于土地、房屋的不可移动性以及房地产需求的多元性和多层次性，其运行机制相比于其他市场更为复杂。同时，中国大国房地产市场空间格局演变必然要受到自然、地理、经济、社会、政策等多个层面因素的影响，而且很有可能错综叠加。因而亟待对大国房地产市场区域空间分异的机理进行更加系统的解析。另一方面，现有研究对影响房地产市场区域空间格局演变的经济地理、时空距离、经济联系等因素考虑不够充分。基于欧美发达国家的经

---

① Manning, C., "Explaining Intercity Home Price Differences" *Journal of Real Estate Finance and Economics*, Vol. 2, No. 2, 1989, pp. 131–149.

② Potepan, M. J., "Explaining Intermetropolitan Variation in Housing Prices, Rents and Land prices", *Real Estate Economics*, Vol. 24, No. 2, 1996, pp. 219–245.

③ Goodman, A. C., Thibodeau, T. G., "Where Are the Speculative Bubbles in US Housing Markets?", *Journal of Housing Economics*, Vol. 17, No. 2, 2008, pp. 117–1377.

④ Zheng, Siqi, Kahn, M. E., Liu, Hongyu, "Towards a System of Open Cities in China: Home Prices, FDI Flows and Air Quality in 35 Major Cities", *Regional Science and Urban Economics*, Vol. 40, No. 1, 2010, pp. 1–10.

⑤ Kim, Y. S., Rous, J., "House Price Convergence: Evidence from US State and Metropolitan Area Panels", *Journal of Housing Economics*, Vol. 21, No. 2, 2012, pp. 169–186.

⑥ Oikarinen, E., Engblom, J., "Differences in Housing Price Dynamics across Cities: A Comparison of Different Panel Model Specifications", *Urban Studies*, Vol. 53, No. 11, 2016, pp. 2312–2329.

⑦ 梁云芳、高铁梅：《中国房地产价格波动区域差异的实证分析》，《经济研究》2007年第8期，第133—142页。

⑧ 丁祖昱：《中国房价收入比的城市分异研究》，《华东师范大学学报》（哲学社会科学版）2013年第3期，第121—155页。

⑨ 谢旦杏、林雄斌：《城市住房价格时空特征及其影响因素研究》，《经济地理》2014年第34卷第4期，第70—77页。

验研究显示，房地产市场在空间层面存在相关性（MacDonald & Taylor, 1993[①]；Holly et al.，2010[②]）。尤其是在现代社会，随着全球化过程中网络社会的崛起和现代交通、通信等技术的快速发展，"流动空间"逐渐替代了"地方空间"，城市间的相互联系、相互作用日渐增强，都市圈、城市群地域空间结构的形成使得城市间的经济联系更为密切，为城市间房地产市场和房地产价格的差异联动提供经济基础。因此，亟待将经济地理和空间因素引入理论分析，以探究大国区域房地产市场空间演变机理。基于此，本书在吸收借鉴国内外研究成果的基础上，将围绕上述问题进行理论研究拓展，这不仅有助于进一步丰富和完善现有房地产市场空间特征的研究体系与内容，促进区域经济学、城市经济学、新经济地理学、房地产经济等相关理论在该研究领域的融合运用，还有助于为深入认识中国房地产市场区域空间分异等问题提供比较完善的理论分析框架。

（二）实践意义与应用价值

1998年中国开启住房货币化改革后，尤其是自2003年全国房价快速攀升以来，促进房地产市场平稳健康发展的相关调控及制度改革的步伐从未停歇，并随着房地产市场运行状况的变化和国民经济社会发展阶段演进而深入推进，但总体调控效果并不十分理想。在2016年启动的新一轮房地产市场调控中，针对局部地区和城市出现的市场严重过热、房价过快上涨以及空间上扩散蔓延，中央和地方政府部门先后密集出手，收紧调控政策，多地重启了严格的限制性措施等。房地产调控措施不断加码，短期内虽然抑制住了投资投机和市场过热，但整体调控效果并不十分理想。其原因除了与多年来中国房地产市场自身问题积存与长效机制建设不足有关外，还因过往调控及干预措施未能有效触及中国房地产市场空间结构性矛盾的深层原因，对房地产市场区域空间差异及联动的复杂性认识不充分，房地产市场调控政策的空间指向性不强，调控的精准性、协同性相对欠缺。为此，本书从区域空间维度对中国城市房地产市

[①] Macdonald, R., Taylor, M., "Regional Housing Prices in Britain: Long-Run Relationships and Short-Run Dynamics", *Scottish Journal of Political Economy*, Vol. 40, No. 1, 1993, pp. 43-55.

[②] Holly, C., Pesaran, M. H., Yamagata, T., "A Spatio-temporal Model of House Prices in the USA", *Journal of Econometrics*, Vol. 158, No. 1, 2010, pp. 160-173.

场运行过程、格局等进行比较系统的定量考察和实证检验，在此基础上结合中国区域与城市经济发展新动向、房地产市场空间结构调整新趋势，探究中国房地产市场调控机制和调控政策优化的目标原则、主要路径和内容重点。这不仅有助于厘清中国城市房地产市场空间结构性矛盾的内因所在，明确房地产市场区域空间分异的出现对房地产市场调控机制、调控模式调整优化提出的新要求，还有助于更具针对性地构建符合国情、适应市场规律的房地产市场调控机制和长效发展机制，进一步完善促进中国房地产市场平稳、健康和协调发展的经验证据支持和实践指导依据，提供有益的政策决策参考。

第二节 文献梳理与述评

房地产的不可移动性决定了房地产市场是区域性市场，具有较强的空间属性。国家经济社会发展阶段演进、宏观环境和政策变化，再加上不同城市和不同地区在自然地理环境、经济社会发展状况、居民收入水平等方面差异的叠加，决定了房地产市场结构、供求关系与价格水平的差异及其变动程度不尽相同，甚至出现空间层面差异逐步扩大的分异特征。这一现象长期以来是区域与城市经济学中房地产研究领域的重点内容之一，相关研究最早可以追溯到19世纪20年代区位理论对距离与土地租金反向梯度关系的探讨。与之相比，中国长时间的低城市化率以及较迟推进的房地产市场化改革，导致国内该项研究起步相对较晚。直至进入21世纪，随着中国城镇化进程的加快推进、房地产市场规模的不断扩大以及房地产市场区域空间结构性调整的显现，国内有关房地产市场空间分布差异、动态演变及相关调控问题的研究才变得活跃起来，使得这方面的研究不断拓展并深入推进。总体上看，从学术演进及研究动态来看，国内外相关研究主要涉及四个内容。

一 房地产市场及房地产价格空间差异的表现及特征

作为房地产市场供求关系、空间结构差异的综合体现，房地产价格的空间分布差异一直是人们认识房地产市场空间问题的切入点。这方面的研究普遍是以阿朗索（Alonso）构建的单中心城市中土地价格的距离衰减机制[1]，以及穆特（Muth）等人关于不同区位中的住房竞价曲线[2]为基础而展开的。学者们通过推演空间均衡状态下房地产价格与距离（到市中心或 CBD 的距离）来观察房地产市场的空间问题，经历了由单中心城市模型向多中心城市模型的研究拓展过程。[3][4] 随着研究对象空间范围从城市内向城市间的延伸，以及研究的不断深入，区域空间尺度上的房地产价格波动差异逐步成为研究中的一个热点问题。[5][6] 学者们结合欧美发达国家的城市化实践和房地产市场发展演进，研究形成不少具有学术价值的成果。吉姆（Kim）、劳斯（Rous）发现，在美国这样地理空间范围较大的国家内，大都市区层面的住房价格变动特征明显不同，并呈现出俱乐部式集聚分布形态。[7] 布吕恩（Bruyne）、霍夫（Hove）在新经济地理学方法框架下构建了解释房地产价格空间变异的理论模型，并结合实证研究发现，国土面积较小的欧洲国家比利时的区域房地产价格具有随着到首都布鲁塞尔交通时间距离增加而线性递减的空间分异模式。[8] 可见，无论从城市内部还是特定空间范围内的城市之间来看，房地产价格的空间分布具有一定的规律特征。

从国内看，城市内部层面的研究如丁成日（Ding）、李雪铭等指出，

---

[1] Alonso, W., *Location and Land Use: Towards a General Theory of Land Rent*, Cambridge, MA: Harvard University Press, 1964.

[2] Muth, R. F., *Cities and Housing: The Spatial Pattern of Urban Residential Land Use*, Chicago: University of Chicago Press, 1969.

[3] Papageorgiou, G. J., Cssetti, E., "Spatial Equilibrium Residential Land Values in a Multi-centric Setting", *Journal of Regional Science*, Vol. 11, No. 3, 1971, pp. 385-389.

[4] Fujita, M., Ogawa, H., "Multiple Equilibria and Structural Transition of Non-monocentric Urban Configurations", *Regional Science and Urban Economics*, Vol. 12, No. 1, 1982, pp. 161-196.

[5] Manning, C., "Explaining Intercity Home Price Differences", *Journal of Real Estate Finance and Economics*, Vol. 2, No. 2, 1989, pp. 131-149.

[6] Potepan, M. J., "Explaining Intermetropolitan Variation in Housing Prices, Rents and Land prices", *Real Estate Economics*, Vol. 24, No. 2, 1996, pp. 219-245.

[7] Kim, Y. S., Rous, J., "House Price Convergence: Evidence from US State and Metropolitan Area Panels", *Journal of Housing Economics*, No. 2, Vol. 21, 2012, pp. 169-186.

[8] Bruyne, K. D., Hove, J. V., "Explaining the Spatial Variation in Housing Prices: An Economic Geography Approach", *Applied Economics*, Vol. 45, 2013, pp. 1673-1689.

房地产价格的空间分布总体呈现随城市中心距离增加而递减的特征，同时由于城市内部部分优势区位住房需求和房价的升高，造成局部差异的持续扩大。[1][2] 区域、城市层面的研究，如梁云芳和高铁梅、丁祖昱指出，中国省域房地产价格波动具有明显的地区不平衡性，样本期内中国城市之间房价收入比呈现扩大的趋势，其中大城市的房价收入比上涨更为明显，且房价收入比在整体上呈现出从一线城市到二线城市、三线城市、四线城市下降的态势。[3][4] 王洋等利用中国地级以上城市2009年的截面统计数据，分析了城市间住宅平均价格和房价收入比的分异格局问题，研究结果显示，中国城市住宅价格空间分异显著，且呈现出中国东部三大城市群（长三角城市群、珠三角城市群和京津冀城市群）与内陆城市之间以及省会城市与地级市之间分异的双重格局，进而揭示了中国这样地域广袤、地区差异明显的大国之内房地产市场空间特征的复杂性。[5] 谢旦杏和林雄斌还发现，即使在广州这样比较发达的省份内部，不同类型城市间房价也存在明显的时空变异性。[6] 以上研究表明，房地产价格具有多个空间尺度上的差异特征，其背后呈现的是区域和城市房地产供求矛盾程度的空间差异性，且在大国之内要表现得更为复杂。

二 区域房地产市场、房价空间差异的主要原因

在考察房地产价格区域差异特征的同时，学者们进一步就其背后的驱动因素及原因展开分析。早期的研究如曼宁（Manning）指出，居民可

---

[1] Ding, C. R., "Urban Spatial Development in the Land Policy Reform Era: Evidence from Beijing", *Urban Studies*, Vol. 41, No. 10, 2004, pp. 1889-1907.

[2] 李雪铭、张馨等:《大连商品住宅价格空间分异规律研究》,《地域研究与开发》2004年第12期,第35—40页。

[3] 梁云芳、高铁梅:《中国房地产价格波动区域差异的实证分析》,《经济研究》2007年第8期,第133—142页。

[4] 丁祖昱:《中国房价收入比的城市分异研究》,《华东师范大学学报》(哲学社会科学版) 2013年第3期,第121—155页。

[5] 王洋、王德利、王少剑:《中国城市住宅价格的空间分异格局及影响因素》,《地理科学》2013年第10期,第1157—1165页。

[6] 谢旦杏、林雄斌:《城市住房价格时空特征及其影响因素研究》,《经济地理》2014年第4期,第70—77页。

支配收入和土地因素对城市间房地产价格差异具有较强的解释力。[1] 波德潘（Potepan）基于美国大都市区的研究认为，基础设施质量、财产税、人口规模以及土地供应限制，是区域间房价、地价变动差异明显的主要原因。而房地产的不可移动性以及短期内供给缺乏弹性，决定了房地产市场空间分异的动力机制存在地区差异。[2] 古德曼（Goodman）、蒂博多（Thibodeau）发现，需求尤其是投机性需求的不均衡分布相对于供给因素更容易造成局部地区房地产高涨，并扩大房地产市场的区域差异。[3] 奥卡里宁（Oikarinen）、恩布卢姆（Engblom）研究指出，在供给约束愈紧的城市，居民收入对其房价的长期驱动影响作用要更大一些。[4] 此外，城市间地理条件、环境质量叠加经济、社会因素而形成的差异，总是与房地产发展差异密切相关。[5][6] 货币政策区域效应的存在，对不同地区的房地产供给、需求产生异质性影响。[7] 日本的经验显示，经济增速放缓还构建了房地产市场区域分化的重要环境条件。[8]

从中国房地产市场及价格区域差异的成因看，现有研究除考虑人口、收入等一些基本要素外，还从城市间的行政级别以及公共资源差异、人力资本规模扩张及其空间集聚程度差异等方面进行解释。林睿利用全国

---

[1] Manning, C., "Explaining Intercity Home Price Differences", *Journal of Real Estate Finance and Economics*, Vol. 2, No. 2, 1989, pp. 131-149.

[2] Potepan, M. J., "Explaining Intermetropolitan Variation in Housing Prices, Rents and Land prices", *Real Estate Economics*, Vol. 24, No. 2, 1996, pp. 219-245.

[3] Goodman, A. C., Thibodeau, T. G., "Where Are the Speculative Bubbles in US Housing Markets?", *Journal of Housing Economics*, Vol. 17, No. 2, 2008, pp. 117-137.

[4] Oikarinen, E., Engblom, J., "Differences in Housing Price Dynamics across Cities: A Comparison of Different Panel Model Specifications", *Urban Studies*, Vol. 53, No. 11, 2016, pp. 2312-2329.

[5] Zheng, Siqi, Kahn, M. E., Liu, Hongyu, "Towards a System of Open Cities in China: Home Prices, FDI Flows and Air Quality in 35 Major Cities", *Regional Science and Urban Economics*, Vol. 40, No. 1, 2010, pp. 1-10.

[6] Kim, Y. S., Rous, J., "House Price Convergence: Evidence from US State and Metropolitan Area Panels", *Journal of Housing Economics*, Vol. 21, No. 2, 2012, pp. 169-186.

[7] 王先柱、毛中根、刘洪玉：《货币政策的区域效应——来自房地产市场的证据》，《金融研究》2011年第9期，第42—53页。

[8] 任荣荣：《住房市场区域分化——日本经验的启示》，《中国投资》2016年第1期，第107—109页。

30个省市自治区2001M1—2013M12的房价数据研究发现，中国区域房地产价格存在异质收敛，指出区域房地产市场的差异来自区域间初始资源禀赋、自然环境、城市化水平等方面的差异，是与区域发展不平衡相互作用的必然结果。[1] 时寒冰指出，由于行政权力在资源配置、提供公共产品的数量与品质等方面具有强大的主导地位，使得中国的居住、就业环境呈现出阶梯状布局，这促使人口、财富从级别较低的行政区向级别较高的行政区流动，从而使中国房价呈现出明显的阶梯状格局。[2] 陈斌开和张川川基于微观家户数据，从人力资本增长视角分析，中国城市住房价格的动态演变和区域差异，研究发现，1999年高校"扩招"和高等教育资源地区分布不均导致的人力资本规模扩张和空间集聚，是造成房价上涨具有"非平稳性"和"异质性"两个核心特征的重要原因。[3] 高等教育人口占比每增加1个百分点，城市住房价格将上涨4.6%—7.9%，这可解释2002—2009年间房价增幅达到12%—20%。这为认识一些城市间愈演愈烈的"抢人才大战"之后住房价格上涨的差异提供了重要的视角。韩立彬和陆铭从土地空间配置政策视角出发，研究了2003年后土地供给倾向中西部的政策转变对城市房价上涨的影响，研究发现，当前不同城市之间房价分化，根源在于土地供给在空间上与土地需求不匹配，即"供需错配"。[4] 以上分析皆强调了某一方面或某几个方面因素对中国房地产市场和房价的影响，而像中国既有城镇化战略、国有产权约束下大城市土地供给弹性不足，大量人口向中心城市、都市圈、城市群的不断流入等，又不能忽视房地产供求矛盾的区域空间差异放大影响，相关研究仍然有待深入。

---

[1] 林睿：《我国区域房地产市场动态演变及差别化调控政策研究》，博士学位论文，中国科学院大学，2015年。

[2] 时寒冰：《行政权力与中国房价的阶梯状格局》，《经济社会体制比较》2014年第6期，第188—196页。

[3] 陈斌开、张川川：《人力资本与中国城市住房价格》，《中国社会科学》2016年第5期，第43—64页。

[4] 韩立彬、陆铭：《供需错配：解开中国房价分化之谜》，《世界经济》2018年第10期，第126—149页。

三 区域房地产市场运行的空间差异联动

伴随全球化过程中网络社会的崛起和交通通信技术的快速发展,人们的居住、就业等活动空间不断拓展,区域城市间人口、资金、信息流等日益频繁交汇,空间关联性逐渐成为研究房地产市场时空演变的一个重要视角。一些学者侧重探究区域房地产市场差异的空间关联性,并主要从地区房地产需求外溢、房地产价格波动的空间传导与扩散上展开。如麦克唐纳(MacDonald)、泰勒(Taylor)以及亚历山大(Alexander)、巴罗(Barrow)的研究发现,英国区域房价传导存在空间上的"波纹效应",即部分地区房地产价格的波动如波纹一样会传递影响到周边乃至其他地区。[①②] 米恩(Meen)给出的解释是,区域住房市场的结构性差异以及家庭迁居、财富转移、空间套利是这种波纹效应形成的重要原因。[③] 波拉斯夫基(Pollakowski)、雷(Ray)对美国的研究发现,住房价格在地理毗邻地区间具有明显的空间关联性,[④] 后期如霍力(Holly)等人的研究也支持这一结论。[⑤] 此外,罗振强(Luo)等对澳大利亚主要城市房地产价格扩散模式的研究还发现,城市住房价格具有按照城市层级从高到低的扩散机制。[⑥] 由于资金、人口流动和地域连接的影响,大城市周边房地产市场容易受到大城市需求外溢的影响。

近年来,学者们探究了中国主要城市住房价格的空间关联、区域溢

---

① Macdonald, R., Taylor, M., "Regional Housing Prices in Britain: Long-Run Relationships and Short-Run Dynamics", *Scottish Journal of Political Economy*, Vol. 40, No. 1, 1993, pp. 43-55.

② Alexander, C., Barrow, M., "Seasonality and Cointegration of Regional House Prices in the UK", *Urban Studies*, Vol. 31, No. 10, 1994, pp. 1667-1689.

③ Meen, G., "Regional House Prices and the Ripple Effect: A New Interpretation", *Housing Studies*, Vol. 4, No. 6, 1999, pp. 733-753.

④ Pollakowski, H. O., Ray, T. S., "Housing Price Diffusion Patterns at Different Aggregation levels: A Examination of Housing Market Efficiency", *Journal of Housing Research*, Vol. 8, No. 1, 1997, pp. 107-124.

⑤ Holly, C., Pesaran, M. H., Yamagata, T., "A Spatio-temporal Model of House Prices in the USA", *Journal of Econometrics*, Vol. 158, No. 1, 2010, pp. 160-173.

⑥ Luo, Z. Q., Liu, C., Pichen, D., "Housing Price Diffusion Pattern of Australia's State Capital Cities", *International Journal of Strategic Property Management*, Vol. 11, No. 4, 2007, pp. 227-242.

出，以及区域房地产价格的空间收敛等问题。洪涛等借助全国35个大中城市的统计数据，在房地产价格面板数据模型的基础上，利用多种截面相关检验方法的分析结果显示，计量模型在控制了诸如收入、利率等影响城市住房价格的主要因素之后，其残差仍然显示出截面相关性，表明中国35个大中城市间房地产价格区域联动性的客观存在。[①] 王松涛等在详细总结"波纹效应"理论和房价区域互动关系实证研究的基础上，从全国35个大中城市中选取26个主要城市并划分为5个区域市场分别进行研究。[②] 研究结论表明，不同城市住房价格波动在长期来看具有相互制约的稳定关系。张凌运用全国35个大中城市的统计数据及相关调查数据研究了城市住房价格波动差异及连锁反应，发现城市间房价确实存在弱的连锁反应和空间交互作用，在北京、上海、天津、广州、深圳、重庆六个子样本城市内，还存在热点城市之间以及从东部沿海城市到西部内陆城市的房价扩散现象。[③] 刘志平和陈智平采用1999—2010年全国35个大中城市数据探讨了城市间住房价格的空间自相关性等问题，发现这些大中城市间的住房价格表现出不断加强的空间自相关性，且存在弱的正扩散效应。[④] 王锦阳和刘锡良利用中国四个直辖市1999—2012年的季度数据，研究了住宅基础价值、泡沫成分及其区域溢出效应，发现这四个直辖市房地产市场（主要是住宅市场）存在广泛的空间溢出效应，但数量级和溢出方向上具有明显差异。与北京、天津和重庆市相比较而言，上海市住房市场更容易受到外部住宅市场的影响。[⑤] 龚云龙（Gong）等对中国泛珠三角地区主要城市间的研究发现，短期证据显示这些城市间的房地产价格存在空间收敛与扩散，但长期证据显示，该地区房地产市场存

[①] 洪涛、西宝、高波：《房地产价格区域间联动与泡沫的空间扩散》，《统计研究》2007年第8期，第64—67页。

[②] 王松涛、杨赞、刘洪玉：《我国区域市场城市房价互动关系的实证研究》，《财经问题研究》2008年第6期，第122—129页。

[③] 张凌：《城市住房价格波动差异及连锁反应研究》，博士学位论文，浙江大学，2008年。

[④] 刘志平、陈智平：《城市住房价格的空间相关性、影响因素与传递效应——基于区域市场关系层面的实证研究》，《上海财经大学学报》2013年第5期，第81—88页。

[⑤] 王锦阳、刘锡良：《住宅基本价值、泡沫成分与区域溢出效应》，《经济学》（季刊）2014年第4期，第1283—1302页。

在明显分割,主要原因在于这一地区不同城市间经济发展的联动性和空间一体化程度不足。① 刘海云和吕龙基于 2007—2017 年中国 42 个大中城市的季度数据,研究了城市房价泡沫及其传染的"波纹效应",发现房价泡沫传染整体上呈现"由东至西"、局部呈现"由中心向外辐射"的空间特征,多条房价泡沫传染路径构成复杂的网络结构。② 从上述研究中可以看出,随着中国区域格局与城市经济发展演变,一些区域城市间的经济联系逐渐增强,经济发展分化和空间分割依然明显,使得房地产市场的空间动态变得愈加复杂化。由于研究所选的城市样本、研究方法以及研究时段的差异,以上研究得出的结论也不尽相同。

此外,随着近年来中国快速交通网络建设的推进,一些学者开始关注高速铁路建设对不同地区和城市间房地产市场的影响。郑恩齐(Zheng)、卡恩(Kahn)研究了中国 2006—2010 年间高速列车投入使用之前和之后的房地产价格变化,发现中国高速铁路能够起到整合市场以及缓解大城市增长成本的作用,市场潜力增幅最剧烈的城市,其房价的增加也最多,而且多是分布在高速铁路线上并距离北京、上海和广州这三个大城市 100—750 千米的二线城市。③ 孙聪等研究发现,高铁运营能够增强沿线城市的市场潜力,并具有显著提升城市房地产价格的外部影响,但与其他城市相比,这种效果在高铁沿线的二三线城市表现得要更为明显,这与郑恩齐(Zheng)、卡恩(Kahn)的研究结论有相似之处。④ 这说明,交通基础设施联通与城市间的经济联动促进了区域房地产市场的互动与整合,某种程度上有助于缓解一二线重点、热点城市的高房价压力以及三四线城市的高库存压力。因此,在中国正在进行人类历史上

---

① Gong, Y. L., Hu, J. X., Boelhouwer, P. J., "Spatial Interrelations of Chinese Housing Markets: Spatial Causality, Convergence and Diffusion", *Regional Science and Urban Economics*, Vol. 59, 2016, pp. 103-117.

② 刘海云、吕龙:《城市房价泡沫及其传染的"波纹"效应》,《中国工业经济》2018 年第 12 期,第 42—59 页。

③ Zheng, Siqi, Kahn, M. E., "China's Bullet Trains Facilitate Market Integration and Mitigate the Cost of Megacity Growth", *Proceedings of the National Academy of Sciences of the United States of America*, Vol. 110, No. 14, 2013, pp. 1248-1253.

④ 孙聪、郑思齐、张英杰:《高速铁路对中国城市经济的外部影响》,《广东社会科学》2014 年第 5 期,第 22—28 页。

最大规模的城镇化和世界上最大规模的高速铁路网建设背景下,探究中国房地产市场的时空演变格局,不能忽视高速铁路的影响,但其影响效果与作用路径究竟如何,亟待更加系统的理论分析与实证探究给予解答。

四 房地产市场区域空间分异的影响及调控对策

不同区域房地产市场的空间差异,既是住房总量相对短缺时代结束后房地产市场调整的产物①,也是各地区经济社会发展不同步的结果。发展不太好的城市和地区的供给相对过剩,以及热点地区房价高涨恰恰是房地产市场区域空间分异所暴露问题的核心,这不仅加剧了市场本身的结构性矛盾,使得部分热点区域更容易成为房地产泡沫的载体②③,还会对人口流动结构、区域产业结构等产生影响。范剑勇和邵挺发现,城市房价水平过快上涨(特别是大型城市)对差异化产品区位选择产生扩散倾向,导致城市体系出现"大型城市集聚相对不足、中小型城市发展过多"的扁平化趋势。④ 高波等在新经济地理学框架下的研究发现,城市相对房价的升高通过生活成本(居住成本)路径诱使劳动力流动,并影响了地区产业转移和升级,房价过高区域存在产业空心化风险。⑤ 邵朝对等系统构建了房价、土地财政与城市集聚特征的影响机制,并采用系统GMM方法对中国282个地级及以上城市进行的实证研究表明:鉴于区域间劳动力流动和行业间工作转换成本的广泛存在,房价通过扩散机制主要对低端劳动者产生强有力的挤压,引发产业由低端行业向高端行业集

---

① 郭克莎:《我国房地产市场调整的趋势、影响及对策分析》,《财贸经济》2014年第12期,第17—26页。

② Miles, W., "Regional House Price Segmentation and Convergence in the US: A New Approach", *Journal of Real Estate Finance & Economics*, Vol. 50, No. 1, 2013, pp. 1-16.

③ 任荣荣:《住房市场区域分化——日本经验的启示》,《中国投资》2016年第1期,第107—109页。

④ 范剑勇、邵挺:《房价水平、差异化产品区位分布与城市体系》,《经济研究》2011年第2期,第87—99页。

⑤ 高波、陈健、邹琳华:《区域房价差异、劳动力流动与产业升级》,《经济研究》2012年第1期,第66—79页。

聚的结构演变，进而与城市多样化特征呈"倒 U"形。① 深入来看，工业化进程决定了房价上涨主要诱发制造业内部的"U"形梯度升级。市场导向的房价扩散力量与富有浓厚政治色彩的土地财政虽均通过产业结构影响城市集聚特征，却呈相悖效果。因此，在与土地财政的互动中，房价上涨推动产业结构升级、优化城市集聚特征的效力被不断削弱。热点与重点城市房地产价格在高水平上的过快上涨造成的资源配置扭曲、城市结构失衡等负面影响，正在逐步显现。

此外，房地产市场的区域空间差异及其对同一政策的差别化反应，还对全国统一的总量性调控制造了难题。学者们就区域和城市分类调控新模式展开探讨，指出制定调控政策不能忽视地区差异，要重视不同城市房地产所处的发展阶段特征②，提出可在中央统一指导下允许地方政府因时因地对房地产进行"差别化"调控③，应该确立"分类调控+重点关注+多层监测"的区域房地产市场差别化调控思路。④ 也就是说，中国房地产市场在空间维度上的复杂动态，客观要求必须改变传统"一刀切"的调控思维与做法，须根据区域房地产市场差异联动内在特征，构建更加有效的房地产调控机制与政策体系。

五 总结性述评：有待研究拓展深化的地方

通过梳理国内外相关研究后发现，关于房地产市场及房地产价格区域空间分异格局、模式、成因等问题的研究已取得许多有价值的成果，不仅丰富了区域房地产市场空间结构演变的理论内涵，还为深入研究中国房地产市场的区域格局与特征提供多维视角和重要借鉴。但是，由于中国地域广袤辽阔、人口数量庞大、地区差异明显等显著的大国特征，

---

① 邵朝对、苏丹妮、邓宏图：《房价、土地财政与城市集聚特征：中国式城市发展之路》，《管理世界》2016 年第 2 期，第 19—31 页。
② 陈会广、刘忠原、张耀宇：《房地产市场及其细分的调控重点区域划分理论与实践——以中国 35 个大中城市为例》，《资源科学》2012 年第 10 期，第 1871—1880 页。
③ 王锦阳、刘锡良：《住宅基本价值、泡沫成分与区域溢出效应》，《经济学（季刊）》2014 年第 13 卷第 4 期，第 1283—1302 页。
④ 林睿：《我国区域房地产市场动态演变及差别化调控政策研究》，博士学位论文，中国科学院大学，2015 年。

以及中国房地产市场脱胎于计划模式、成长于经济社会转型期的制度政策环境，中国经济空间格局正在经历深刻重塑和房地产结构性问题越发凸显等多种因素交叠背景下，中国房地产市场的区域空间分异格局的演变可能愈加复杂，与此相适应的房地产市场调控优化可能要更为系统。这方面的研究亟待进一步拓展和深化。

第一，区域房地产市场运行涉及空间区位、房地产供给、需求和价格等既有区别又相互联系的多个方面，现有对房地产市场区域空间机理的解析仍然缺乏一个统一的、比较完善的分析框架，相关机理分析也相对欠缺。城市是现代经济社会活动的中心与房地产发展的主要空间依托，住房是用来满足人类居住需求及相关经济社会活动的物质载体，人作为经济系统中最为活跃的主体，其就业、居住活动空间选择以及人口流动通过"用脚投票"的方式对房地产市场的区域差异以及空间互动关联具有根本性的影响。因此，若要对中国房地产市场区域空间分异的内在机制及模式有更加系统深入的理解，必然少不了在空间—需求—供给—价格四位一体的分析框架内，探究其内在动力机制及空间运行机理。此外，现有研究在阐述中国房地产市场区域空间分异成因时，较多涉及的是经济因素和宏观政策的空间异质性影响，对地区政治资源、社会文化资源和生态资源等非均衡分布的影响重视不足，进而难以从更深层面对中国房地产市场及房价区域差异等进行把握和判断，有待在理论和实证分析过程中进行探讨和识别。

第二，从目标区域来看，立足城市内部的研究已经积累了大量成果，这为从更大地理尺度上考察中国房地产市场空间演变问题提供了重要借鉴，但这一层面研究由于样本城市的个体差异而不具有普遍的代表意义。立足区域城市层面的研究虽然已经有了很大的拓展，但大多数研究仍然限于中国东、中、西部和东北四大地带之间或某些具体区域或城市群，即使全国性的分析也多是以中国省级行政单元或35个大中城市为研究基本空间单元，包括不同规模、不同类型、处于不同发展阶段城市在内的大样本城市案例的研究较少，中国全域范围内房地产市场空间分异的系统性研究仍显缺乏。与英美等发达国家不同，中国作为一个约占1/15世界陆地面积和拥有大约1/5世界人口的大国，不同地区城市间在自然地理条件、宜居环境、行政等级、经济发展、产业结构等方面存在差异，仅考虑少数大中城市的研究无疑将降低结论的可信度，不利于整体认知与准确把握中国房地产市场区域空间分析的格局、特征与态势。

第三，从研究方法来看，GIS 空间分析技术结合计量模型手段已经成为研究房地产市场和住房价格时空演变的主流方法与今后发展的主要趋势，但国内在这一方法的使用上仍显薄弱。尽管部分研究在结合 GIS 方法的基础上已引入了兼有空间和时间信息的面板数据模型分析，但建模过程中并未深究变量之间可能存在的自相关问题。由于几乎所有的空间变量之间都具有空间依赖性或空间自相关性①，以及地理学第一定律的存在②，使用忽视空间效应的传统面板数据模型将很有可能导致严重的设定偏误，而无法准确揭示中国房地产市场动态运行中的区域空间作用机理，甚至还有可能误导房价调控政策的制定与实施。尤其不容忽视的是，随着中国以高速铁路干线为骨架的世界上最大规模的快速交通网络建设，以及区域经济由传统的省域经济向城市群经济转变过程中，区域与城市间的时空距离被空前压缩，欠发达地区城市与发达地区城市的"相对时空区位条件"也发生了改变，人们的就业与居住活动的空间必将得到拓展。具有不同相对区位条件的地区和城市间，房地产市场的区域空间差异及关联互动特征将更为复杂，亟待把大国时空距离因素、空间效应纳入实证检验模型，采用合适的计量经济研究方法进行更加深入、系统的分析与检验，进而为房地产市场调控优化提供数据、方法支持和实证依据。

第四，从房地产市场调控对策研究来看，许多涉及房地产和房价问题的文献几乎都提出了应对住房价格快速上涨、促进房地产市场健康发展的政策建议，但空间维度上的差别化精准调控问题研究仍然比较欠缺。部分研究虽已开始涉及差别化调控，但遗憾的是，没能结合中国区域与城市经济格局都市圈化、城市群化的演进动态，以及房地产市场空间结

---

① Anselin, L., *Spatial Econometrics: Methods and Models*, Dordrecht: Kluwer Academic Publishers, 1988.

② Tobler, W. R., "A Computer Movie Simulating Urban Growth in the Detroit Region", *Economic Geography*, Vol. 46, No. 2, 1970, pp. 234–240.

构调整新趋向进一步深入和细化,未能探索形成以都市圈、城市群为主体空间依托的系统化差别联动调控体系和制度机制构建的完整框架及主体内容。对于地域广袤、地区差异明显的中国而言,在经济空间格局正经历深刻重塑、房地产市场结构性调整凸显和全面深化改革新时期,基于区域与城市经济以及房地产市场的空间格局演变、调整趋势及内在机制,科学构建符合中国国情、适应市场规律的房地产市场调控政策体系和长效配套机制,对于更好落实"房子是用来住的,不是用来炒的"定位,明确房地产市场调控优化方向与重点,更好发挥政府作用和市场在资源配置中的决定性作用,显得尤为重要。

为此,本书从中国房地产市场区域空间分异这一重要现象和现实问题着手,力求在吸收借鉴国内外相关研究成果的基础上,立足中国经济地理实际,结合住房改革深入实施、城市化进程稳步推进、区域一体化加快发展以及房地产市场空间结构调整等现实背景及未来趋势,紧密围绕城市房地产市场动态运行的区域空间格局演变与调控优化这一主线,综合采用理论分析、数理建模、GIS 空间分析、计量经济检验等研究方法,对中国城市房地产市场区域空间分异的一般机理、总体态势、内在机制、传导溢出等展开动态化和立体式考察,以揭示中国房地产市场区域空间分布差异及联动机制,在此基础上结合经济规律、国际经验和中国实际,采用规范分析方法探究符合中国国情、适应市场规律的房地产调控体系及其长效配套机制,希冀对促进中国房地产市场的稳健协调发展有所裨益。

第三节 研究思路与框架

一 总体思路框架

本书围绕"中国房地产市场的区域空间分异及调控优化"研究主题及研究内容,主要按照"提出问题→分析问题→解决问题"的总体思路,以及"理论解析→数理建模→实证检验→影响评估→经验借鉴→对策优化"的具体步骤逐步展开研究,基本框架和技术路线如图1-3所示。

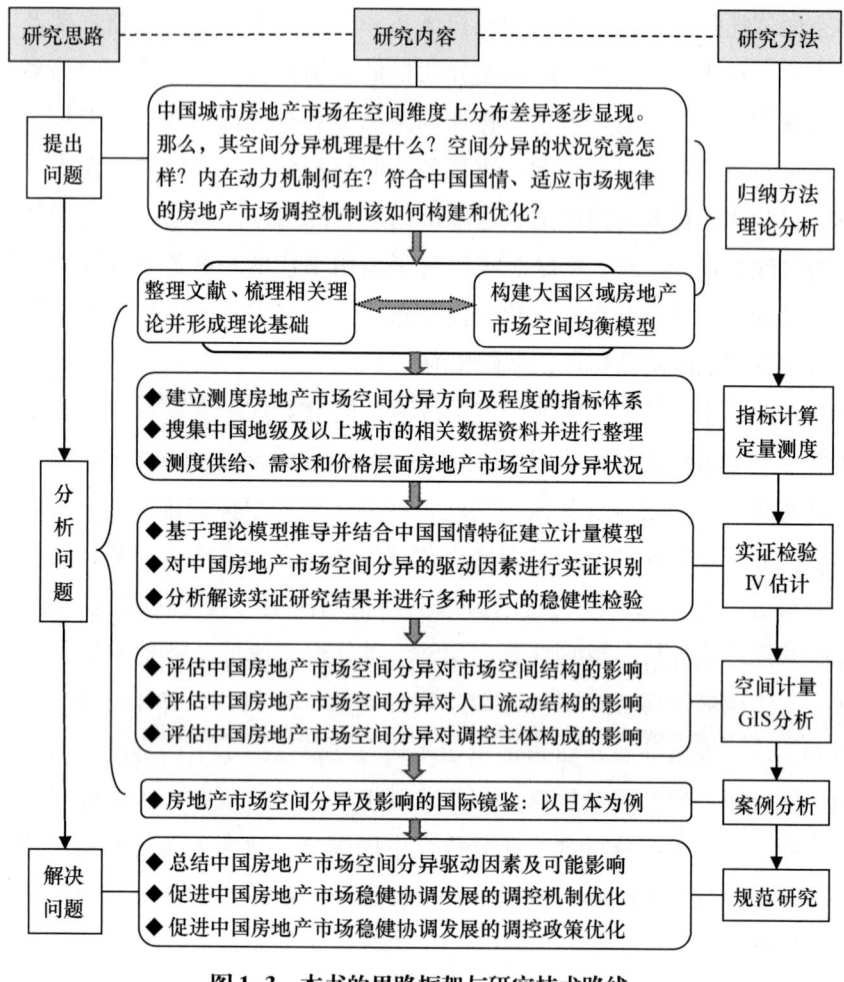

图1-3 本书的思路框架与研究技术路线

二 具体研究方法

（一）理论分析方法

采用以城市经济学为主、区域经济学和经济地理学等多学科交叉运用的研究方法，基于空间—需求—供给—价格四位一体视角梳理房地产市场区域空间分异的理论分析框架，阐释、归纳城市房地产市场区域空间分异的机理。

（二）数理建模方法

把城市经济学中针对城市内部房地产空间均衡的分析拓展到大国全国地理范围，把城市内部经济主体的通勤分析拓展到城市之间，进行大国房地产市场空间均衡模型的理论模型以及数理推导和比较静态分析，得出大国房地产市场区域空间分异特征及趋向的有关推论。

（三）空间分析方法

采用统计分析方法和定量研究方法构建测度房地产市场区域空间分异的测度指标体系，并利用中国城市层面的数据进行测度和分析。在此基础上利用地理信息系统（GIS）技术对中国城市房地产市场的区域空间分异的状况进行可视化呈现。

（四）计量检验方法

结合数理模型推导以及理论分析，采用空间面板数据计量模型、极大似然估计方法、面板数据两阶段最小二乘估计（G2SLS）方法等对中国房地产市场区域空间分异的动力机制及影响因素进行实证检验和识别。

（五）规范分析法

采用归纳分析法和规范研究方法，结合研究结论、国际经验和中国实际，明确未来中国房地产市场调控机制与政策调整优化的目标原则、主要方向及路径重点等，有针对性地提出相关对策建议。

第四节　本书的创新之处

一　学术思想方面

结合中国以高速铁路干线为骨架的快速交通网络建设及区域与城市间时空距离被空前压缩的背景，本书创新性地将经典城市经济理论模型中对城市内部房地产时空演变的分析扩展到发展中大国全国地理尺度上，拓展布吕恩（Bruyne）、霍夫（Hove）[1]等房价空间分异模型，把城市经

---

[1] Bruyne, K. D., Hove, J. V., "Explaining the Spatial Variation in Housing Prices: An Economic Geography Approach", *Applied Economics*, Vol. 45, 2013, pp. 1673–1689.

济学模型中与距离有关的通勤费用的设定扩展到城市间劳动者的职、住决策过程中 [$T_i=f(t,d)=td_i$，d_i表示各城市到中心城市的距离]，进而将距离表征的大国区域空间因素纳入研究框架。构建大国区域房地产市场一般均衡模型，并基于中国区域与城市经济空间格局演变、区域房地产市场结构调整与变迁，预测中国房地产市场空间结构演变的未来走势及潜在问题。

二　学术观点方面

理解中国大国房地产市场运行并进行科学有效的调控，必须具备区域空间的视角。本书创新性地提出大国房地产市场的区域空间格局演变具有"中心扩展整合"和"外围分化倾斜"的非均衡性分异趋向，中国房地产市场区域空间分异的内在驱动因素具有局域空间依赖的全域空间异质性特征，中国房地产价格的多中心集群网络化差异联动体系正在形成等学术观点和学术判断，指出优化房地产市场精准协同调控机制是新时代提高房地产调控质量，增强调控的科学性、精准性和高效性的重要着力点。科学应对中国房地产市场区域空间分异过程中出现的突出问题和潜在风险，必须明确引导房地产市场实现稳健调整与协调发展的总体目标要求，坚持稳定市场的房地产市场调控与固本强基的制度建设短效与长效举措两手抓且有机结合。同时强调，切实化解城市间房地产供求错配、"冰火两重天"等空间结构性矛盾，还须以都市圈、城市群以及合理有序的城市体系为主体依托，不断拓展新时代房地产供求平衡、稳健协调发展的新空间。本书是对中国城市房地产市场时空演变及相关问题研究的有益补充与学术拓展。

三　研究方法方面

本书体现了多种研究方法综合运用的研究特色，在理论分析上采用多维理论交叉运用；在定量分析与实证检验中，综合运用探索性空间数据分析（ESDA）、空间面板数据模型、地理信息系统（GIS）等方法和技术；利用空间计量经济学方法来研究房地产市场的时空演变，有利于准确把握房地产市场的空间异质性和相关性，为房地产市场调控提供更加准确的实证依据；最后，采用规范性分析方法提出房地产市场调控机制与政策优化的对策建议。多种研究方法的综合运用，有助于增强理论研究与实证检验的系统性和完整性，提高对策建议的针对性与可操作性。

第二章

房地产市场区域空间分异的理论基础

第一节 空间—需求—供给—价格四位一体理论分析框架

房地产是房产和地产的总称。在物质形态上，房地产包括土地以及土地之上的永久建筑物和构筑物，它们是人类生活、生产所必需的物质资料。由于土地以及土地之上建筑物位置的固定性和不可移动的特点，因而在经济学里，房地产也叫不动产。一般而言，房地产的存在形态有三种：一是单纯的地产，二是指建筑物，三是建筑物和土地的结合体，即通常意义上的房地产。在现代社会，房地产是城市物质形态的重要组成部分。与房地产密切相关的房地产业是国民经济中的重要产业部门，它具有周期性长、产业关联性高、地域性强等产业特性，在国民经济中有举足轻重的地位。

住房是人们赖以生存和发展的基本生活资料，是满足人的居住需要的物质载体。一般有商用住房和民用住房，后者又称为住宅。由于住宅是主要用来满足人们居住需要的产品业态，而且是住房中最重要和最主要的构成部分，因此在无特别说明的情况下，本书中的住房就是指住宅。与其他产品显著不同，住房具有三个主要特征：一是住房具有异质性，不同住房的面积、房龄、类型、内部特征、公用系统、区位等都具有一定的差异。二是住房是耐用品，随着时间的流逝，其价值可以较快或较慢的速度递减。三是住房具有不可移动性，把一处住房大跨度地从一个地方移动到另一个地方几乎是不可能实现的，这就决定搬迁是有成本的，即住房所有者迁移需要支付较高的费用。

　　从住房属性来看，住房具有消费品属性和投资品属性。自人类文明社会发展以来，在任何一个国家、地区、城市乃至乡村，物质形态的住房都是人们生存和发展的基础，住房的消费是供人们住在其中从而获取满足和福利。"安居乐业"反映了住房是人们从事经济社会活动的必要前提，也是保持社会稳定的重要条件。住房又具有投资品的属性。所谓投资品，是指购买后不需要追加新的使用价值和附加新价值即可投机出售获利（或亏损）的商品。由于住房是长期使用的耐用品，价值一般较高，且与土地和区位地段密切相关，因此，随着人口、经济和城市化发展等因素的变化，住房价值也会发生变化，这为人们进行住房投资投机创造了条件。从住房作为人类生存和发展的基本物质资料角度来看，虽然商品住房带有投资品属性，但它首先是用来满足人居住需要的消费品。所以，消费属性是商品住房最根本的属性。

　　房地产市场有狭义和广义两种定义。狭义上的住房市场是指把住房作为一种特殊商品用于交易的场所；广义上的住房市场是指住房在交易流通中所有经济关系的总和。本书涉及的城市住房市场偏向于广义的概念，属于房地产二级市场的范畴[1]，即在城市空间范围内土地开发和住房建设完成后，作为商品住房卖方与买方进行交易而形成的市场。[2] 与一般商品市场不同，城市住房市场更多地需要涉及市场空间范围，这源于商品住房的多样性、异质性、固定性、结构耐久性等特性。

　　在城市住房市场上，商品住房是主要交易对象。在交易过程中，商品住房的货币表现即为住房价格，它是住房市场的核心变量之一。与国外采用中位数住房价格的测度处理方法不同，在国内住房价格研究中，

---

[1] 按照市场运行层次，可以将房地产市场分为一、二、三级市场：一级市场是指土地使用权出让市场；二级市场是指土地开发和房屋建成后，作为卖方与房地产买方进行交易而形成的市场；三级市场是指在二级市场上获得的住房再度交易的市场。在城市扩张和快速集聚阶段，住房交易主要集中在二级市场。具体参见钱瑛瑛《房地产经济学》（第二版），同济大学出版社2008年版。

[2] 在房地产经济学中，广义的商品房是指在市场经济条件下，任何推向市场的，并可以自由买卖交易的房屋，包括各种用途的新建房屋和存量房屋。狭义的商品房是指商品住宅，包括新建住宅和存量住宅。本书以狭义的商品房为研究对象。

城市层面的住房价格通常用商品住房平均销售价格来表示，即商品住房的销售额与销售面积的比值。在无特别说明的情况下，本书中的住房价格也严格按此定义，采用商品住房（住宅）平均销售价格来表示，并简称房价。

一 房地产空间区位

空间是人类从事经济社会活动的载体，在原本非均质的自然环境和地理特征状况下，人们的居住、就业活动空间随着经济社会的发展，以及交通基础设施的不断改进而扩展。房地产以土地和房屋设施作为其存在的物质形态，房地产市场具有明显的区域性，这种区域性是由房地产的位置固定性和异质性决定的。因此，特定区位、空间上的房地产与其他商品不同，商品住房有许多独特的特点：房屋具有大小、区位、质量、内部结构、周边环境以及相邻地区的公共设施等诸多属性，属性的差别使得房屋具有异质性。而且，人们消费的是房屋的属性而非房子本身。

房地产空间区位是指一宗房地产与其他房地产或者事物在空间方位和距离上的关系。人们的各种生产、生活活动都需要房地产，并对其区位有一定要求。房地产所在区位状况的优劣，直接关系到房地产所有者或使用者的经济收益、生活便利或社会影响。因此，房地产的区位不同，例如是位于城市中心还是边缘地带，是临街还是不临街，是否邻近交通站点等，价格往往会有很大的差异。尤其是城市土地，其价格高低几乎为区位优劣所左右。随着科学技术的进步和经济社会发展，城市内部房地产区位优劣的形成受先天自然条件和后天人工的影响将越来越突出。一般情况下，凡是位于或接近经济活动的中心、交通要道的道口、生态和社会环境较好、基础配套设施较完备位置的房地产，价格一般较高；反之，处于闭塞街巷、郊区偏远地带的房地产，价格一般较低。即居住房地产的区位优劣主要依赖其交通条件、配套设施完备程度、周围环境和景观等。

从城市内部这一较小空间尺度上看，房地产或住房所在区域与城市就业、商业活动中心（CBD）的距离远近，周边医疗、教育等优质公共服务状况对房地产发展具有重要影响；从较大地域空间的城市之间来看，一个城市与区域内经济、就业中心城市的距离远近，以及城市优质公共服务总量及质量对该城市房地产会产生重要影响。房地产位置的固定性和不可移动性，使得该城市的房地产凝结着城市的品质因素和经济社会发展等因素，正如格莱泽（Glaeser）、戈特利布（Gottlieb）在罗森（Rosen）（1979）和罗巴克（Roback）（1982）理论的基础上建立起城市体系一般均衡 Rosen-Roback 模型所揭示的那样，城市的住房价格、实际工资和宜居性内生于城市体系之中，不同城市的房地产价格因城市人口、收入水平和城市宜居水平的差异而不同。[①] 在区域交通基础设施不断改进等条件下，随着城市相对区位条件的改变（比如在时空距离上更加接近中心城市或优质公共服务城市），使得其房地产的价值也将发生变化。因此，与其他商品不同，房地产商品的位置固定性和不可移动性决定了空间区位因素对房地产市场发展的重要性。房地产及所属城市和区域的区位条件差异直接决定了房地产市场是区域性市场。

二 房地产需求

自由市场中，一切商品包括耐久性消费品在内，价格都取决于供求双方力量的消长，住房市场符合自由市场的某些表征，但具有很多特性，"这些特性可以从城市住房市场供求两方面的特征考察"[②]。从需求层面看，由于房地产商品是一种特殊的商品，其需求具有以下一些特征。

一是房地产需求具有区域性。由于房地产位置的固定性，某一区域的房地产需求只能在该区域得到满足。由于气候、地理等先天自然条件以及经济社会等后天发展要素的影响，不同区域有不同的经济社会环境、生活习惯、风俗等，人们对房地产的需求会有不同的偏好。

二是房地产需求具有层次性。房地产对于不同的消费者可以满足生存、改善、发展和享乐等不同层次的需求，并随着人们收入水平的提高

[①] Glaeser, E. L., Gottlieb, J. D., "The Wealth of Cities: Agglomeration Economies and Spatial Equilibrium in the United States", *Journal of Economic Literature*, Vol. 47, No. 4, 2009, pp. 983 - 1028.

[②] 巴顿：《城市经济学》，上海市社会科学院部门经济研究所城市经济研究室译，商务印书馆 1986 年版。

而逐层提升。对于经济不发达地区或收入水平较低的消费者而言，房地产是最基本的生活资料或生产场所，是满足"衣食住行"中住和维持生存的基础资料；对于收入较高的消费者，房地产在满足其基本生活和生产的同时，可以提供事业进一步发展和享受"康居""乐居"生活的重要场所，以满足更高层次的房地产需求。随着需求层次的提高，房地产需求弹性也是不同的。

三是房地产需求具有消费和投资的双重属性。这源自房地产既是消费品又是投资品。一方面，消费者可以把房地产当作消费品，作为生活的场所；另一方面，由于房地产土地资源的稀缺性等，一般会随着经济社会的发展不断升值，同时还可以带来租金收入，因而房地产又被视为一种投资前景可观的投资品，能够帮助房、地所有者实现保值增值的目的。在此过程中，一些投资需求还将不可避免地带有浓厚的投机成分，即以短期持有和低买高卖转手炒作，获取差价和收益。由于房地产投资需求的存在，在特定宏观环境和政策背景下，住房存在居住属性被弱化、投资投机需求被强化的可能，即出现避"住"趋"炒"的倾向。随着区域与城市经济发展过程中劳动力、资本、信息等要素跨地区流动，像都市圈、城市群等区域内城市房地产市场间的联系（需求联系）将会变得更加复杂，而且很容易受到信息流及人们"羊群行为"的影响与扩散外溢，并在短期内引起房地产需求（主要是投资投机需求）的较大幅度波动。

三 房地产供给

与其他商品的生产过程不同，房地产的开发、生产、供给受到土地供给以及住房建设周期等影响，房地产供给具有一些不同于其他商品的特性，使得房地产市场的运行态势更为复杂。

一是房地产供给的层次性。房地产由于其使用年限较长、价值量大，持有者不会轻易丢弃其所拥有但不再需要的物业；房地产又极具投资价值，投资投机者购买、持有后待机出售。从城市内部来看，由于城市发展由内而外地扩张规律，先开发的房地产往往占据较好的区位，同时蕴含文化和历史沉淀，为消费者和投资者所追逐。从城市之间来看，中心大城市及其近邻的中小城市由于具备较好的经济社会发展基础和投资前景，其房地产往往也被开发商、消费者和投资者所看好，并相比其他区域而言较早地开工建设。因此，房地产的供给包括新建的住房和存量住房，其供给具有层次性。

二是房地产供给的滞后性。由于房地产开发建设的周期较长、房地产商品不能实现异地调用和跨区域配置，房地产的供给往往不能及时随着需求的变动而变动。需求减少时，在建项目往往不能中止（除非烂尾），供给量的变化往往有很大的惯性；需求增加时，很难将在建项目提前上市售卖。房地产供给的这种滞后性不仅会给开发商带来一定的风险，而且无形中放大了需求因素对房地产市场及房地产价格的作用，形成普遍的需求驱动型房价上涨。

三是短期房地产供给缺乏弹性。根据经济学原理，房地产供给弹性是指供给的价格弹性，即房地产价格变化的比率所引起的其供应量变化的比率，它表示房地产供给变量对房地产价格变动的反应程度。房地产供给弹性具体表现为土地总体供给的刚性和房地产供给的缺乏弹性。由于受土地供给的刚性约束，加上房地产开发建设周期较长，房地产增量部分的供给缺乏弹性，存量部分相对而言具有弹性。房地产供给的这一特性，也使得房地产市场与其他市场相比具有供给调节滞后性等特征。需求（包括消费需求和投资投机需求）高涨时期的大量住房开发投资和供给，很有可能演变成为房地产市场上的过剩库存，形成局部地区需求旺盛、房价高涨和局部地区库存过剩的区域房地产市场"冰火两重天"现象。

四 房地产价格

房地产的空间区位、房地产需求和供给的特性决定了房地产市场具有自身的特征：一是影响范围的地域性，二是竞争的非充分性，三是供给调节的滞后性，四是交易的复杂性，五是对金融业的依赖性，六是易受政府干预。[①] 其中，房地产市场的地域性是住房位置的固定性和异质性

---

① 钱瑛瑛：《房地产经济学》（第二版），同济大学出版社2008年版。

决定的，房地产市场竞争的非充分性是由住房供给的垄断性和交易信息的非充分性导致的，这两大特性是房地产市场显著不同于其他市场的根本所在。

作为房地产市场中的核心变量，房地产价格是房地产空间区位、房地产供给和房地产需求关系演变的综合呈现，并在供需驱动下动态运行（见图2-1）。而且，房地产价格对土地价格具有重要影响，这是因为：对土地的需求是派生的，人类活动（经济的或非经济的）是产生土地需求的直接原因。很少有只是为了土地而不是为了人类的非土地需求（比如衣、食、住、行等）而购买土地的。土地需求的增长源于人类活动的增长。第二，土地供给是价格非弹性的，一个国家、地区或城市，土地供给会受到其行政边界与地理状况的制约，从总体和长期视角而言，土地价格的上涨不会影响土地供给。因此，房地产价格将通过对房地产派生需求的影响而作用于土地价格，同时，土地价格将通过成本途径对房地产价格产生影响。

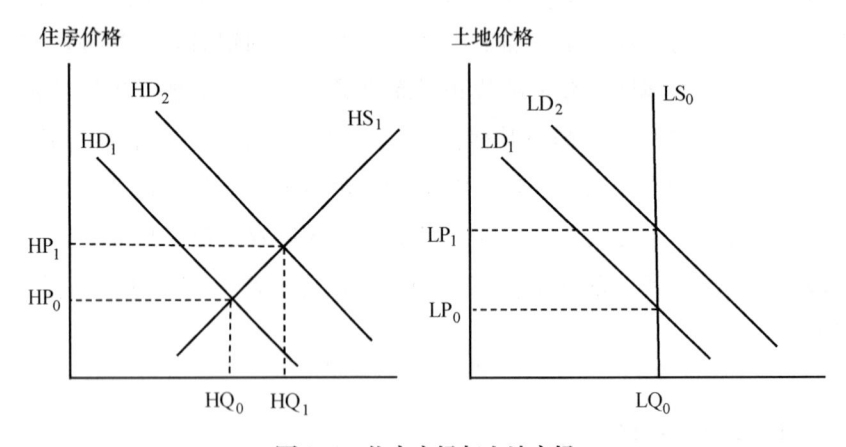

图2-1 住房市场与土地市场

人们对房屋的特殊性要求以及房屋的异质性，使得变换房屋的交易成本很高，导致房屋市场空间的非均衡性。房屋的空间不可移动性使房地产市场供需关系呈现复杂的空间形态，决定了区域房地产价格的空间差异。同时，住房市场的存在以及住房市场间的相互依赖，将不同区位的房地产市场联系了起来（尤其是在近邻地区间）。由于人口流动和大城市房地产需求外溢的影响，特定地域范围内（都市圈、城市群等）的房地产价格将呈现出一定的关联性，使得房地产价格在时空维度上表现出如下特征：时间维度上变动的非平稳性；空间维度上的异质性或空间收敛异质性。

将区域房地产市场在空间维度和时间维度上的演变综合呈现起来看，房地产市场区域空间分异是区域房地产市场空间属性的重要呈现形式，集中表现为区域房地产需求、供给和价格在空间上的差异分布、相互联系及动态变化，是人口、资本等可移动因素与土地、房屋等不可移动因素在特定空间上相互作用和相互影响动态过程的空间映射，并统一于"空间—需求—供给—价格"四位一体的理论分析框架。在一个较长发展时段内，随着一个国家或地区房地产市场上新建住房和存量住房的不断积存，房地产市场总量"供不应求"的状态将逐步缓解，总量供求基本平衡，空间性结构性矛盾将相对凸显。在此发展阶段和背景下，随着房地产市场自身结构调整以及所依托区域和城市经济社会发展演变，房地产市场供给、需求的空间分布差异将变得越来越明显，空间运行机制将愈加系统化和复杂化，并集中体现在房地产价格的区域空间分布差异及联动上。

第二节　房地产市场空间均衡模型：城市内与城市间

一　城市内部房地产市场空间结构模型

在城市房地产空间结构方面，威廉·阿朗索（W. Alonso）的研究具有开创性意义，其《区位与土地利用》一书的问世可以看作城市经济学之创始，它使这门学问具备了逻辑一致的理论基础。[1] 阿朗索将冯·杜能

---

[1] Mills, E., Nijkamp, P., *Advances in Urban Economics. Handbook of Regional and Urban Economics*（Ⅱ）: *Urban Economics*, Edited by Mills E., Elsevier Science Publisher B. V., 1987, pp. 703-714.

的关于孤立国农业土地利用的分析引申到城市,以解释城市土地利用和地价的空间分布,并提出了城市竞租曲线概念,这构成城市土地利用理论的核心。此后,米尔斯和穆特等将竞租模型引入城市住房领域,住户效用函数中的土地因子被住房消费替代,构建出关于城市不同区位上住房的竞价曲线,并引发了大量有关城市房地产空间市场的理论研究。[①][②]上述理论的一个显著特征是假定城市只有唯一中心,因此,相应的模型被称为单中心房地产空间竞争模型。布吕克纳(Brueckner)对上述模型进行了一般化处理。[③]

在单中心城市理论模型中,假设所有的就业机会都集聚于一个均质城市的唯一商业中心(CBD),城市居民居住在城市 CBD 的外围并通勤到 CBD,总的通勤费用取决于到 CBD 的距离(x)以及单位距离的通勤成本(t)。进一步假定城市居民具有相同的收入水平、消费倾向以及效用函数,效用函数取决于住房消费(q)和其他所有消费(c)两个要素。单位住房价格为 p,其他消费品价格为 1,居民收入用 y 表示。那么,城市居民在预算约束下通过选择最优的消费组合(c, q)使效用最大化的过程可以描述为如式 2-1 所示的数学形式:

$$\max v(c, q) = u \\ s.t.\ c+tx+pq=y \quad (2-1)$$

其中,$v(c, q)$ 是效用函数;u 是城市居民的满意水平,是外生的变量。将上式整合,如式 2-2 所示。

$$\max v(y-tx-pq, q) = u \quad (2-2)$$

空间均衡条件要求城市居民无论住在哪里,他们都具有相同的满意程度,即 u 在城市空间上是不变的。式 2-2 的优化问题将简化为对 q 求极值的问题,其必要条件如式 2-3 所示:

[①] Mills, E., "An Aggregate Model of Resource Allocation in a Metropolitan Area", *American Economic Review*, Vol. 57, 1967, pp. 197–210.

[②] Muth, R., *Cities and Housing*, Chicago: University of Chicago Press, 1969.

[③] Brueckner, J., *The Structure of Urban Equilibria: A Unified Treatment of the Muth-Mills Model. Handbook of Regional and Urban Economics* (Ⅱ): *Urban Economics*, Edited by Mills E., Elsevier Science Publisher B. V., 1987, pp. 821–845.

$$-\frac{\partial v\ (y-tx-pq,\ q)}{\partial pq}\frac{\partial pq}{\partial q}+\frac{\partial v\ (y-tx-pq,\ q)}{\partial q}$$

$$=-\frac{\partial v\ (y-tx-pq,\ q)}{\partial pq}p+\frac{\partial v\ (y-tx-pq,\ q)}{\partial q}$$

$$=0 \qquad (2-3)$$

从而得到式 2-4：

$$v_2/v_1=p\ （下标 1 和 2 表示偏微分） \qquad (2-4)$$

（一）城市区位与住房价格

运用比较静态分析方法，可揭示住房价格与城市区位的关系。以 x（到城市 CBD 的距离）为参变量，对式 2-2 求全微分，得到式 2-5：

$$-v_1\left(\frac{\partial p}{\partial x}+p\frac{\partial q}{\partial x}\right)+v_2\frac{\partial q}{\partial x}=0 \qquad (2-5)$$

将式 2-4 代入式 2-5，得到式 2-6：

$$\frac{\partial p}{\partial x}=\frac{-t}{q}<0 \qquad (2-6)$$

上式符号为负，其理论含义是：随着到单中心城市 CBD 距离的增加，住房价格将逐步下降（见图 2-2），由此呈现单中心城市内部住房价格空间递减分布规律。

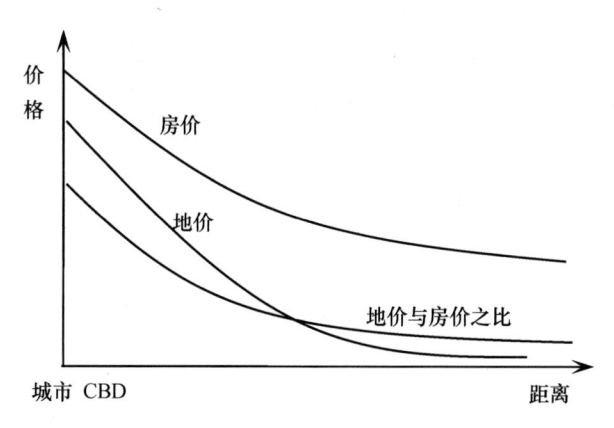

图 2-2 城市地价、房价、地价与房价之比的空间变化

资料来源：丁成日：《城市经济与城市政策》，商务印书馆 2008 年版。

单中心城市房地产空间市场模型揭示了住房价格的空间递减规律具有自身特征。对式子2-6求二次偏微分，得到式2-7：

$$\frac{\partial^2 p}{\partial x^2} = \frac{t}{q^2} \frac{\partial q}{\partial x} > 0 \left(其中 \frac{\partial q}{\partial p} < 0, \frac{\partial q}{\partial x} = \frac{\partial q}{\partial p} \frac{\partial p}{\partial x} = \eta \frac{\partial p}{\partial x} > 0 \right) \quad (2-7)$$

其中，$\eta<0$，表示在满意水平不变下需求曲线的斜率（或者 $\eta = \partial q/\partial p$）。式2-7表明，住房价格空间递减是凹函数。因此，在一个均质单中心城市中，住房价格随着到城市CBD的距离增加而递减的幅度逐步放缓。上述模型推演过程中得出的经济学含义是：为了保持空间均衡，距离CBD较远的居民必须用低的住房价格来补高的通勤费用，而距离CBD较近的居民必须用低的通勤费用来补偿高的住房价格。这是均质单中心城市住房价格空间递减规律的内在机理所在。

（二）居民收入与住房需求和住房价格

对式2-1中的预算约束等式分别求p、q关于y的偏微分，如式2-8、式2-9所示：

$$\frac{\partial p}{\partial y} = \frac{1}{q} > 0 \quad (2-8)$$

$$\frac{\partial q}{\partial y} = \frac{\partial q}{\partial p} \frac{\partial p}{\partial y} = \eta \frac{\partial p}{\partial y} < 0 \quad (2-9)$$

从以上两式子中可以得到如下结论：住房价格随着收入水平的增加而上涨，住房消费量随着收入的增加而下降。由此推断，在城市内部，局部地区收入水平相对较高，必然将推高该区位的住房价格。

（三）交通费用与住房价格

同理，对式2-1中的预算约束等式分别求p、q关于t的偏微分，如式2-10、式2-11所示：

$$\frac{\partial p}{\partial t} = \frac{-x}{q} < 0 \quad (2-10)$$

$$\frac{\partial q}{\partial t} = \frac{\partial q}{\partial p} \frac{\partial p}{\partial t} = \eta \frac{\partial p}{\partial t} > 0 \quad (2-11)$$

上述两式得出如下结论：住房价格随着单位通勤成本的增加而下降，住房消费量随着单位通勤成本的增加而上升。因此，在城市内部，交通基础设施条件的改善带来的通勤成本下降，会增加该区位的通勤吸引力，提高该区位住房价格。也就是说，交通条件的差异是造成城市内部不同区位房价差异的重要因素之一。

(四) 城市内部住房价格的空间分布规律

城市内部住房位置的固定性和住房产品的异质性等特点，决定了区位要素及城市空间结构对住房价格分布差异具有重要影响。在城市中，不同区块的基础设施配套、生态环境质量、交通通达性等条件存在差异，使得商品住房具有同量但不同价的区位特征，这一特征也会相应地体现在住房价格的空间差异及变动上。这是城市内部房地产空间特性的重要表现。

1. 单中心城市住房租金及价格的空间分布规律

从一个均质的理想化单中心城市内部来看，由于始终存在一种由上下班通勤的方便程度构成的位置优势，具有不同支付能力和支付意愿以及不同通勤偏好的住户或家庭将会在不同区位上以不同的租金或价格获得土地或住房，从而在城市中就会形成住房价格的空间分布差异，表现为住房价格随城市中心距离的增加而递减的空间分布形态。

在经典城市区位理论框架内，对于一个均质的理想化单中心城市而言，由于通勤方便程度的差异，在靠近城市中心的区位上，居住用地使用者（住户）或通勤者一般比农业用地使用者具有更为强烈的支付意愿或房地产需求，进而在均衡状态下两类竞租者的竞租曲线存在明显差异。表现在图 2-3 中，居民住宅竞租曲线要比农业的竞租曲线陡峭，而且竞租均衡状态下将会呈现不同城市土地利用类型的空间结构（比如办公业用地、制造业用地、居住用地等）以及城市与乡村界限。这一城乡界限在图 2-3 中表现为居民住宅竞租曲线与农业用地竞租曲线交点处的环状地带。

然而，现实世界中的单中心城市并非冯·杜能形式的圈层式均质空间构型。由于受湖泊河流、轨道交通、基础设施布局等的影响，城市空间形态或城市形状发生改变。比如，某一区域的交通可达性发生改变，进而使住房价格的空间差异带有特定城市形态的特征。此处，沿用威廉·阿朗索单中心城市竞租曲线的理论框架，以公路对住房价格空间分布差异的影响为例，如图 2-4 所示。在没有公路的均质单中心城市理想

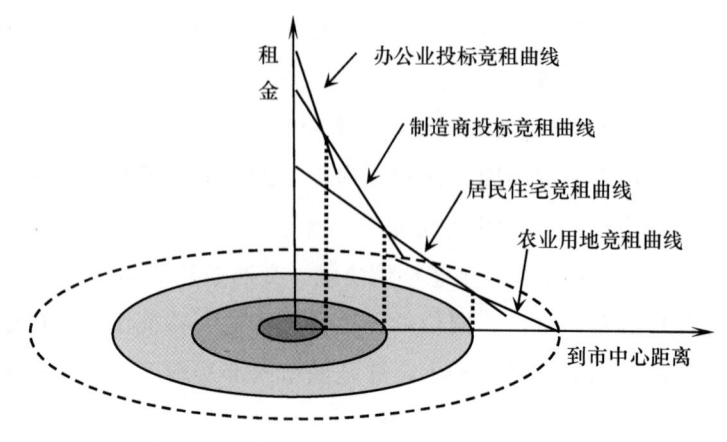

图 2-3　单中心城市住户均衡与土地租金结构

资料来源：O'Sullivan, Arthur, *Urban economics* (8th ed.), New York: McGraw-Hill/Irwin, 2012.

状态下，住房价格的空间分布以城市中心 A 点为顶点呈倒"V"形。当有一条公路出现并打破交通均质的理想世界后，公路沿线区域特别是 BC 地段前往城市中心的通达性发生了明显改善，居民对该区块住房的支付意愿和竞价需求增加。在此情形之下，实际成交的住房价格高出原先没有公路时该区域范围内人口愿为该地段住房支付的价格，在图 2-4 中表现为住房价格梯度线在 B 点出现了倾斜向上的拐折。可见，由城市中心向外放射的城市轨道交通线路会使竞租曲线或房价梯度曲线变得相对平缓，而单中心城市内某处区位的交通状况发生明显改善后，城市内部住房价格的原先空间分布形态将发生变异。

2. 多中心城市住房价格的空间分布规律

与单中心理想化城市不同，在现实世界中，由于就业机会的空间集聚，城市人口和经济活动的分布发生了改变并演变出不止一个城市中心，在这种多中心城市中，住房价格将呈现出更为复杂的空间分布差异特征。

为了深刻认识多中心城市下房地产市场和住房价格的空间分布规律，这里重点以理想化双中心城市为例，参照威廉·阿朗索的研究，具体划分出三种不同情形：处于竞争关系的两个等同大小的相邻城市中心的住房价格分布模式、处于竞争关系的两个大小不同的相邻城市中心的住房价格分布模式以及有两个互补中心的城市内住房价格分布模式。

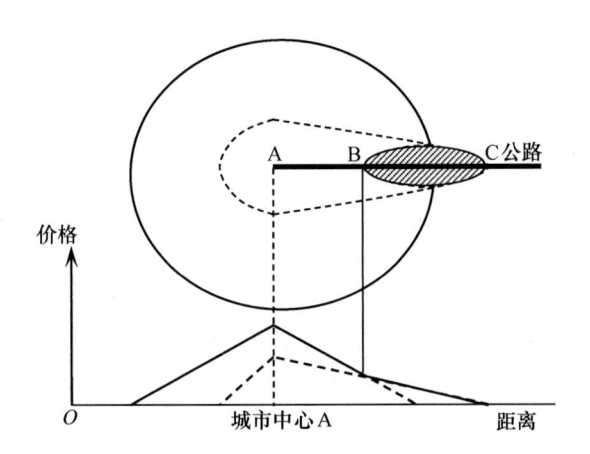

图 2-4　单中心城市交通线路对竞租曲线的影响

资料来源：Alonso, W., *Location and Land Use: Toward a General Theory of Land Rent*, Harvard University Press, Cambridge, 1964.

情形一：一个理想化城市中分布着两个大小相等并处于竞争关系的中心。如图 2-5 所示，A、B 为同一城市的两个独立中心，每个城市中心各自服务于一定数量的人口并辐射一定的地理空间范围。如果这两个中心的间隔足够近，就会有一部分公共土地供两个中心各自对应服务的人群竞价使用，不少现实的房地产需求将向这一区块集中。最后出价高者将获得该区域的土地或住房，此处价格梯度线交叠呈现"V"形，并高出虚线所示的原来的住房价格水平（虚线部分是分界线某一侧人口给出的低于实际成交价格的未成交价格）。这种情形揭示了具有空间特征的城市房地产市场上的购房者需求及竞价行为是推动住房价格上涨的重要动力因素。

情形二：一个理想化城市中分布着两个大小不相等并处于竞争关系的中心。如图 2-6 所示，A、B 分别代表同一城市里一个较大的中心和一个较小的中心，中心 B 的服务区域被中心 A 的服务区域全部覆盖，那么 B 中心处的实际住房价格将在中心 B 辐射范围人口与中心 A 辐射范围内

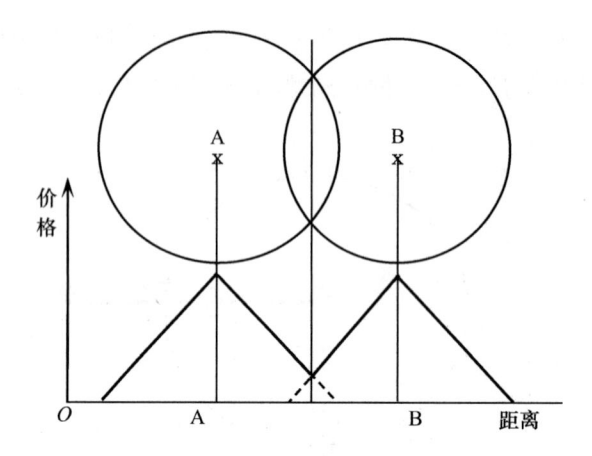

图 2-5　处于竞争关系的两个等同大小的相邻城市中心的房价空间分布模式

资料来源：根据 W. Alonso（1964）地租空间分布模式的拓展整理。

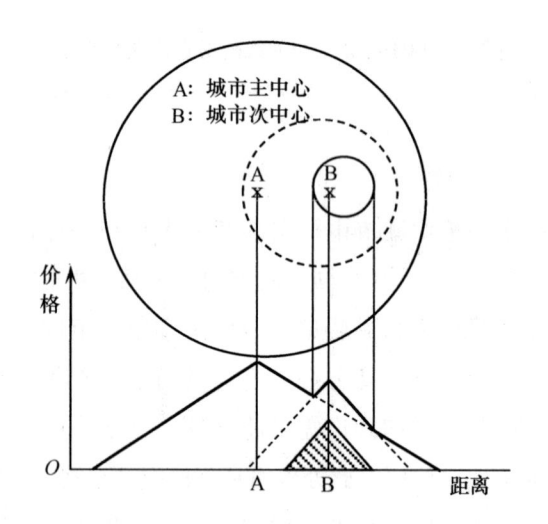

图 2-6　处于竞争关系的两个大小不同的相邻城市中心的房价空间分布模式

资料来源：根据 W. Alonso（1964）地租空间分布模式的拓展整理。

人口叠加竞争中形成，价格梯度曲线呈现向上凸起的形态。因为城市次中心的出现，住房需求和住房价格的空间分布将发生变异。如果中心 B 是一个城市中的独立中心，其辐射范围内的人口愿意为土地或住房支付的价格就会低于当前的实际价格，在图 2-6 中呈现为中心 B 对应的倒"V"价格梯度曲线两端的虚线部分；假如点 B 代表的是一个理想化均质单中心城市中的唯一中心,该中心及其周边的住房价格就处在相对更低的水平,其价格梯度曲线如图 2-6 中阴影三角形左右两个边所示。总之,由于城市内部出现一个与城市中心处于竞争关系的次中心,在住户或家庭竞租作用下,均衡状态的城市内部住房价格的总体空间分布将呈现出不规则形态。

情形三:一个理想化城市中分布着两个互补的中心。如图 2-7 所示,城市中心在空间上分离为 A 和 B,A 是城市的办公和购物中心,B 是城市的制造业中心。在城市居民中,有一部分人(主要是较高收入者)工作和购物都在 A 中心,其竞价函数为 P_i,如图 2-7 下半部左边所示,其余人口(主要是较低收入者)工作在 B 中心,但购物在 A 中心,其竞价函数为 P_j,如图 2-7 下半部右边所示。可以看出,价格梯度曲线 P_j 有两个顶点,顶点对应的区域恰好是城市中心 A 和中心 B。人口分布如图 2-7 上半部分所示,阴影区域表示工作和购物都在 A 中心的人群所占据的区域。由于制造业中心 B 处的居民(主要是有较高收入水平和较强购物支付能力的居民)通常要到 A 中心购物,因此,阴影区域还呈现出高收入人口的集中程度要高于其余区域。在此情形下,高收入人口为孤岛状,而且竞租均衡状态下的城市地价或住房价格在该阴影区域内明显更高,城市

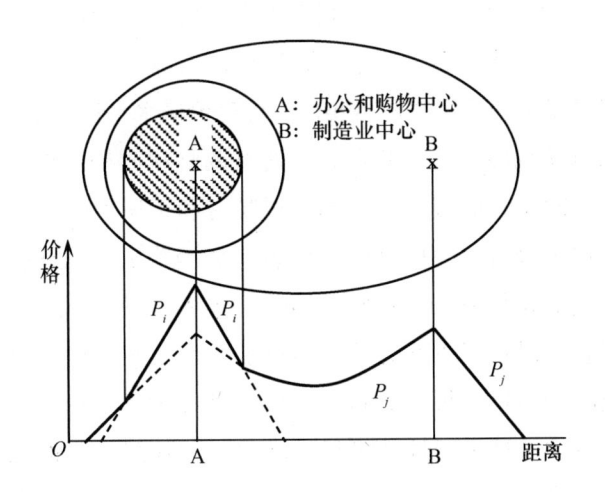

图 2-7　有两个互补中心的城市内部房价空间分布模式

资料来源:根据 W. Alonso(1964)地租空间分布模式的拓展整理。

中心 A 区域的价格梯度曲线的顶点上移，变得愈加陡峭。可见，城市内人口密度及居民收入水平的差异是造成住房价格在城市内部出现空间分布变异的一个重要因素。

总之，在一个城市的内部，房地产市场和住房价格具有独特的空间作用机理并呈现出规律性分布特征，这为探索更大空间尺度上城市间房地产市场和住房价格的分布差异及其动态演变提供了重要借鉴与启发。

二　区域城市间房地产市场空间格局演变

房地产市场的空间差异性还体现在更大空间尺度的不同城市和地区之间。由于空间异质性和空间依赖性的同时存在，城市间房地产市场与住房价格的一般性空间作用机理和分布特征更为复杂。

从城市住房的物理属性看，住房位置的固定性和不可移动性决定了其不可能像其他商品一样跨区域配置，当某一城市房地产市场出现供过于求或供不应求状况时，不可能通过输送其他城市商品房进行调剂，以达到该城市房地产市场的供求平衡。比如，在区域内某些中心城市、大城市住房价格上涨时，其他中小城市的住房供给并不能满足大城市的需求。同时，由于通达性的差异，大城市核心区域住房和边缘区域的住房也难以互相替代。因而，从城市截面上看，由于区域内或区域间城市在地理区位条件、经济社会发展水平、房地产市场发育程度等方面存在差异，商品房供求矛盾程度也不尽相同，住房价格水平往往是不同的。

沿用城市微观层面的研究框架，通过调整和放松假设条件，将作为小尺度地域空间单元的城市层面的分析映射和拓展到作为较大地域空间单元的区域层面分析，即把城市假设为一个涵盖了不同规模、不同类型城市的区域（城市体系），将城市中的多中心抽象为区域内多个城市构成的点，这样就可以对理想状态下不同情形城市之间房地产市场和住房价格的区域空间分布模式展开分析。这里重点分析三个相互独立且规模不等的理想化单中心城市房地产市场供求状况和住房价格的区域空间差异性，如图 2-8 所示。在一定的区域范围内（图中虚线方框为区域边界），分布着甲城市、乙城市和丙城市，各自对应的城市中心分别为点 A、B 和 C。由于城市规模存在差异，均衡状态下各城市对应的房价梯度曲线的顶点存在明显的高低差别，表现为规模最大的甲城市的住房价格整体水平较高，规模次之的乙城市的住房价格水平相对较低，规模最小的丙城市的住房价格整体水平最低。

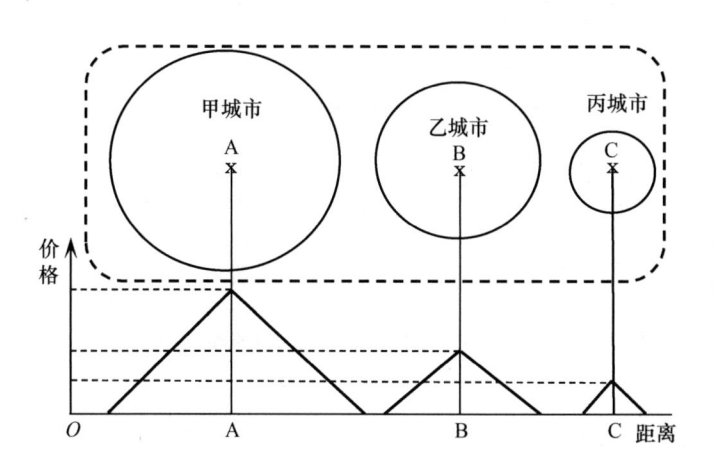

图 2-8　区域内三个相互独立的城市的住房价格空间分布模式

　　进一步看，可以对理想化区域内规模大小不等但功能互补的两个城市的住房价格空间分布差异模式展开分析，如图 2-9 所示。在一定的区域空间范围内（图中虚线方框为区域边界），存在一个具有办公与购物功能的消费型城市甲（城市中心为 A）和一个以生产制造业为主的生产型城市乙（城市中心为 B），其中，乙城市居民尽管在该城市工作，但购物在甲城市，这样购物和工作均在城市甲中心 A 的人口所占区域的经济活动密度将明显提高（如图 2-9 中上部阴影区域所示），对土地和住房的需求与竞价将变得激烈，均衡状态下区域内两个城市的住房价格空间分布将出现显著差异。

　　从现实情形来看，随着现代交通通信技术的快速发展和城市化过程中城市间相互联系、相互作用的增强，都市圈、城市群等地域空间结构逐步形成，并成为房地产市场发展的主体空间依托，在此背景下，区域城市间的房地产市场运行将呈现差异联动特征。这里继续沿用城市内部房地产市场空间结构分析框架，区域城市之间房地产空间结构的演变在

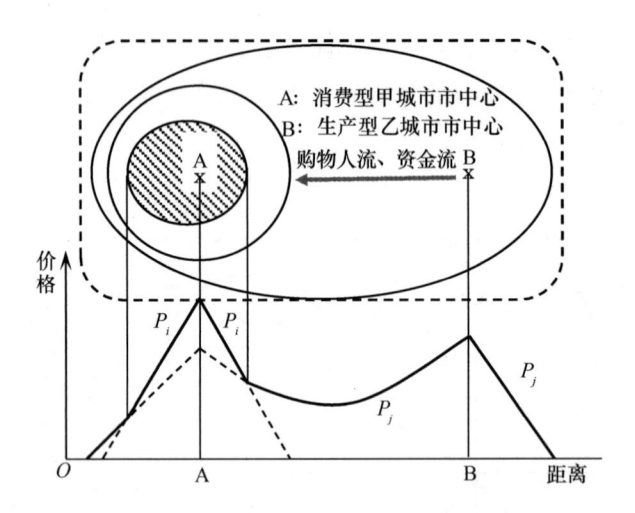

图 2-9 区域内两个互补城市的住房价格空间模式

本质上与城市内部相似，即扩展了研究的地域空间后，区域（城市群或城市区域）可以抽象为城市，其内部的城市可以抽象为区位。在快速交通条件支持下，城际通勤具备了现实的可能性，人们的居住、就业活动将在更广地域空间上得到扩展。这里重点以理想区域下三个规模大小不同且空间流密集交汇的城市（中心城市甲、外围城市乙、外围城市丙）为例。A点、B点和C点分别是三个城市的中心，随着区域快速交通基础设施建设和连通，人流、物流、资金流、信息流等在三个城市之间将不同程度地流动和交汇，城市规模在时间维度上呈现出一定的变化。假设甲城市因其先天禀赋或率先发展等而具有相对较高的收入水平，集聚大量的就业岗位和就业机会，那么，随着甲城市要素的空间集聚与扩散，一方面，其空间范围将向外拓展（如图2-9中大圆形虚线所示）；另一方面，其中心区域的人口集聚和经济活动密度将大大提高（该区域如图2-9中小圆圈阴影部分所示）。在这种动态影响下，由于中心城市土地和住房供给的弹性较低，甲城市住房价格梯度曲线不仅在坐标轴上向外扩展，而且顶点上移得要更快。尽管乙城市和丙城市的住房价格水平也有所提高，但三个城市间的住房价格空间分异明显。

随着交通基础设施的改进以及时空距离压缩效应的释放，外围乙城市和丙城市相对于中心城市甲的相对区位条件发生了改变，逐步具备与中心城市发生当日通勤或当周通勤联系的条件。外围城市的通勤引力增加，吸纳和承载中心城市外溢住房需求的能力也得到提升，部分居住活动向外围城市逐渐转移，增加外围城市的住房需求（来自中心城市的住房需求外溢），进而提高和中心城市相对邻近的外围城市的房地产价格水平，表现为其房价梯度曲线沿着纵轴上移。这样将会形成城市的房地产价格随着到中心城市距离的增加而递减的空间分异模式，这与单中心城市内部住房价格随着到 CBD 距离的增加逐步下降的空间格局有相似之处，如图 2-10 所示。

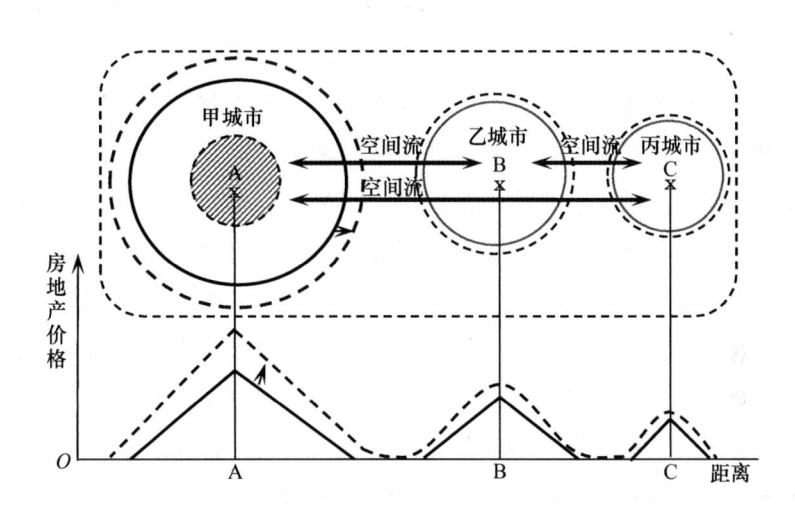

图 2-10 区域城市间房地产空间格局

如果理想区域空间内包含像空间经济学中城市模型描述的大小不等且具有层次结构的城市体系，那么在城市自身因素以及空间流交互影响下，区域城市间房地产市场空间格局将呈现为不同模式，或为均衡的独立空间结构，或为非均衡的单中心—外围结构，或者是多中心、集群网络化结构。

第三节　大国房地产市场的空间运行机制及调控机理

一　大国区域房地产市场空间均衡模型

前述理论分析揭示了城市内部和城市之间房地产市场与住房价格空间分布差异及演变的一般机理，为了深入考察大国区域房地产市场的空间运行机理问题，须将房地产市场空间格局演变与区域城市经济空间格局演进、人们居住与就业活动空间拓展等结合起来看。在先行发达地区要素的空间集聚与扩散，以及快速交通体系建设带来时空距离压缩的条件下，人们的居住、就业等经济活动在区域空间扩展、集聚与分化的动态过程，某种程度上可以抽象为城市内部地域空间中的经济活动分布演变过程。在经典城市经济学理论模型中（Muth, 1969[①]；Mills, 1972[②]），生产和商业活动（或就业）集中于城市中心，消费者通常在居住地和就业中心之间通勤（或流动），房地产价格的空间分布将取决于消费者最大化效用过程中的竞租行为，并呈现城市内部经济活动分布状况。该微观模型描绘的经济图景与像中国这样的发展中大国在城镇化进程加快推进阶段的发展情境有诸多相似之处。这是因为，与小国不同，发展中大国的快速城镇化具有高度集聚的典型特征（Henderson, 2002[③]）。中心城市作为先行发达区一般集聚着大量的生产、商业活动和就业机会，而周边地区的大量劳动者（包括农村劳动者等）借助交通系统向中心城市流动，以获取较高收入，并在住房市场和非住房市场上消费。在此行为框架下，住房价格的空间分布及演变将受到经济个体在更广地域空间上职住空间选择与竞租行为的影响，并综合呈现房地产市场空间格局和经济空间格局的调整过程。这里重点关注快速交通条件下大国房地产市场区域空间

[①] Muth, R., *Cities and Housing*, Chicago: University of Chicago Press, 1969.

[②] Mills, E., *Urban Economics*, Glenview: Scott Foresman, 1972.

[③] Henderson, J. V., "Urbanization in Developing Countries", *World Bank Research Observer*. No. 1, Vol. 17, 2002, pp. 89-112.

分异问题，结合布吕克纳（1987）[1]的城市经济学理论模型，借鉴藤田（Fujita）、小川（Ogawa）[2]，小林（Kobayashi）、岗村（Okumura）[3]，格莱泽（Glaeser）、戈特利布（Gottlieb）[4]等研究，并沿用布吕恩、霍夫[5]在经济地理学方法框架下的建模思路，本书设定了一个尽可能接近中国实际的发展中大国情境，拓展构建一个存在城市差异并包含区际人口流动对经济空间格局影响的住房价格体系空间均衡模型。与布吕恩（Bruyne）、霍夫（Hove）（2013）不同的是，本书在模型中引入了距离变量，把通勤成本扩展至城际层面，设定为通勤时间距离与单位通勤费用的乘积。这样处理并非简单的修改，而是赋予模型更加丰富的内涵：一是将时间距离变量表征的相对区位因素以及交通条件改进引起的时空距离压缩影响纳入研究框架，实现时空因素向微观经济主体行为决策过程的内化与融合；二是有助于通过住房价格与交通时间距离变量的一阶偏导关系和二阶偏导关系，推演快速交通网络化发展、城市空间格局调整过程中大国房地产市场区域空间分异的内在机制与可能模式。

（一）一个拓展的理论模型

为了抓住本书所关注经济事实的核心特征，便于模型化处理，假设如下：

（1）在一个疆域辽阔的大国之内，存在两种类型的城市：中心城市 C 与外围城市 P_i（$i=1, 2, \cdots n$）。所有城市被快速交通系统相互联通，外围城市按照它们到中心城市的距离而连续地分布在区域空间中。该距离

---

[1] Brueckner, J., *The Structure of Urban Equilibria: A Uinified Treatment of the Muth-Mills Model. Handbook of Regional and Urban Economics*（Ⅱ）: *Urban Economics*, Edited by Mills E., Elsevier Science Publisher B. V., 1987.

[2] Fujita, M., Ogawa, H., "Multiple Equilibria and Structural Transition of Non-monocentric Urban Configurations", *Regional Science and Urban Economics*, Vol. 12, No. 1, 1982, pp. 161-196.

[3] Kobayashi, K., Okumura, M., "The Growth of City Systems with High-Speed Railway Systems", *The Annals of Regional Science*, Vol. 31, No. 1, 1997, pp. 39-56.

[4] Glaeser, E. L., Gottlieb, J. D., "The Wealth of Cities: Agglomeration Economies and Spatial Equilibrium in the United States", *Journal of Economic Literature*, Vol. 47, No. 4, 2009, pp. 983-1028.

[5] Bruyne, K. D., Hove, J. V., "Explaining the Spatial Variation in Housing Prices: An Economic Geography Approach", *Applied Economics*, Vol. 45, 2013, pp. 1673-1689.

用交通时间距离d_i度量,用以反映外围城市相对区位的远近。大量就业机会集中于中心城市,且中心城市具有相对较高的工资收入水平。

(2) 劳动者通过提供劳务从企业中赚取收入,并在城市住房市场和其他消费品市场上消费。居住在中心城市的劳动者在该中心城市工作,外围城市劳动者面临着是在本地工作还是流动(通勤)到中心城市工作的选择。每个劳动者在中心城市和外围城市的工作时间W都是相同的,这意味着流动到中心城市的劳动者不得不放弃一些闲暇。

(3) 来自外围城市的劳动者在本地获得φ_i比例的收入,$1-\varphi_i$比例的收入在中心城市获得。收入等于工资w_i乘以工作时间再减去通勤成本T_i。其中,通勤成本是每单位距离的通勤费用t与外围城市P_i到中心城市的交通时间距离d_i的乘积。把城市内部的分析拓展到地理尺度城际层面时,本书对职住关系及通勤模式采用泛化的定义,即不仅有当日通勤,还存在当周通勤或当月通勤。

在上述假设下,一个外围城市P_i的代表性劳动者选择在该外围城市工作所获得的收入为$w_{pi}W$,选择去中心城市工作获得的收入为w_cW-td_i,则平均收入为$\varphi_i w_{pi} W+(1-\varphi_i)(w_c W-td_i)$。工作时间$W$等于个人全部可支配时间$M$减去闲暇$L$再减去用于通勤的时间$C_i$后的剩余,即$W=M-L-C_i$,进而收入可表示为$\varphi_i w_{pi}(M-L_i^p)+(1-\varphi_i)[w_c(M-L_i^c-C_i)-td_i]$。其中,$L_i^p$指代居住且工作在外围城市的劳动者的闲暇,$L_i^c$指代居住在外围城市且工作在中心城市的劳动者的闲暇,这两种闲暇的差异主要在于通勤时间上(与城市所处的区位以及交通条件有关),其关系为$L_i^p=L_i^c+C_i$。通过等价转换,该劳动者的收入可表示为$(M-L_i^p-C_i)[\varphi_i w_{pi}+(1-\varphi_i)w_c]-(1-\varphi_i)td_i$。

进一步假设效用函数为柯布—道格拉斯形式,闲暇的权重为α,工作(赚取收入)的权重为$1-\alpha$,消费者将在闲暇和工作之间做出第一个权衡。消费者要做出的第二个选择是将赚得的收入花费于住房(H_i)和非住房复合消费品(X_i),用于非住房复合品的消费比重为β,相应的住房消费比重为$1-\beta$。假设消费者偏好相同,外围城市P_i的代表性劳动者的效用最大化问题如式2-12所示:

$$MaxU_i = (L_i^c)^{\alpha} X_i^{\beta(1-\alpha)} H_i^{(1-\beta)(1-\alpha)}$$
$$s.t.\ hp_i H_i + p_i X_i \leq (M - L_i^p - C_i)[\varphi_i w_{pi} + (1-\varphi_i) w_c] - (1-\varphi_i) td_i \tag{2-12}$$

上式中，hp_i 表示 i 城市的住房价格，p_i 表示非住房复合消费品价格（可以设定为1）。针对上述的效用最大化问题，构建拉格朗日辅助函数，并基于一阶条件，通过等价转换得到住房价格表达式：

$$hp_i = \frac{(1-\alpha)(1-\beta)}{\alpha} [\varphi_i w_{pi} + (1-\varphi_i) w_c] L_i^c \tag{2-13}$$

$$hp_i = \frac{(1-\alpha)(1-\beta)[(M-C_i)(\varphi_i w_{pi} + (1-\varphi_i) w_c) - (1-\varphi_i) td_i]}{(1-\alpha)(1-\beta)(H_i-1) + 1} \tag{2-14}$$

其中，式 2-13 是用收入与闲暇表示的住房价格，式 2-14 为最优化求解中得到的住房价格表达式。假设平均意义上的城市住房市场是均衡的，实际住房需求（H_i）等于有效住房供给（S_i）。上式表明，住房价格取决于收入水平、住房供给以及到中心城市的时间距离（d_i）等。其中，交通时间距离增加对住房价格会产生负向影响，即从时空区位上看，离中心城市越远，住房价格水平越低。

（二）人口流动与空间均衡

在一个动态经济系统中，住房价格及其呈现的经济空间要受到行为主体尤其是人口流动的影响。按照空间经济学理论，地区之间的工资收入差异是劳动力空间流动和区域经济集聚的主要力量之一。[①] 在一个发展中大国，地区间在工业化进程和劳动生产率等方面的差异导致中心城市与外围城市间工资收入的势差更大，进而引起大量劳动力流动。为此，假设居住在中心城市的劳动者通常不会迁移到其他城市，但外围城市的劳动者为了追求更高的收入，可以从特定外围城市 P_i（$i=1, 2, \cdots n$）向中心城市流动，以求效用最大化。由于用于住房和非住房复合品的消费支出比例在中心城市与所有外围城市被假定是相同的，因此按照式 2-13

---

① Fujita, M., Krugman, P., Venables, A. J., *The Spatial Economy: Cities, Regions, and International Trade*, Cambridge: MIT Press, 1999.

可对应列出中心城市的住房价格表达式，外围城市与中心城市的相对住房价格便可表示为式 2-15：

$$\frac{hp_i}{hp_c} = \frac{(1-\alpha)(1-\beta)}{\alpha}\left[\varphi_i w_{pi} + (1-\varphi_i)w_c\right]L_i^c \bigg/ \frac{(1-\alpha)(1-\beta)}{\alpha}w_c L_c^c$$

$$= \frac{[w_c - \varphi_i(w_c - w_{pi})]L_i^c}{w_c \quad L_c^c} \tag{2-15}$$

在经济系统达到空间均衡状态之前，受到集聚力、分散力两股相反力量的驱动，以及交通条件改善带来的时空距离压缩对这两股力量的影响，人们的居住、就业等活动将在地域空间上发生重组，并通过城市间住房价格的关联关系呈现出来。

1. 集聚力：较高收入、就业等的吸引

中心城市因拥有较高的收入水平以及就业机会而产生的吸引力，是推动人口不断向其流入和集聚的重要力量。在本模型中，区际人口流动是工资收入差异的函数，个体在预算约束条件下会选择向具有更高工资收入的城市流动以最大化个人效用，因此，中心城市的收入与就业等优势将作为集聚力促使人口流入。为了理解城市间相对住房价格、工资收入之间的关系，将式 2-15 分别对外围城市工资（w_{pi}）、中心城市工资（w_c）求取偏微分，如式 2-16、2-17 所示：

$$\partial \frac{hp_i}{hp_c} \bigg/ \partial w_{pi} = \frac{\varphi_i L_i^c}{w_c L_c^c} > 0 \tag{2-16}$$

$$\partial \frac{hp_i}{hp_c} \bigg/ \partial w_c = -\frac{\varphi_i w_{pi} L_i^c}{w_c^2 L_c^c} < 0 \tag{2-17}$$

上述两式展现了外围城市与中心城市的工资变动对其相对住房价格的影响：外围城市工资水平的上升会引起外围城市相对住房价格的上涨，中心城市工资水平的上升则将导致外围城市相对住房价格的下降。原因在于，中心城市工资水平的上升会吸引外围劳动者更大规模地流入，使得在中心城市获得的收入增加，购房支付能力提升，而外围地区的住房需求减少。同样，外围城市工资水平的上升将会在一定程度上减少其人口外流，增加本地的就业及居住吸引力。地区高收入水平可以被视为一种不可移动的本地吸引力优势。

2. 分散力：通勤成本与居住成本的阻碍

人口流动过程中也存在着不可忽略的成本。在本书模型中，来自更远外围城市的劳动者向中心城市流动时，需要承担更高的通勤成本（更长的通勤时间距离、更少的闲暇等），以及面临中心城市更昂贵的居住成本（主要体现在住房价格上）。这两大成本因素作为中心城市的分散力对其集聚人口及经济活动产生一定的阻碍作用，甚至城市住房价格会成为人口迁移的一种筛选机制。[①] 在人口流动过程中，集聚力与分散力这两股相反力量的复杂较量，将会推拉劳动者在地域空间上对其居住、就业等活动进行重组，经济活动的空间格局将因此发生调整。

3. 交通条件改善带来的时空距离压缩影响：增加中心城市的就业潜力和外围城市的通勤引力

在集聚力与分散力相互作用的同时，人们的活动空间选择将受到交通条件改善的影响。从式 2-16 与式 2-17 的数学关系看，外围城市和中心城市工资变动对其相对住房价格的影响程度（边际影响），除了依赖 φ_i、w_c、w_{pi}/w_c^2 的大小外，还会受到外围城市劳动者通勤到中心城市工作时获得的闲暇与中心城市劳动者闲暇的比值 L_i^c/L_c^c 影响。该比值的大小与交通改进引起的通勤时间变化相关。伴随快速交通建设的大规模推进，时空距离的压缩及城市相对区位条件的改变，一方面将显著减少劳动者的通勤时间，使得通勤到中心城市的劳动者获得的闲暇 L_i^c 与居住且工作在中心城市劳动者获得的闲暇 L_c^c 逐步接近，进而增加中心城市的就业潜力，其本地高收入吸引优势也将被强化；另一方面，外围城市不断被"拉进"中心城市的辐射范围，其相对区位条件的变化让更广地域空间上的更多外围城市具备与中心城市通勤的条件。通勤引力增加，外围城市吸引、承载中心城市外溢住房需求的能力也相应得到提升。因此，交通条件的显著改善为外围城市劳动者选择快速通勤到中心城市以更大程度享受中

---

① 李斌：《城市住房价格结构化：人口迁移的一种筛选机制》，《中国人口科学》2008 年第 4 期，第 53—60 页。

心城市集聚的好处，同时无须支付中心城市高昂的居住成本提供了条件。[1] 经济活动将在更广地域空间上扩展、集聚与分化。

接着，求取均衡状态下住房价格与距离的关系式，以考察经济活动的空间演变状况。达到长期均衡时，劳动者跨区域流动的空间均衡结果是劳动者在各个城市达到相同的保留效用，即满足：（1）个体居住且工作在外围城市与个体居住且工作在中心城市所得的效用是无差异的；（2）个体居住在外围城市同时工作在中心城市与个体居住且工作在中心城市所得的效用是无差异的。这意味着，在此条件下具有不同职住空间选择模式的劳动者对应的实际收入水平（收入与住房价格的比值）是相同的，即满足式 2-18、2-19 所示的要求[2]：

$$\frac{w_{pi}W}{hp_{pi}} = \frac{w_c W}{hp_c} \qquad (2-18)$$

$$\frac{w_c W - td_i}{hp_{pi}} = \frac{w_c W}{hp_c} \qquad (2-19)$$

按照布吕恩（Bruyne）、霍夫（Hove）（2013）对工资收入与相对住房价格的处理方式，将上述关系重新表述，如式 2-20、2-21 所示：

$$(w_c - w_{pi})\ W = \frac{hp_c}{hp_{pi}} \qquad (2-20)$$

$$w_c W \left(1 - \frac{hp_{pi}}{hp_c}\right) = td_i \qquad (2-21)$$

进一步整理合并，得到空间均衡状态下外围城市工资与中心城市工资、通勤成本间的关系式，如式 2-22 所示：

$$w_{pi} = w_c - \frac{w_c}{w_c W - td_i} \qquad (2-22)$$

把式 2-22 代入式 2-14，同时将住房价格表示为距离的函数，如式

---

[1] Zheng, Siqi, Kahn, M. E., Liu Hongyu., "Towards a System of Open Cities in China: Home Prices, FDI Flows and Air Quality in 35 Major Cities", *Regional Science and Urban Economics*, No.1, Vol.40, 2010, pp.1-10.

[2] 由于已假定在同一国家内所有城市的非住房消费复合品价格水平是相同的，因此它们不出现在表达式中。

2-23 所示：

$$hp(d_i) = hp_i =$$

$$\frac{(1-\alpha)(1-\beta)\left[(M-C_i)\left(w_c - \frac{\varphi_i w_c}{w_c W - t d_i}\right) - (1-\varphi_i) t d_i\right]}{(1-\alpha)(1-\beta)(H_i-1)+1} \quad (2-23)$$

正如空间经济学中用一系列地租曲线反映经济活动的空间分布一样[1]，式 2-23 中，城市的住房价格与其到中心城市距离的函数关系曲线将呈现房地产市场空间格局与经济活动空间分布及演变。

（三）比较静态分析

大国之内时空因素以及交通条件改进的影响被纳入距离变量，要探究房地产空间的演变特征及模式，须从住房价格与距离变量的微分关系上着手。为此，求取式 2-23 中住房价格关于距离（d_i）的一阶偏微分，如式 2-24 所示：

$$\frac{\partial hp(d_i)}{\partial d_i} = -\frac{(1-\alpha)(1-\beta) t}{(1-\alpha)(1-\beta)(H_i-1)+1}\left[(1-\varphi_i) + \frac{(M-C_i)\varphi_i w_c}{(w_c W - t d_i)^2}\right]$$

$$= -At\left[(1-\varphi_i) + \frac{(M-C_i)\varphi_i w_c}{(w_c W - t d_i)^2}\right] < 0 \quad (2-24)$$

其中，$A = \dfrac{(1-\alpha)(1-\beta)}{(1-\alpha)(1-\beta)(H_i-1)+1}$

上式中 $(1-\varphi_i)$、$(M-C_i)$、$(w_c W - t d_i)^2$ 等皆为正值，因此可以确定城市住房价格对距离的一阶偏微分的符号为负。这表明随着与中心城市距离的增加，城市的住房价格水平将呈现由高到低递减的空间分布形态。与城市内部一样，住房价格关于距离的一阶偏微分小于零，揭示了城市经济活动在区域空间上的分布随距离增加而总体衰减的一般形态。然而，在一个幅员辽阔、人口众多的大国之内，距离对住房价格的影响可能并非简单的线性关系。因为大规模的城市化进程中劳动者在居住与就业空间选择时，始终面临在工资收入、住房价格以及与距离有关的通勤成本之中权衡。当距离因素被内化到微观经济主体在一个更大区域范围上的

---

[1] Fujita, M., Krugman, P., Venables, A. J., *The Spatial Economy: Cities, Regions, and International Trade*, Cambridge: MIT Press, 1999.

职住空间决策时,其对住房价格及经济活动的影响可能存在非线性特征。为此,进一步就式 2-23 求取住房价格(hp_i)关于距离(d_i)的二次偏微分,如式 2-25 所示:

$$\frac{\partial^2 hp(d_i)}{\partial d_i^2} = \begin{cases} -2At^2 \dfrac{(M-C_i)\varphi_i w_c}{(w_c W - td_i)^3} < 0, & \text{当 } td_i < w_c W \\ -2At^2 \dfrac{(M-C_i)\varphi_i w_c}{(w_c W - td_i)^3} > 0, & \text{当 } td_i > w_c W \end{cases} \quad (2-25)$$

上述十分有趣的数学关系揭示了大国之内距离变量对住房价格影响的非线性机制,并呈现快速交通条件下大国城市房地产市场的中心扩展整合与外围分化倾斜的非均衡空间分异趋向。

1. 中心扩展整合:中心及其周边城市间职住联动

当$td_i < w_c W$(或$d_i < w_c W/t$)时,即通勤成本低于在中心城市工作获得的收入时,城市住房价格关于距离的二次偏微分将恒小于 0,$hp(d_i)$为凸函数。这意味着,在满足上述条件的空间区位上,邻近的外围城市位于中心城市的辐射影响范围内,域内劳动者基于效用最大化原则做出的职住空间决策,将导致就业活动向中心城市集聚以及中心城市与近邻外围城市间的职住活动空间一体化,比如在能够实现当日通勤的 1—2 小时都市圈或城市群内,从而使得外围城市住房价格水平随其到中心城市交通时间距离的增加而不断降低,降幅逐渐变缓。伴随高速铁路开通及延伸带来的时空距离压缩效应释放,更远地域空间上的城市将因交通出行时间距离缩短而被"拉入"中心城市的通勤辐射范围,比如在无法满足当日通勤条件但能够实现当周通勤或当月通勤的 3—4 小时、5—6 小时经济圈内,区域人口流动、居住与就业活动得以在更广地域空间上重组和集聚。被快速交通串联的中心城市及周边城市间形成空间一体化以及整个中心区的拓展整合。在满足$td_i < w_c W$的条件下,中心城市的收入水平越高,对远距离通勤的补偿能力就越强,所辐射的时空范围及拓展形成的中心区也就越大。

2. 外围分化倾斜:更远地域空间上局部隆起

当$td_i > w_c W$(或$d_i > w_c W/t$)时,即当外围城市到中心城市的距离远到足以使劳动者的通勤成本超出其在中心城市赚得的收入时,住房价格关于距离的二次偏微分将恒大于 0，可以推知在满足 $d_i>w_cW/t$ 条件下的空间范围内，$hp(d_i)$ 是严格的凹函数。这意味着，随着到中心城市交通时间距离的更远延伸，该范围内的外围城市将不再具有与中心城市快捷出行和通勤联系的条件。在交通时间距离因素内化到经济主体的行为决策时，长时间距离下的高昂通勤成本（包括机会成本）使得一些外围城市劳动者不得不放弃流向（或通勤到）更远的中心城市，而是选择就近的收入、就业吸引力较强的城市（可以定义为次中心城市）。尽管次中心城市的工资收入水平不及主中心城市，但由于距离较短，依然可以保证通勤成本小于其在该次中心工作时获得的收入。一些具有较强的本地收入、就业吸引力的外围城市将发展壮大，一些边缘城市则因人口外流面临收缩、衰退。在距离中心城市更远的外围地域空间出现房地产需求和住房价格局部隆起的分化性倾斜格局。

上述数学关系预示着大国房地产空间具有主中心与次中心并存的均衡模式。正如藤田、小川①指出多中心城市总体可达性函数具有凹凸性并存的复杂情形一样，本模型中，$hp(d_i)$ 函数在特定条件下的凹凸性意味着 $hp(d_i)$ 的图形关系可能出现多次波峰。反过来，这也解释了大国广袤地域空间上为何会出现多个住房价格中心。

据此得到一个重要推论，即在一个国土面积辽阔的大国之内以及时空距离被快速交通工具压缩的条件下，住房价格随着到中心城市交通时间距离的不断增加将出现先递减、后递增、再递减的空间分异格局，并呈现大国区域房地产市场"中心扩展整合，外围分化倾斜"的非均衡空间分异倾向。

二 中国房地产市场特殊运行环境及调控机理

（一）中国房地产市场运行的特殊制度环境

与欧美发达国家不同，中国城市房地产时空演变是在特定的制度背景下展开的，这对城市房地产市场及价格运行的供求环境和运行机制产

---

① Fujita, M., Ogawa, H., "Multiple Equilibria and Structural Transition of Non-monocentric Urban Configurations", *Regional Science and Urban Economics*, No. 1, Vol. 12, 1982.

生了重要影响。

　　首先，中国有别于私有制国家的土地制度促成中国城市商品住房价格特殊的形成基础，并从供给层面对城市房地产市场和住房价格产生影响。从房地产市场角度看，城市土地国有产权约束以及国家对农村集体土地的征收制度是中国特色的土地制度安排所在。在这种制度框架和体系下，城市储备土地和征用农村集体土地成为城市土地的两个主要来源。在城乡二元分割条件下，农村集体土地只有也只能通过政府征用之后，才可以进入城市土地市场。在城市土地受国有产权约束制度环境下，一方面，唯有政府具有征用农村集体土地、出让城市土地的权利，政府便在这一制度体系下天然地成为具有绝对垄断势力的唯一土地供给者。在中国现行以 GDP 为核心的政绩考核体系和压力型财政体系框架下，地方政府还成为与城市地价和城市房价密切相连的利益攸关方。政府可以通过控制土地出让节奏进而间接影响商品房供给（暂不考虑自然因素对城市土地供给的约束），致使土地供应不能随着商品房供求和价格的变化做出适时、适当的调整。另一方面，城市土地国有产权约束和市场化改革背景之下，中国"招拍挂"的城市土地出让方式尽管极大提高了土地资源的利用价值和利用效率，但出高价者拿土地的竞拍方式却有意无意地抬高了地价，传导性地催涨房价。从上述两方面看，中国城市房地产价格形成基础与土地私有制约束下的房地产价格形成基础的国家存在一定差别。

　　其次，中国置业文化传统和财富观是影响中国城市住房价格运行的非正规制度背景。这种社会文化元素在市场条件下对中国城市住房价格产生的影响集中体现在住房需求方面。在国民心中，住房不仅是用来满足居住需要的物质载体，同时也具有财富与身份的象征含义。为了显示财富能力或者为后代留一份可供继承的资产，家庭剩余的储蓄往往会用来买房置业，获得自有产权。另外，国人通常将住房这种不动产当作最可靠的财产，购买住房的倾向相对要高。再加上人口基数庞大以及工业化和城市化背景下大量人口向更加具有吸引力的城市集聚，这共同导致在一定时期、一定地域范围内消费性购房需求和投资性购房需求都很高，进而对城市住房价格的时空演变造成不容忽视的影响。

上述制度文化元素从时间和空间维度对城市房地产需求和供给都产生了重要的影响。从时间维度上看，一方面，蕴藏于数量庞大人口之中的多种住房需求在住房货币化改革后呈现出短期内集中释放和叠加增长之势；另一方面，政府控制城市商品房用地的供应节奏和供应量，通过土地供给影响商品房供给及价格。在此环境下，中国城市住房价格运行中并非呈现地价与房价的单向影响关系，而是表现出地价推动房价、房价促进地价的联动驱动特征（见图2-11）。从空间维度上看，分布在整个城乡社会的商品住房需求将有很大一部分被吸附到城市中实现。由于城市在自然环境、人口规模、经济发展、市场化进程等方面存在差异，不同地区城市间房地产市场的发育程度与发展阶段不尽相同，这共同决定了不同城市房地产市场供求结构以及住房矛盾程度不完全一致，体现为供不应求、供大于求或结构性供求失衡三种不同状态。而且，在较大的区域范围或地理尺度上，不同城市间，这三种状态有可能同时出现，甚至形成局部房地产需求旺盛、房价高涨与局部需求不足、供给过剩严重并存的房地产市场"冰火两重天"现象。

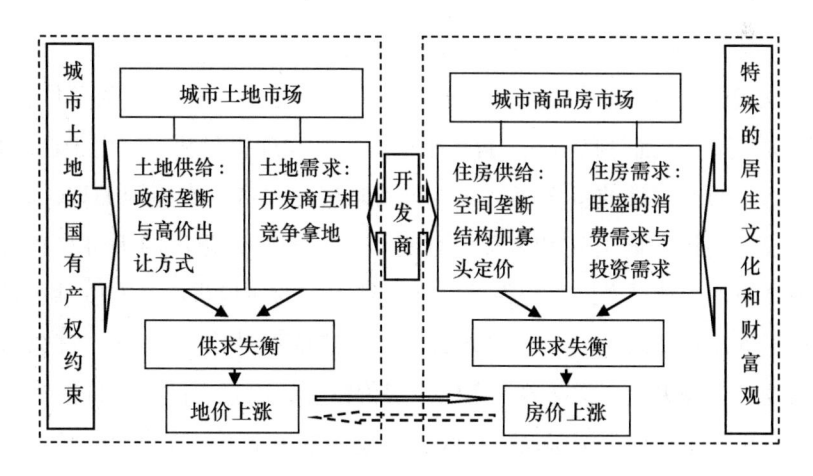

图2-11 中国城市房价地价联动驱动机理

资料来源：杨继瑞、丁如曦：《中国城市住房市场的脆弱性及其化解路径》，《经济社会体制比较》2014年第5期，第157—167页。

因此，从"空间—需求—供给—价格"四位一体的理论分析框架来看,某一城市房地产市场和住房价格能否平稳运行,关键要看该城市地域空间上集中的住房供给和住房需求能否实现相对平稳的变化,即供求匹配。随着城市化进程推进和工业化加快背景下居民收入水平的逐步提高,在没有外界因素的非正常冲击之下,城市商品住房实际消费需求将由集中释放向稳步增长转变,如果这些住房需求没有被有效供给(商品住房、保障性住房等)稀释,城市住房价格便很自然地处在上涨区间。受地价、房价上涨预期的影响,大量投资投机性需求开始涌入重点、热点城市房地产市场,住房需求中的投资投机性需求一般具有瞬间积累和快速退出的特点,将很可能导致一些热点、重点城市商品住房需求及住房价格出现较大幅度的波动。而且,它会通过空间通道并随着人流、物流、资金流等向其他城市扩散传染,使得城市实际住房价格与均衡水平发生偏离,从而在更大地域空间上出现房地产市场过热和非均衡发展。至于这种偏离幅度到底有多大以及住房价格能否回归合理水平,还取决于该地域空间上房地产需求因素和房地产供给因素形成的相对势力,以及政府部门能否科学、有效地引导和调控房地产市场,熨平波谷波峰,防止房地产市场大起大落。

(二)中国城市房地产市场一般调控机理与运作过程

现实的城市房地产市场并不像新古典经济学模型中假设的那样凭借"无形之手"达到自我调节、自我平衡的完美和理想化状态。由于住房是不同于普通使用品的特殊商品,各收入阶层对住房具有不同偏好,有着包括投资投机在内的复杂多样的住房需求。同时,住房的不可移动性,房地产市场的地域垄断性使得既定空间结构下的住房供给具有刚性特征,无法根据需求即时调整。空间寡头结构、信息不对称、外部性等问题造成房地产市场失灵,意味着真实的住房价格会偏离理想的均衡价格。[①] 这些特点决定了任何一个国家或地区的房地产市场都不是完全自由放任的,市场机制并不能完全解决房地产市场平稳发展的问题。各国政府基于纠正市场失灵、优化住房资源配置和促进社会公平的目的,都会对房地产

[①] Case, K. E., Shiller, R. J., "The Efficiency of the Market for Single-family Homes", *American Economic Review*, No.1, Vol.79, 1989, pp.125-137.

市场进行不同程度的干预和调控。

对中国这样一个人口数量庞大、区域差异明显的发展中大国而言，房地产市场的健康发展是关系经济与民生的重大问题。促进住房价格的平稳运行和房地产市场的健康发展，始终是政府进行宏观调控的主要目标之一。中国房地产市场调控涉及中央政府、地方政府、开发商、商业银行和购房者等多元行为主体，调控运作上涵盖宏观、中观和微观多个层面，这共同决定了中国城市房地产市场调控运作的复杂性和系统性。

单从"无形之手"的房地产市场运作来看，住房价格在成本和供需驱动下动态运行。作为供给方的开发商和作为需求方的购房者的相对力量直接决定着住房价格水平，特别是在不同地区和城市以及同一地区和城市的不同发展阶段，由供需力量的相对差异引起的住房价格涨跌程度还将呈现出区域空间差异性。当城市房地产市场加入"有形之手"之后（包括中央政府和地方政府），中国城市房地产市场和住房价格运行将涉及包括中央政府、城市地方政府、开发商、购房者等更加多元的利益群体（见图 2-12）。其中，中央政府基于经济增长与社会安全权衡，采取多种政策工具对宏观经济及房地产市场进行调控。过去 10 多年中，由于中国房地产市场承担着推动经济增长、城镇化建设和改善民生的多重目标，房地产调控政策面临着"松"与"紧"的两难选择，进而被动性采取支持或抑制性政策、措施和手段，使房地产市场处在周期性的波动之中。地方政府基于土地财政现实与本地经济增长考虑，一方面存在控制土地供应、抬高地价、助推房价的内在激励；另一方面，很有可能通过支持房地产来经营城市，参与或支持融资、开发、投资与投机。银行等金融机构基于利润、风险及业绩权衡，在实体经济不景气以及资产价格不断上升的背景下，积极将巨量的资金引入楼市。在监管不严以及存在漏洞的情况下，它想方设法通过各种渠道和途径，加大对以土地为抵押的开发商、住房为抵押的购房者的贷款投放。房地产开发销售企业通过房地产金融化向核心城市扩展。中高收入居民、投资投机者基于避险、保值、营利目的，在热点、核心城市积极购房。中介机构联通市场供求双方，在楼市热潮时期出位运营、违规炒作，与开发商合谋，不惜传递虚假信息，加剧"抢房"热潮。在土地供给（地方政府）→土地竞拍（地方政府+开发商）→住房建造（开发商+建筑企业+金融机构）→住房销售（开发商+中介）→住房购买或再次转让（购房者+金融机构+中介）等各个环节，不同行为主体参与其中，并最终形成一个环环相扣的利益链。通过联合博弈，完成投资与投机在热点、重点城市楼市间穿越，甚至制造局部房价暴涨和市场过热的奇迹。在此行为框架之下，除了市场主体自身作用外，驱动城市住房价格的供需因素还会受到政府部门的影响，即通过房地产调控政策和措施影响房价运行的供求环境与供求关系，进而间接或直接引导、调控和监管房地产市场和住房价格。在更好发挥政府作用和市场在资源配置中的决定性作用的前提下，实现不同地区和城市住房价格的平稳运行以及更大空间范围内的房地产供求平衡，便具有可能性。

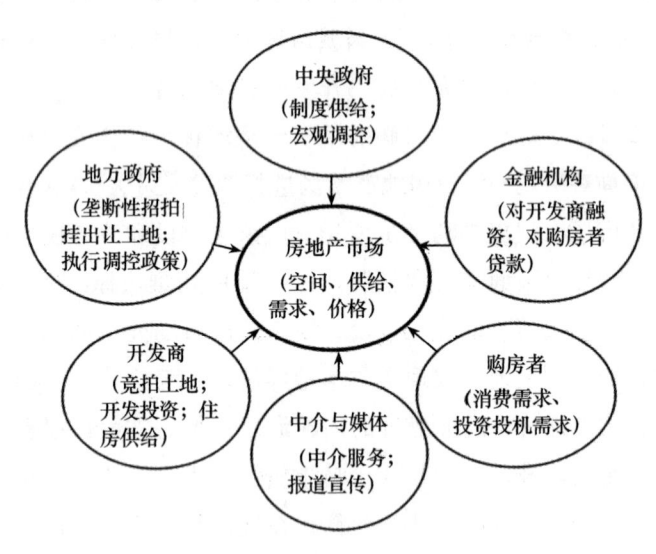

图 2-12 政府与房地产市场主体构成

在整个调控过程中，中央政府作为房地产市场宏观调控政策和监管机制的主要制定者与供给者，处在核心主导地位，即中央政府可以通过采取一定的手段直接对房地产市场上的其他几大群体产生影响（见图 2-13）。地方政府作为中央调控政策的主要执行者和地方有关政策的供给者，其利益诉求与中央政府并不是时时保持一致，主要原因在于土地财政以及以 GDP 为核心的政绩考核体系的存在，使得城市地方政府的行为特征和决策目标与中央政府形成不同程度的偏差。中央政府开展房地产调控的逻辑起点是统筹兼顾国家政治、经济和社会利益，而城市地方政府的行为目标则是地方政府自身利益的最大化。[①] 一方面，在房地产发展低迷时期，中央政府采取的促进房地产发展的政策有可能会被地方政府积极执行甚至"过度执行"，进而放大政策效果，导致住房价格高涨的产生和持续。在房地产发展过热时，中央政府为抑制房地产市场过热而采取的限制性调控政策，有可能被地方政府消极执行或"打折扣"执行，造成政策效应的弱化。另一方面，城市土地的国有产权约束赋予了地方政府土地供给的垄断地位，而土地供应的调整直接影响到商品房供给，也会因土地成本的变化而直接影响房价。上述分析揭示了中央政府和地方政府在调控、管理房地产市场中的行为逻辑。除此之外，商业银行作为房地产市场的重要融资渠道，为开发商进行开发融资，为购房者提供按揭贷款，进而对城市住房供给和需求双方产生深刻影响。

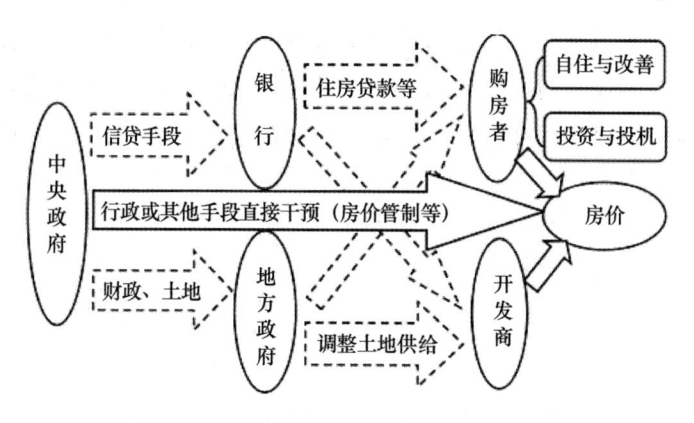

图 2-13 房地产市场调控运作流程

总体来看，房地产市场调控和监管运作分为如下两类情形：一是当

[①] 城市地方政府的利益主要包括地方官员的个人利益、政府的地方利益以及地方政府的机构利益。

城市房地产市场过热和住房价格过快上涨以致经济金融风险大增时，中央政府基于国民经济健康发展和政治社会稳定的宏观目标，制定抑制房价过快上涨的政策措施和监管制度；二是当商品房价格面临迅速下跌的巨大风险或快速下跌已经出现时，为了防止经济"硬着陆"，中央政府采取引导、鼓励性政策以防止房价的过快下跌。另外，由于中央政府在整个调控环节中处于核心地位，在某些特殊时期，有可能采用价格管制的方式直接干预房价。所有调控和监管的目的都是熨平住房价格波动的波峰和波谷，防止房价出现大起大落。

需要强调的是，在房地产市场调控过程中，政府部门能否发挥有效的引导、调控作用，关键依赖于房地产市场健康运行的必要制度环境与机制保障是否健全完善，是否坚持了市场在资源配置中起决定性作用的基本经济规律，以及总体的调控决策和具体政策内容是否充分考虑了不同地区和城市的现实状况与实际需求。不然，调控运作机制缺损和不当操作有可能会使房地产市场上多元主体在自利行为下的选择策略互动作用不仅没法促成实现预期调控目的，反而有可能加剧房地产市场的局部波动和房地产供求空间错配矛盾程度。因此，房地产市场上多元行为主体分散决策下必要的行为规制和时空维度上房地产调控机制的动态调整优化，是提高政府调控效率和实现调控预期目标的制度机制保障，也是探究适应经济规律、符合国情的房地产市场调控体系的目标方向所在。

第三章

中国房地产市场区域空间分异的现实基础与环境

城市房地产受制于土地以及住房建设,最终须落实到空间实体的位置固定性特征决定了房地产价格的运行都处于特定的自然地理、经济发展和社会文化环境之中。这些基础性要素在地球表面和人类活动空间中的非均衡分布,是城市房地产市场具有地域差异性和房地产价格空间分异的基础性条件。在不同国家和地区以及不同发展阶段,城市房地产价格时空演变的现实基础与环境不尽相同,从而给城市房地产市场运行赋予了某种空间与环境属性。对比分析英国、美国、日本等世界典型发达国家房地产市场的运行环境,对于全面认识中国房地产市场时空演变的基础与环境,具有重要的实践借鉴和启示意义。

第一节 典型发达国家房地产市场运行基础与环境

从世界发达国家来看,其房地产价格的运行除了受到特定的自然地理因素影响外,还在经济社会发展基础与环境方面有一些相似之处。一是生产力水平高度发达。发达国家国民生产总值和人均国内生产总值远高于世界上的其他国家,第三产业在国民经济中占比较高,产业结构高级化特征明显。二是经济运行机制比较成熟。发达国家的经济运作主要依赖市场对资源配置的决定性作用,其市场机制和市场体系相对健全,并有比较完善的宏观经济调控体系。三是经济国际化程度较高。发达国家的对外贸易和对外投资在世界贸易投资总额中占比相对较大，金融市场的开放性和国际化程度高，跨国公司快速发展。四是城市发展形态呈现出高级化特征。发达国家的城市化水平普遍较高，形成诸如纽约、伦敦等世界级城市。这些城市及其引领的都市圈、城市群、城市区域等作为城市发展的高级形态，在塑造世界经济地理格局中发挥着重要作用。但由于不同发达国家在国土面积、人口规模、经济空间结构等方面的差异，其房地产市场时空运行的基础与环境不尽相同。

一 英国：国土空间相对较小的发达国家

英国全称为大不列颠及北爱尔兰联合王国（The United Kingdom of Great Britain and Northern Ireland），是世界上高度发达的国家之一。英国本土位于欧洲大陆西北面的不列颠群岛，是由英格兰、苏格兰、威尔士、北爱尔兰以及一系列附属岛屿共同组成的一个西欧岛国（见图3-1）。除了英国本土之外，还包括14个海外领地。

在自然地理条件方面，英国国土面积为24.4万平方公里（不包括内陆水域），其地貌主要呈现为大不列颠岛西北部是高地、东南部为平原且间有起伏丘陵的特征。其中，英格兰的北部、西部和西南部有3个高达海拔900米的丘陵区，东南部和东部有两个低地区（低于海拔300米），适宜大规模工业化城市化开发，英国政治、经济、科教中心的首都伦敦市就位于该区域内；威尔士境内多山，地势崎岖，多数土地仅适于放牧；苏格兰有3个不同的自然地理区：北部高地，其境内的本尼维斯山海拔1343米，中部低地高度在150米以上，南部台地高达850米以上；北爱尔兰大部为低高原和丘陵，平均海拔为150—180米。[①] 英国属温带海洋性气候，受盛行西风影响，全年温和湿润，四季寒暑变化不大，通常最高气温一般不超过32℃，最低气温在-10℃左右。北部冬季平均气温为4℃，南部夏季平均气温为12℃—17℃。

在经济社会发展方面，1688年的光荣革命确立了英国君主立宪政体，

---

① 王振华：《英国》，社会科学文献出版社2003年版，第2页。

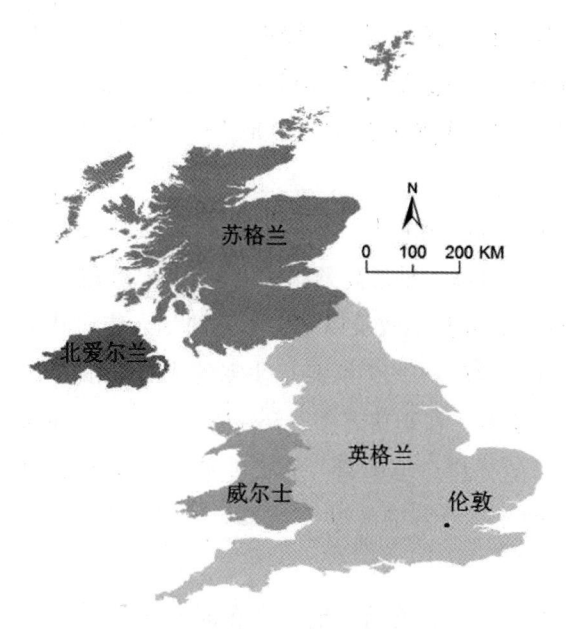

第三章　中国房地产市场区域空间分异的现实基础与环境 / 63

图 3-1　英国本土主体构成示意图

它首先完成工业革命,成为世界上最早实现工业化的国家,一度被称为"世界工厂"。英国也是世界上最早启动城市化进程的国家,其城市化始于 18 世纪 60 年代,与工业革命同步。1700 年,英国城市人口约占总人口的 2%,200 年之后的 1900 年,城市人口占比就达到 75%。首都伦敦1801 年有 96 万人,1901 年达到 634 万人,在当时已是世界上最著名的大都会。① 大伦敦以及英格兰的南部与东部地区,一直是英国人口最密集的地区。以伦敦—利物浦为轴线,由伦敦大城市经济圈、伯明翰城市经济圈、利物浦城市经济圈、曼彻斯特城市经济圈、利兹城市经济圈构成的城市群,面积约 4.5 万平方千米,占国土的 18.4%,人口 3665 万,占英国总人口的 62.7%,集中了英国经济总量的 80%。人口数量在地理分布上的不均衡,导致英国城市住房供需结构及住房价格水平的空间分化。尽管 1954 年英国在世界上的经济霸权地位被美国取代,但作为老牌资本

---

① 李亚丽:《英国城市化进程的阶段性借鉴》,《城市发展研究》2013 年第 8 期,第 24—28 页。

主义国家,它至今在世界范围内有较强的影响力,是发达国家行列中的重要一员。世界银行数据显示,2013年英国国内生产总值为2.68万亿美元,人均国内生产总值达39351美元,远高出世界平均水平(10513美元/人)。

作为工业化和城市化的先行国家,英国建立了较为完善的住房市场体系,是西欧地区住房水平最高的国家。特别是20世纪八九十年代推行"购房权"等鼓励私人买房政策以来,英国的私人住房状况取得了显著改善。据官方统计,1971—1995年拥有住宅的人数增加1/3,1995年67%的住房归居住者所有。在租房者中,56%的人租住的是各级地方政府和房屋互助协会修建的公房。英国是一个高工资、高消费的国家,房租支出约占职工收入的1/3。为了鼓励个人购房,英国推行分期付款的购房办法。

多元因素的交织形成英国房地产市场时空运行的经济地理基础和社会文化环境。1952年以来,英国住房价格水平不断攀升,且在不同阶段房价上涨速度差异明显。以新建住房为例,其价格名义值由1974年第一季度的11242英镑攀升至2014年第四季度的196136英镑,增长了16.45倍,相应的新建住房价格指数由533.6点上涨至9310.8点。在此期间,由于受金融危机的影响,2008年英国的住房价格指数出现迅速下跌,但在此之后的时段内又呈现出稳步攀升态势。尤其是2013年以来,英国住房价格指数开始快速上涨(见图3-2)。

从区域空间维度上看,英国不同地区的住房价格存在明显的空间差异。结合英国建筑协会(Nationwide Building Society)房价统计区域划分,将英国细分为13个区域:北爱尔兰、威尔士、苏格兰、伦敦、外都市区、英格兰外东南部、英格兰西南部、英格兰中西部、英格兰中东部、英格兰中西部、东英吉利、英格兰西北部、约克郡与亨伯赛德。从英国各地区1974—2014年各季度住房价格水平来看,存在明显的区域空间差异性,且这种区域空间差异随着时间的推进愈加突出。具体来看,伦敦都市区住房价格水平一直遥遥领先,其2014年第四季度平均房价达到406730英镑,是全英国房价平均水平(189002英镑)的2.15倍。空间上邻接并环绕伦敦的外都市区的住房价格水平仅次于伦敦市区,并远高

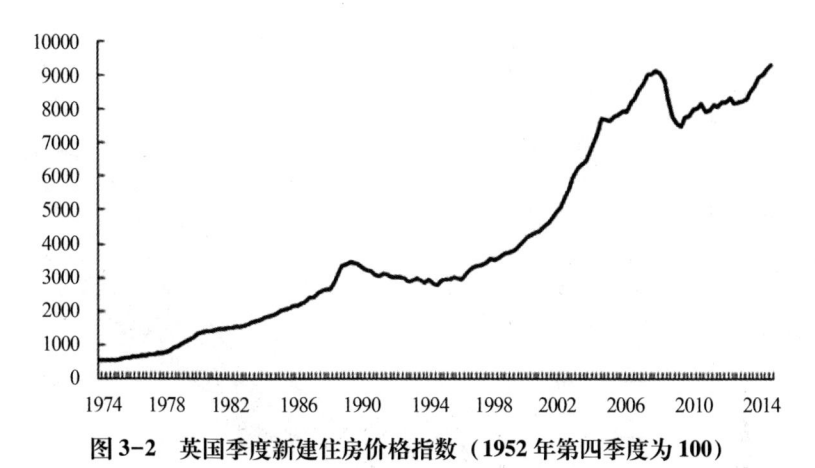

图 3-2　英国季度新建住房价格指数（1952 年第四季度为 100）

数据来源：英国全国建筑协会（www.nationwide.co.uk）。

于英国全国平均水平。地理空间上与外都市区紧邻的英格兰外东南部地区和西南地区虽然住房价格水平低于伦敦，但仍然高出全国水平。位于伦敦市东北方向的东英吉利地区的住房价格水平与全英国房价水平相差较小，并保持相似的运行态势。在诸如威尔士、英格兰北部等远离英国首都伦敦的地区，住房价格水平相对较低。除了住房价格绝对水平的区域空间差异外，英国房价上涨率在不同地区也存在显著的差异。英国国家统计局数据显示，英国房屋价格 2014 年 9 月增幅为 12.1%，其中，英格兰上涨了 12.5%，北爱尔兰为 10.9%，苏格兰为 7.6%，威尔士上涨了 5.8%。伦敦是上升最快的地区，达到 18.8%，其次是英国东部（13.4%）和英格兰东南部（11.6%）。在英国，最慢的增长出现在距离伦敦较远的约克郡和亨伯赛德（6%）以及英格兰东北部（6.5%），如图 3-3 所示。整体上，英国的住房价格呈现出随伦敦市距离的增加而向西和向北梯度性递减的空间分异形态，由此集中呈现英国房地产市场的区域空间差异特征。

事实上，英国住房价格的时空运行具有特定的空间传导与作用机理。朱萨尼（Giussani）、哈吉马修（Hadjimatheou）的研究发现，与大伦敦地区在地理上越接近，其地区间住房价格的相关系数越高，而且大伦敦地区和东南部地区对英国其他地区住房价格的波动具有主导性作用，这与

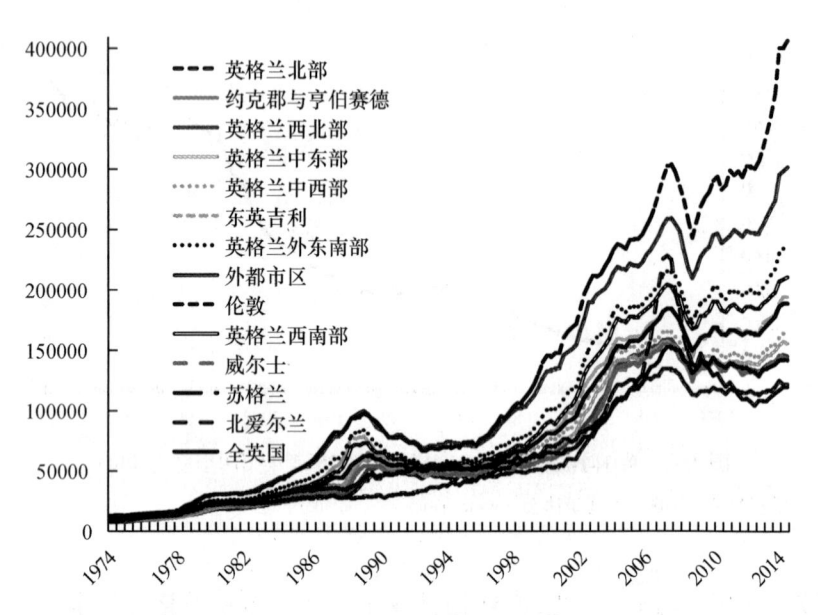

图 3-3　英国各地区 1974—2014 年各季度住房价格水平（单位：英镑）

数据来源：英国全国建筑协会（www.nationwide.co.uk）。

两大区域庞大人口数量、高人口密度以及财富总量和收入水平有关。[①] 麦克唐纳（MacDonald）、泰勒（Taylor）以及亚历山大（Alexander）、巴罗（Barrow）在协整理论框架下的研究发现，英国东南部的房价对其他地区住房价格具有领导作用，呈现经由英国中部向北部传递的模式，即存在空间上的"波纹效应"。[②③] 除了家庭迁居、财富转移、空间套利等因素对英国地区房价波纹效应形成具有影响外，区域住房市场的结构性差异是其重要基础。随着地区生产要素的加速流动和经济全球化的进一步深入，英国伦敦市的房价波动不仅存在向周边地区即时的近邻扩散效应和向英国北部与西北部的滞延性传递影响，而且在全球化背景下，伦敦市

[①] Giussani, B., Hadjimatheou, G., "Modeling Regional House Prices in the United Kingdom", *Papers in Regional Science*, No. 2, Vol. 70, 1991, pp. 201-219.

[②] MacDonald, R., Taylor, M., "Regional Housing Prices in Britain: Long-Run Relationships and Short-Run Dynamics", *Scottish Journal of Political Economy*, Vol. 40, No. 1, 1993, pp. 43-55.

[③] Alexander, C., Barrow M., "Seasonality and Cointegration of Regional House Prices in the UK", *Urban Studies*, Vol. 31, No. 10, 1994, pp. 1667-1689.

的房价还受到美国纽约市房价波动的冲击。[①] 由此可见，在国土面积相对较小、经济发展水平高、城市空间形态成熟的发达国家英国，其房地产市场在区域空间维度上呈现出差异联动的复杂特征。

二 美国：具有较大国土面积的发达国家

美国全称为美利坚合众国（United States of America），是由华盛顿哥伦比亚特区、50个州（48个州在本土，2个州在本土以外）、波多黎各自由邦和关岛等众多海外领土组成的联邦共和立宪制国家。其主体部分位于北美洲中部，国土面积约为962.9万平方公里（其中陆地面积915.9万平方公里），是世界上仅次于俄罗斯、加拿大和中国的第四大国土面积的国家。

从自然地理条件和环境看，美国北与加拿大接壤，南靠墨西哥湾，西临太平洋，东濒大西洋，本土东西长约4500千米，南北宽约2700千米。美国在地形上分为三个纵列带：东部阿巴拉契亚山地、中部平原和西部高原山地。其国土地形变化多端，东海岸沿海地区是狭长的大西洋海岸平原，在北部较为狭窄，在南部较为宽广，一直延伸到佛罗里达半岛。海岸平原后方是地形起伏的阿巴拉契亚山脉，南北延伸约1000千米。阿巴拉契亚山脉以西至落基山地之间是美国较为宽阔的中央大平原，从五大湖、密西西比河—密苏里河流域一直到墨西哥湾，约占本土的1/2。中央平原以西地形开始上升，直至延伸到美国西部高原山地和太平洋沿岸。在气候气温方面，美国大部分地区属于大陆性气候，但由于幅员广阔，地形复杂，各地气温差别很大。其中，东北部沿海和五大湖地区属于温带气候；东南部和墨西哥湾为亚热带气候，温暖湿润；中部大平原是大陆性气候，冬寒夏热；西部内陆高原气候干燥；太平洋沿岸南部属地中海式气候，北部则属于温带海洋性气候。

从经济社会发展方面看，1776年独立后，特别是南北战争后的一个世纪里，美国经济迅速发展。在19世纪80年代初，美国的工业已跃居世

---

① Holly, C., Pesaran, M. H., Yamagata, T., "The Spatial and Temporal Diffusion of House Prices in the UK", *Journal of Urban Economics*, Vol. 69, No. 1, 2011, pp. 2-23.

界第一位。到1913年，其工业产值已经占整个世界工业生产中的38%，比英、德、法、日四国的总和还要多。[①] 从20世纪50年代开始，美国以其庞大的经济规模雄踞全球。进入21世纪，由2008年次级房贷危机引发的国际金融危机对美国经济产生了重大冲击，但在大规模刺激经济计划下，近年来美国经济金融形势开始好转，国内生产总值恢复增长。世界银行的统计数据显示，2017年美国国内生产总值约为19.39万亿现价美元，约占全球经济总量的24%。

除了庞大的经济规模外，美国拥有世界上高度发达的城市体系，以纽约州的纽约市、加利福尼亚州的洛杉矶市和伊利诺伊州的芝加哥市为核心的纽约大都市圈、洛杉矶大都市圈以及芝加哥大都市圈在市场经济纽带和牵引力作用下，不断绵延和扩展，已经成为美国最重要且在世界上富可敌国的三大都市圈。此外，美国建立了高度发达的现代市场经济体系。在该体系中，企业和私营机构主要做微观经济决策，政府在国内经济运行过程中扮演较为次要的角色，主要以法律法规、财税政策、货币政策等方式对经济进行干预或宏观调控。比如在房地产领域，美国房地产政策体系包括金融、税收、财政、土地、规划等政策工具，尤以金融和税收最具特色。

在多种因素的交织影响下，美国全国房地产价格呈现出波动向上攀升的态势。联邦住房金融局的统计数据显示，美国住房销售价格指数（1991年第一季度为100点）从基期1991年一路上涨到2007年第二季度的226.69点。由于次贷危机的全面爆发，美国住房价格出现下跌，住房价格指数从2007年第二季度的最高值跌至2012年第一季度的179.37点。随着市场信心和美国经济缓慢恢复，美国住房价格近年来开始恢复性爬升，2013年第四季度住房价格指数到达204.17点。其整体变动趋势如图3-4所示。

由于美国是一个地域广袤的国家，其住房价格及其变动存在明显的区域空间差异。从州际层面看，美国50个州和1个特区的房价及其变动幅度差别较大。以2013年为例，美国住房价格指数平均值[②]整体上呈现

---

① 李冬玉、阎扶中：《外国经济地理》，陕西人民出版社1989年版，第23页。
② 是指2013年四个季度住房价格指数的平均值。

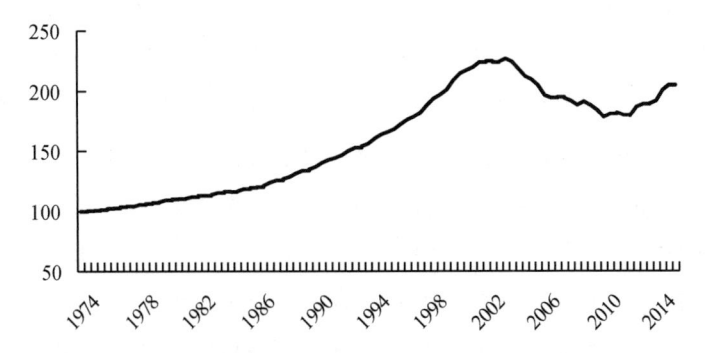

图 3-4　美国 1991—2013 年各季度住房价格指数（1991 年第一季度为 100 点）

数据来源：美国联邦住房金融局（FHFA）。

为东北部与西北部较高、中部地区相对较低的空间分布格局（见图 3-5）。其中，位于美国西部的哥伦比亚特区（DC）达到 412.7 点，是 2013 年全美房价指数最高的区域；其次是位于美国西部的科罗拉多州（CO），房价指数达到 300.6 点；2013 年住房价格指数最低值出现在内华达州（NV），为 152 点，与哥伦比亚特区的最高值相差 260.7 点。

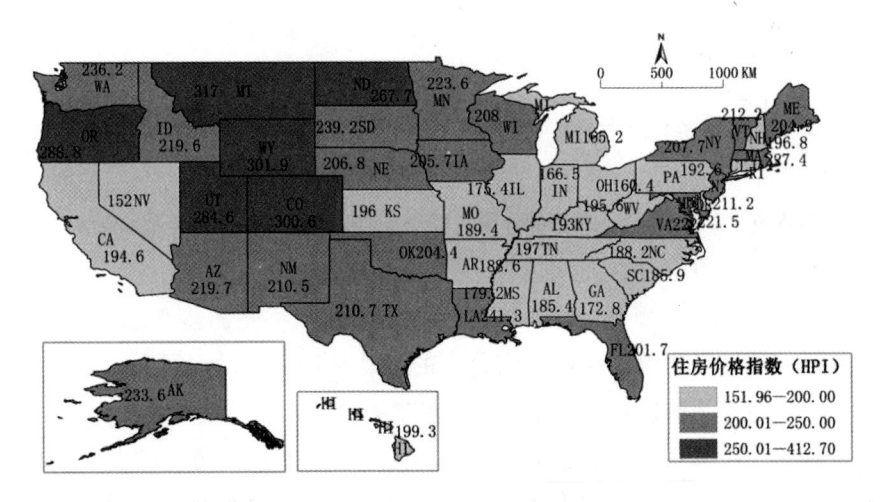

图 3-5　2013 年美国各州住房价格指数空间分布差异

数据来源：美国联邦住房金融局（FHFA）。

从美国大都市统计区（MSA）层面看，其住房价格上涨率的空间分布差异及变动也很明显。从图3-6所显现的美国100个大都市统计区房价指数变异系数在1999年第二季度到2014年第三季度的变动趋势可以看到，美国不同都市区住房价格波动的空间差异性整体上随着时间的推进而增强，反映了空间截面上大都市住房价格上涨差异明显。以2014年第三季度为例，作为美国乃至世界人口密度最高地区之一，纽约大都市区的住房价格指数为239.4点，高出全美平均水平（214.2点）25.2个百分点。同为美国城市集聚区且位于西海岸的洛杉矶都市圈、处于中西部的芝加哥都市圈以及位于美国东北部的华盛顿都市圈，在2014年第三季度住房价格指数分别为233.2点、192.6点和261.9点，分别比2013年第三季度上涨18.6、9.4和-2.0个百分点。美国住房价格的上涨幅度在经济地理空间上的差异较为突出。

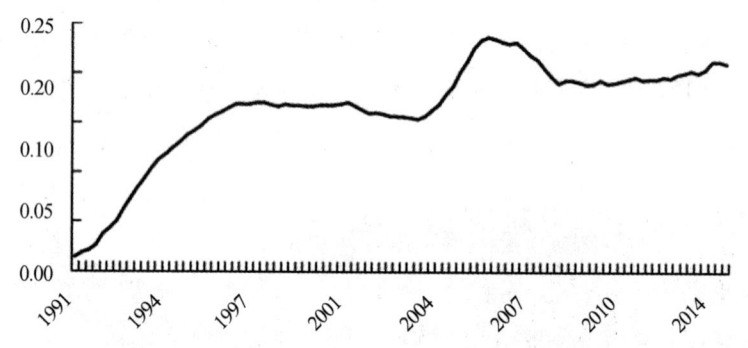

图3-6　美国100个大都市统计区（MSA）住房价格指数的变异系数变动
数据来源：根据美国联邦住房金融局（FHFA）数据整理计算。

从美国区域房地产市场空间分异的互动机理来看，空间上的近邻扩散具有不可忽视的影响。研究发现，1975—1994年新英格兰、中大西洋、南大西洋、中部东北、中部西北、中部西南、中部东南等美国九大人口普查区域层面的证据并不支持住房价格的近邻扩散影响。这表明美国大地理区域之间的住房价格运行相对独立，但是大纽约内的五个都市统计区层面的证据表明，美国住房价格存在连续地理区域之间明显的传导模式，且这种扩散会沿着不同住房结构类型、社区邻里属性、距离、消费群体以及行政区域等维度发生。① 随着时间的推移，从 1975—2003 年这一更长的历史阶段考察，美国地理位置上邻接的州之间住房价格呈现出显著空间关联性，即使控制了本地收入等影响房价的异质性因素，住房价格在邻接的州之间的空间相关性也很明显。② 然而，作为一个本土东西横跨约 4500 千米、南北宽约 2700 千米的大国，美国的住房价格波动由于住房供给规制、地理气候等因素的差异而具有多重空间均衡，呈现出以亚利桑那州（AZ）、康涅狄格州（CT）、缅因州（ME）和纽约州（NY）等为一组团，科罗拉多州（CO）、特拉华州（DE）和蒙大拿州（MT）等为一组团，伊利诺伊州（IL）、密歇根州（MI）等为一组团，亚拉巴马州（AL）、阿肯色州（AR）和乔治亚州（GA）等为一组团的俱乐部式收敛形态。同时，美国沿海大都市和内陆大都市之间的住房价格变动也具有明显的空间差异，并呈现出地理集聚模式。③ 从 1975—2011 年整个时期来看，美国住房价格跨越近邻区域的空间扩散效应在统计学上是显著和稳健的，而且这种空间扩散的强度和持续性在 1999 年之后明显高于 1999 年之前的时段。④ 由此可见，在地域面积广阔、城市经济高度发达的美国，受自然地理、经济社会等多因素的影响，其房地产市场的区域空间差异及联动也更为复杂，尤其是在都市圈、城市群层面。

三 日本：高经济人口密度发达国家

日本（Japan）是当今世界上最为发达的国家之一。其本土位于亚洲大陆东缘西北太平洋上，是一个自东北向西南延伸，由北海道、本州、四国、九州 4 个大岛和其他 6800 多个小岛屿组成的弧形岛国（见图 3-

---

① Pollakowski, H. O., Ray, T. S., "Housing Price Diffusion Patterns at Different Aggregation levels: An Examination of Housing Market Efficiency", *Journal of Housing Research*, Vol. 8, No. 1, 1997, pp. 107-124.

② Holly, C., Pesaran, M. H., Yamagata, T., "A Spatio-temporal Model of House Prices in the USA", *Journal of Econometrics*, Vol. 158, No. 1, 2010, pp. 160-173.

③ Kim, Y. S., Rous, J., "House Price Convergence: Evidence from US State and Metropolitan Area Panels", *Journal of Housing Economics*, Vol. 21, No. 2, 2012, pp. 169-186.

④ Brady Ryan, R., "The Spatial Diffusion of Regional Housing Prices across U. S. States", *Regional Science and Urban Economics*, Vol. 46, 2014, pp. 150-166.

7)。日本陆地总面积约37.79万平方公里,境内地质构造复杂,地形崎岖多山,属于典型的多山国家,山地约占日本陆地总面积的70%。日本平原面积狭小,主要分布在河流下游以及近海一带,而且多为冲积平原,规模较小,其中面积最大的为关东平原,约为1.62万平方公里。由于地处海洋之中,日本属温带海洋性季风气候,终年温和湿润,6月多梅雨,夏秋季多台风。由于日本国土南北较为狭长,其气温存在明显的地区差异,1月平均气温北部-6℃,南部16℃;7月平均气温北部为17℃,南部为28℃。

图3-7 日本国土主体部分构成示意图

在狭窄复杂地形和多山地貌的自然地理环境之下,日本可有效利用的国土空间被大大压缩。就人均土地资源来看,日本是世界上最低的国家之一,其可住地面积人口密度和生产密度均高于其他发达国家。早期如1980年的统计结果显示,日本可住地人口密度为1451人/平方公里,同期美国为48人/平方公里,美国的人口密度仅约为日本的1/30;日本可住地面积上的国民生产总值为每平方公里1310万美元,同期美国为57万美元,日本的经济密度几乎是美国的23倍。① 日本的平原和低地虽然只占全国总面积的13%,但自古就是日本人民经济活动的基础,集中了

---

① 满颖之:《日本经济地理》,科学出版社1984年版,第15页。

全国人口和工业产值的80%以及稠密的交通网路与全部的大城市，包括首都东京及其他诸如名古屋、大阪等高城市化水平的特大城市。这些城市与其周边大、中、小型城市组团形成东京城市圈、名古屋城市圈和京阪神城市圈，它们作为日本最重要的三大都市圈延绵构成世界上著名的城市群——日本太平洋沿岸城市群。其中，首都东京是日本全国乃至世界上最大的城市。在东京这块不足日本总面积4%的土地上集聚了3500万人口，约占到日本总人口的1/4。日本全国财富空间分布的显著特征是财富集中在东京和大阪周围。据《世界统计年鉴2013》数据计算，日本首都东京总人口为3721万人，约占日本总人口（12649万人）的29.4%，2011年日本全国人口密度为334.7人/平方公里，每平方公里国土面积上的国内生产总值（GDP）达到1553.42万美元。与世界其他发达国家相比，日本属于典型的高人口密度和高经济密度的国家。

从经济发展背景来看，日本在明治维新之后迅速跻身世界资本主义强国。二战后，日本奉行"重经济、轻军备"路线，于20世纪60年代成为世界第二大经济强国，其工业高度发达，工业结构体现出高技术密集型特征。从20世纪90年代开始，日本经济陷入长期低迷，面临人口老龄化等一系列经济社会问题。目前，它为世界仅次于美国和中国的第三大经济体。从城市化进程来看，在二战后经济恢复和工业大发展过程中，日本的城市化也加快推进，其城市人口由1950年的3137万人增加到2010年的11616万人，城市化率由1950年的37.3%提高到2010年的90.70%。日本在城市化过程中表现出非常明显的人口集聚现象。[1]

在日本独特的自然地理条件、经济发展背景下，国土狭小、人口密度高的基本国情，决定了日本有效解决城市住房问题对于其经济社会发展至关重要。日本政府先后通过颁布《住宅金融公库法》《公营住宅法》《日本住宅公团法》《住宅生活基本法》等法规以及实行住宅建设五年计划等方式，以解决住宅短缺不足等问题。但在狭小国土面积上推进快速经济增长、工业化和城市化背景下，各类土地需求旺盛，日本城市土地

---

[1] 李想、林发彬：《日本战后城市化与房地产业发展的关系》，《亚太经济》2013年第3期，第60—64页。

价格及住房价格不断攀升。土地价格经历了自1955年至1990年长达35年的整体持续上升过程，创造了"土地神话"。其间，1955—1965年地价累积上涨了667%，1968—1974年和1976—1991年地价累积上涨了221%与151%。① 在国土狭小、人口密集度高的日本，由于房屋总价值中土地的价值占比极高，土地价格构成日本房地产价格的主要部分②，因而土地价格的爆发式攀升有力推动了日本城市住宅价格的上涨。日本土地综合研究所（LIJ）数据显示，在日本土地价格不断向顶峰攀升的1988年、1989年和1990年，日本东京都市圈新建住宅平均销售价格分别达到每平方米70万日元、80万日元和93万日元，其各年上涨率分别高达27.3%、14.0%和17.2%。同期大阪都市圈的新建住宅平均销售价格分别达到每平方米43万日元、56万日元和74万日元，其各年上涨率高达19.3%、31.9%和31.9%。然而，日本"地价神化"并没有一直延续，土地价格于1990—1991年间达到顶峰之后一路下跌。日本全国城市地价指数由1991年的147.8持续下跌到2014年的51.9。③ "地价泡沫"和房地产泡沫破灭后，日本经济持续低迷，房地产价格迅速下跌，并在波动运行的过程中不断调整。事实上，由于高人口密度和高经济密度的特征，日本不同都市圈和不同城市间的住房价格及其波动具有明显的区域空间差异性。尤其是泡沫经济破灭后，在经济集聚和城市化经济效应等因素影响下，并在日本区域经济差距仍然以扩大为主的现实环境下④，日本城市住房价格的时空运行具有两个明显的特征。

第一，城市住房价格的整体水平在地区间具有明显差别。以日本第一大都市圈（东京都市圈）和第二大都市圈（大阪都市圈）为例，在人口和财富集聚密度更高的东京都市圈，新建住宅平均销售价格尽管在泡沫破灭后出现了不同程度下跌，但始终高出大阪都市圈，而且两个都市

---

① 李想、林发彬：《日本战后城市化与房地产业发展的关系》，《亚太经济》2013年第3期，第60—64页。

② 梁刚：《日本城市地价变动及其经济影响分析》，《现代日本经济》2005年第2期，第52—56页。

③ 2000年土地价格指数为100。数据来源：日本统计局（http://www.stat.go.jp）。

④ 杨东亮：《经济泡沫破灭后的日本区域经济差距演变》，《现代日本经济》2015年第1期，第75—85页。

圈的房价差距有扩大之势（见图3-8）。在1998—2002年间，东京都市圈房价每平方米大约高出大阪都市圈10万—11万日元，但2003年之后，两大都市圈房价的差距在动态维度上呈现出扩大趋势，2013年房价差异达到20万日元/平方米，2014年7月和8月一度达到24万日元/平方米。这种差异与东京的中心集聚（人口、资源、产业特别是核心竞争力产业的集中集聚）影响日益强化和东京一极化发展的日本区域经济差异格局有重要关系。

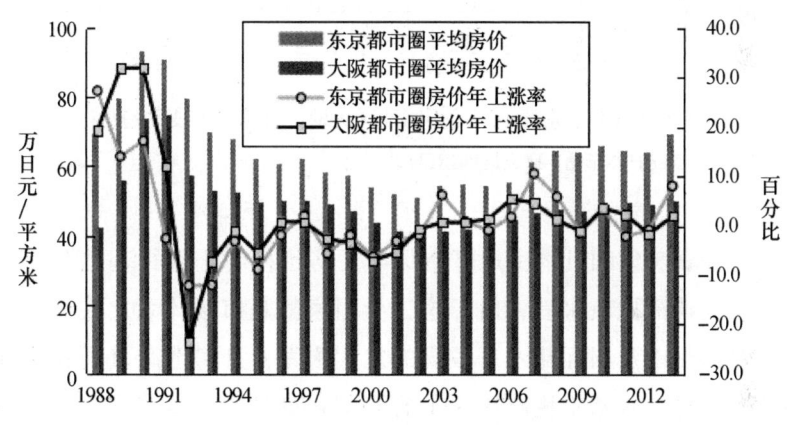

图3-8 日本两大都市区新建住房平均销售价格及变动趋势

资料来源：日本土地综合研究所（LIJ）。

第二，都市圈内部城市间房价变动趋势总体接近，表明在具有高密度和近距离特征的日本城市之间房地产市场的关联性比较明显。在日本东京都市圈内，从地理空间上邻近的东京、神奈川、千叶和琦玉四个不同地区房地产价格的涨跌运行来看，在1994年1月到1997年1月间，房地产价格经历了先下降再上升的"V形"波动。此后，这四个地区房地产价格整体平稳，并保持总体上相似的运行态势（见图3-9）。进一步从日本较大区域层面看，不同都市圈的住房价格自泡沫破灭之后的骤降、缓慢上升和平稳波动趋势也有相似之处。这表明，在国土面积狭小、人口和经济活动更趋于集中且交通网络体系较为完善的日本，局部地区城市间住房价格的波动关联性客观存在。

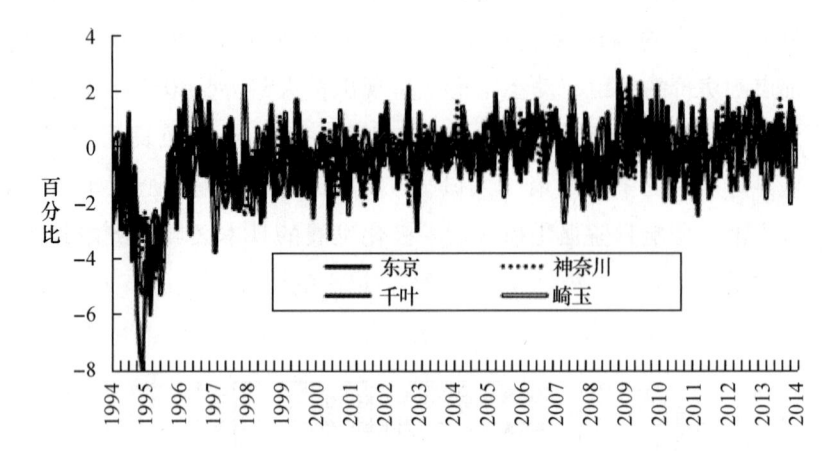

图 3-9　日本东京都市圈的不同地区房地产价格月度变动趋势图

资料来源：日本不动产研究局（JREI）。

从英国、美国和日本房地产市场与住房价格时空运行基础及其住房价格的空间特征比较来看，由于这三个国家都是市场体系比较健全、工业化和城市化以及国际化水平较高的发达国家，其房地产市场和住房价格时空运行在某些基本影响因素上有相似之处，尤其是在都市圈、城市群层面表现较为复杂。然而，由于这三个国家在陆域尺度、自然地理、经济人口布局等方面存在不同程度的差异，其房地产市场时空运行的基础与环境存在差别，房地产市场的空间分异形态也不尽相同。这说明，不同国家房地产市场的区域空间分异形态及其原因存在一定的差别，而且会因一国自然地理条件、经济发展背景和社会文化环境的不同而呈现出更复杂的空间互动与传导机理。这为系统总结中国城市房地产市场时空运行基础与环境、深入探究中国房地产市场的区域空间格局演变提供了重要借鉴与启示。

第二节　中国房地产市场时空运行的自然地理条件

中国位于亚欧大陆东部、太平洋西岸，是一个疆域辽阔且自然地理

第三章 中国房地产市场区域空间分异的现实基础与环境 / 77

条件差异较大的国度。其最北端和最南端间隔纬度50°，纵跨5500千米；东西跨越经度近60°，延伸约5200千米。陆上国土面积约960万平方公里，大约占到亚洲大陆总面积的21.6%，占世界大陆面积的6.4%，是世界上仅次于俄罗斯和加拿大的第三大国土面积国家。①

一　阶梯状特征明显的地形地势

中国疆域辽阔，地形地势复杂。全国陆上平原交错，丘陵起伏，高原延绵，山脉纵横，属于典型的多山国家。按照地貌类型划分，包括高、中、低山的山地有320平方公里，占全国总面积的33.33%，丘陵占9.90%，高原占26.04%，盆地占18.75%，平原只有约114万平方公里，占国土总面积的11.89%。全国陆地按照海拔高度划分，大约有19%的陆地海拔大于5000米，18%的陆地海拔在2000—5000米，1000—2000米海拔的陆地约占28%，500—1000米的约占28%，海拔小于50米的约占16%。其中，海拔在1000米以上的陆域达624万平方公里，全国占比达到65%。

与美国东西两端高、中部低的地形地貌格局不同，由于受地质构造影响，中国地形地貌的基本特征整体上呈现为西高东低的阶梯状架构。其中，青藏高原构成中国西南部最高的一级阶梯，由极高山、高山和大高原组成，平均海拔达4500米；从青藏高原外缘至大兴安岭—太行山—巫山一线以西的中部和北部为中国第二级巨大的阶梯，这里分布着塔里木盆地、内蒙古高原、黄土高原、四川盆地和云贵高原等，总体海拔大致在1000—2000米；以大兴安岭—太行山—巫山一线以东是中国地形最低的一级阶梯，这里分布着东北平原、华北平原、长江中下游平原和东南丘陵等，海拔在1000米以下。

中国西高东低的地形地势及其组合形式是自然地理区域特征形成和发展的主要因素，同时对自然区域分异和国民经济发展有重要作用。它奠定了中国城市及城市体系地域空间结构的总体框架，成为塑造中国城市住房价格区域时空格局物质基础中的主要构成部分。

---

① 吴传钧：《中国经济地理》，科学出版社1998年版，第3页。

二 地区差异突出的气候气温

由于中国处于世界最大的大陆（亚欧大陆）与最大的海洋（太平洋）之间，海陆分布所产生的热力差异巨大。再加上国土辽阔和地形地势复杂，中国的气候与气温状况存在明显的地区差异，水热条件由东南沿海向西北内陆的空间分异突出。

从气候基本特点来看，由于太阳辐射、海陆位置与季风环流以及地形因素的共同影响，其基本情况是东部广大地区一年中盛行风向的季节转化明显，冬季比较干冷，夏季湿润，雨量集中，属于季风气候；西北部深居内陆，水分循环很不活跃，降水稀少，是典型的干旱气候；青藏高原地区海拔过高，属于典型的高寒气候。① 具体来看，在包括东北、华北、华中、华东、华南以及川黔和近西北的陕西与甘肃东部的中国东南半壁，夏季多雨、高温，气候湿润，冬季低温而干燥；在包括内蒙古和远西北的新疆、甘肃河西、宁夏、青海柴达木盆地的中国西北半壁，深居内陆，终年受大陆气团的控制，无明显的雨季和干旱之分，气候干燥，是典型的干旱地区，面积占到全国的三分之一。中国降水量的地区差异也很突出，其空间分布的基本趋势是从东南沿海向西北内陆递减，愈向内陆递减愈迅速。同时，中国不同地区的湿润度或干燥度在东西和南北方向上也存在突出的空间差异。

在气温的时空分布上看，中国绝大部分地区最冷月在 1 月，最热月在 7 月，气温分布的特点是东半部自南向北逐渐降低，西半部地形影响超过纬度影响。其中，1 月平均 0℃ 等温线大致东起淮河下游，经秦岭沿四川盆地西缘向南至北纬 27°左右，折向西藏东南角。中国各地气温的年变化较大，体现为大陆气候的年变性，且在空间上明显随着纬度的增加而加大。比如黑龙江省大部、内蒙古东北部地区的年较差（一年中最高月平均气温与最低月平均气温之差）大都在 40℃ 以上，黄河流域大约在 30℃，长江流域在 22℃—26℃ 之间（其中四川盆地大约为 18℃），珠江流域平均在 15℃ 左右，海南岛南部则小于 10℃。

---

① 任美锷：《中国自然地理纲要》（修订第三版），商务印书馆 2009 年版，第 21 页。

中国气候有着明显的地带性规律：在东部地区，依据热量差异自北向南划分为寒温带、温带、暖温带、亚热带以及热带，世界上很少有国家能像中国这样在一个国家范围内出现如此多的气温带，自东向西，沿着海岸渐远和水分递减，有湿润、半湿润、半干旱以及干旱气候之分。相应的土壤和植被等自然景观表现为随经纬度地带性递变，呈现为从森林、森林草原、草原、荒漠草原到荒漠的地域分异规律。

在中国独特的气候气温条件下，不同地区人们的生存、生产和发展所面临的外界自然环境约束程度存在较大差异。这种先天差别必将对人口空间分布、城市经济活动等产生深刻影响。

三 城市显著有别的自然生态

自然生态环境是指存在于人类社会周围的、对人类的生存和发展产生直接或间接影响的各种天然形成的物质和能量的总体，是水资源、土地资源、生物资源以及气候资源数量与质量的总称。城市作为人口高密度集聚的一类空间单元，其产生和发展无法脱离其地表地貌的物质支撑。由于城市所处的地理区位这一绝对个性化特点的差异，其水资源、土地资源、生物资源以及气候资源的数量和质量不尽相同。特别在地域广袤、地形地势复杂和气候类型多样的中国，城市之间自然生态环境的差异更加突出。

一方面，中国陆地国土空间面积虽居世界第三位，但平地相对较少，约60%的陆地国土空间为山地和高原。在多元地理地形条件下，城市或位于海滨，或处于平原，或居于河（湖）谷，或位于山地，或位于丘陵间等。城市间土地资源总量与质量以及土地供给条件存在差异，必将对城市空间的扩展和城市范围内各行为主体的活动空间及强度造成不同程度的影响；另一方面，由于气候类型的多样性，区域城市间水热条件及其城市周围地表植被的空间分异明显，城市间水资源、生物资源、气候资源差异突出。比如，某些处于湿润和半湿润地区的山水城市或海滨城市因降水多、水循环快、洗尘作用与降污能力强、植物生产量大等而具有更强的生态背景值①，某些分布于或邻近于干旱和半干旱地区的城市往往受到沙尘暴等自然灾害的侵袭，使得生态环境质量下降。《中华人民共和国可持续发展国家报告》指出，中国不适合人类居住的国土面积比重偏高，自然条件和生态环境相对恶劣。大约占52%的国土面积是干旱、半干旱地区，90%的可利用天然草原存在不同程度的退化。加之中国人口数量庞大，城市资源承载力、环境容量、经济活动强度以及生态适宜性都存在明显的地区差异。

作为人类赖以生存的物质基础，自然地理环境通过直接和间接的方式影响人类活动，这在自然地理环境复杂多样的中国显得更加突出。以地形、气候、水热为主的自然生态条件，在中国城市居住生态环境的地区差异、人口集聚与迁移差异方面，显然起到基本的制约作用，并将通过直接或间接方式对城市居住需求、住房供给和房地产市场发展产生不同的影响。

第三节　中国房地产市场时空运行的经济发展背景

与欧美等发达国家显著不同，作为世界上最大的发展中国家，中国面临工业化、城市化、市场化和全球化互相交织的经济发展背景。而且，在辽阔的国土空间范围内，中国自东向西、由南向北不同地区和城市的工业化、城市化、市场化和全球发展进程不尽相同，这成为塑造中国房地产市场时空演进格局最重要和深刻的后天性基础性条件。

一　工业化：东中西部地区工业化进程不一

工业化是农业经济转向工业经济的一个自然历史过程，一般是指工业在国民收入和劳动人口中所占比重持续上升的过程。改革开放后，中国的工业化进程呈现快速发展态势，集中体现为第一产业就业劳动力占

---

① 禹贡：《城市生态环境形象设计的生态背景值研究》，《地理科学》2004年第5期，第605—609页。

比的较大幅度下降，由 1978 年的 70.5% 下降到 2017 年的 27.0%，年均下降约 1 个百分点，第二产业和第三产业就业人员数占比分别由 1978 年的 17.3% 和 12.2% 提升到 2017 年的 28.1% 和 44.9%。经过改革开放 40 多年的快速发展，目前中国已经进入工业化的后期。

由于各个地区资源禀赋条件、工业发展基础的差异以及梯度推进发展战略等，中国全国工业化进程在不同地区发展极不平衡，形成从中国东部、东北、中部和西部逐次降低的梯度差距，而且各地区内部不同省区工业化进程差异也十分突出。《中国工业化进程报告（1995—2010）》显示，2000 年，中国大陆 31 个省级行政区域中有 1 个处于前工业化阶段，23 个处于工业化初期，4 个处于工业化中期，3 个处于工业化后期。[①]经过多年的快速发展，中国各地区的工业化分布阶段明显上移，但地区差异仍旧突出。2010 年，有 3 个省级行政区域处于工业化初期，16 个省区市处于工业化中期，10 个省区处于工业化后期，2 个省区市处于后工业化阶段。从更广空间尺度的中国四大板块区域看，2010 年东部地区和东北地区已经分别进入工业化后期的后半阶段和前半阶段，中部地区和西部地区都处于工业化中期的后半阶段。《中国工业化进程报告（1995—2015）》进一步指出，2015 年，长三角地区工业化水平最高，已十分接近后工业化阶段。[②]京津冀地区处于工业化后期后半阶段。珠三角和环渤海地区由工业化后期前半阶段纷纷进入工业化后期后半阶段的行列。东三省位列工业化后期前半阶段，中部地区则进入工业化后期前半阶段。大西北地区则由 2010 年的工业化中期前半阶段进入 2015 年与大西南地区同样的工业化中期后半阶段。

不难发现，在一个截面时点上，中国广袤国土空间上有分别处于工业化不同阶段的区域共同存在。这意味着中国内部地区间经济发展水平存在相当大的差距，区域经济发展分化依然比较明显。2010 年，处于后工业化阶段的北京和上海两市以全国 0.26% 的国土面积集聚了全国 3.2%

[①] 陈佳贵、黄群慧、吕铁、李晓华等：《中国工业化进程报告（1995—2010）》，社会科学文献出版社 2012 年版。

[②] 黄群慧、李芳芳等：《中国工业化进程报告（1995—2015）》，社会科学文献出版社 2017 年版。

的人口，创造了全国 7.16% 的国内生产总值；处于工业化初期后半阶段的海南、西藏和新疆三省区以全国 30.53% 的国土面积，仅集聚了全国 1.83% 的国内生产总值。2013 年，占全国国土面积 9.6% 的东部地区创造了全国 51.2% 的国内生产总值，占国土面积 71.5% 的西部地区创造的国内生产总值仅为全国的 20.0%；在人均国内生产总值方面，东部地区最高的天津市是西部地区最低的贵州省的 4.35 倍。可以说，中国各地区工业化进程差异之大在工业化史上实属罕见。[1] 就发展中国家的城市而言，因各个城市利用地区集聚而形成产业规模收益的机会差异，这类发展中国家的工业化程度不均衡。[2] 中国东部沿海城市和西部内陆城市间的工业化进程地区差异就十分突出。

工业化进程的地区不平衡性和经济总量及其人均水平的显著区域差异，是中国工业化不同于欧美发达国家和一些较小国土面积发展中国家的突出个性特征，它作为中国房地产市场时空运行中最为重要的经济基础性条件，必将对塑造中国房地产市场的区域空间分异格局与特征产生深刻影响。

二 城市化："两横三纵"非均衡空间格局

改革开放以来，中国的城市化发展经历了起点低、速度快的过程。1978 年，中国常住人口城镇化率为 17.9%。到 2017 年底，中国城镇常住人口达 81347 万人，常住人口城镇化率达到 58.52%，年均提高 1 个百分点以上。截至 2017 年底，全国有地级市 294 个，县级市 363 个，中国城市和城市经济发展取得了举世瞩目的成就。

在快速城市化过程中，中国城镇体系和空间布局在国家战略调整和区域政策作用下不断调整。尤其是 20 世纪末以来随着西部大开发、振兴东北等老工业基地、中部崛起等发展战略的相继实施和推进，以及党的十八大以来，"一带一路"倡议、京津冀协同发展、长江经济带等发展战

---

[1] 黄群慧：《中国的工业化进程：阶段、特征与前景》，《经济与管理》2013 年第 7 期，第 5—11 页。

[2] Henderson, J. V., "Urbanization in Developing Countries", *The World Bank Research Observer*, Vol. 17, No. 1, 2002, pp. 89–112.

略的实施和推进，以中心城市和重要都市圈、城市群为支撑的中国城市化空间布局不断优化，呈现出显著的空间非均衡特征。比如，东部地区的长三角、珠三角和京津冀三大城市群地区，因其独特的经济地理优势吸引大量人口集聚，以 2.8%的国土面积集聚了 18%的人口，创造了 36%的国内生产总值，成为东部地区乃至全国城市化发展的空间支撑主体，以及带动中国经济快速增长和参与国际经济合作与竞争的主要平台。中国内陆诸如长江中游城市群、成渝城市群、中原城市群等地区以及一些省会城市及其周边区域的人口集聚能力不断增强，城市化水平加快提高。

2010 年 12 月，具有国土空间开发战略性、基础性和约束性的规划《全国主体功能区规划》的颁布，标志着中国城市化发展空间布局进一步明确，从此确立了构建"以陆桥通道和沿长江通道为两条横轴线，以沿海、京哈京广、包昆通道为三条纵轴线，以国家优化开发和重点开发的城市化地区为主要支撑，以轴线上其他城市化地区为重要组成的两横三纵国家城市化战略格局"。规划指出，推进中国东部三大地区（环渤海、长三角、珠三角地区）优化开发，形成 3 个特大城市群，推进内陆诸如中原、成渝、关中—天水等地区的重点开发，形成若干新的大城市群和区域性的城市群。2014 年 3 月颁布的《国家新型城镇化规划（2014—2020 年）》又进一步对"两横三纵"城市化战略格局提出更为系统的部署。2019 年，国家发改委发布《关于培育发展现代化都市圈的指导意见》（发改规划〔2019〕328 号），明确了"都市圈同城化取得明显进展"的 2022 年近期目标以及"形成若干具有全球影响力的都市圈"的 2035 年长期目标，并从推进基础设施一体化、强化城市间产业分工协作等六个方面提出工作重点。

"两横三纵"是当前和未来中国城市化的主体空间布局，其中作为新型城镇化主体形态的城市群，是支撑中国全国经济增长、促进区域协调发展、参与国际竞争合作的重要平台。中心城市和城市群正在成为承载发展要素的主要空间形式。都市圈作为城市群内部以超大特大城市或辐射带动功能强的大城市为中心、以 1 小时通勤圈为基本范围的城镇化空间形态，其与城市群的有机联动发展将为区域房地产市场的差异联动提供经济基础和空间依托。中国区域经济由传统的省域经济向都市圈、城市群经济转变,以及城市体系的多中心、集群化、网络化演进,必将对城市房地产市场的区域空间分异态势、模式演变和重构产生重要影响。

三 市场化:市场化改革与经济转型并进

1978年的改革开放,开启了中国由计划经济向市场经济转型的伟大时代。这一具有划时代意义的深刻转型,不仅是经济组织形式向市场经济体制的转变,更是中国在面临"数千年未有之变局"时突破经济组织方式桎梏、实现"从身份到契约"的根本性转变,进而从根本上改变中国的经济结构和社会结构,重塑中国的微观经济主体和宏观经济制度。[①]在此经济转型过程中,中国的产权制度、政府角色及微观主体交易选择方式等都发生了重要转变。首先,国家掌握一切生产资料的产权制度发生了重大变化,企业生产资料所有权也得到了承认,这为以通过市场价格配置资源奠定了制度基础。其次,国家作为国民经济主体的角色开始弱化,地方政府在改革过程中获得了更多自由和权利,扮演了更加灵活的新的经济主体角色。最后,企业经济生产与政府社会管理逐步分开,为产品和要素的市场化配置提供了条件,使得包括居民和家庭在内的微观行为主体的交易选择空间不断拓展,经济效率显著提升。

在此经济转型背景下,住房作为关系经济与民生的重要领域,与其相关制度改革很自然地成为中国市场化制度变迁中的重要内容。特别是随着改革开放程度的加深和城市化的快速推进,内生于计划经济体制的单位福利住房分配制度的低效率弊端逐渐显露,确立更有效率的住房制度安排成为改革的必然一环。20世纪80年代,国家在公有制住房制度主体的基础上进行了公房制度改革试验,改革方向逐步明确。进入20世纪90年代,住房制度改革呈现市场化特征。国家在住房政策上先后出台了

[①] 许文彬:《中国经济转轨的长期考察:一个新视角》,《经济学动态》2011年第9期,第27—31页。

几个具有全局意义的文件①,最终定型了中国住房市场化改革的方向和内容。其中,1998年具有纲领性质的国发〔1998〕23号文件的出台,标志着中国真正意义上的住房市场化改革之路开启,为房地产市场规模和相关机制的完善扩大注入了强大的改革动力。最终,20世纪90年代的住房改革定型为停止公有住房实物供应,落实住房分配货币化。自此,中国城市住房的生产开始交由专业化的房地产开发企业进行市场运作,住房分配由等级规则变为效率更高的市场规则。②

进入21世纪,中国住房分配货币化全面推动,单位建房的停止促使大量需求逐步进入市场,以房地产开发和交易作为供应与分配模式的商品住房主导地位得以确立。但在住房市场化改革发展中,商品住房迅速成长,经济适用房建设和住房补贴制度改革相对滞后,土地、资金等生产要素市场改革进程缓慢。在住房市场化改革阶段任务基本完成后,中低收入居民的住房保障问题成为住房市场化进程中的新矛盾。确立"以市场配置资源的方式为主,以保障方式为辅,满足各个阶层群体的住房需求"的住房市场与保障双轨并行的制度,成为中国住房制度改革的基本架构,"以政府为主体提供基本保障、以市场为主满足多层次需求的住房供应体系"建设取得明显成效。党的十九大报告明确指出,"坚持房子是用来住的,不是用来炒的定位,加快建立多主体供给、多渠道保障、租购并举的住房制度,让全体居民住有所居"。这一顶层设计和宏观指引为新时代中国住房制度改革深化和房地产市场调控机制优化奠定了总体基调,明确了目标方向。

事实上,中国的市场化进程除了时间维度的渐进式演进特点外,还具有不可忽略的空间属性。科斯(R. H. Coase)和王宁在《变革中国:

---

① 这些文件包括《国务院关于继续积极稳妥地进行城镇住房制度改革的通知》(国发〔1991〕30号)、《国务院办公厅转发国务院住房制度改革领导小组关于全面推进城镇住房制度改革意见的通知》(国办发〔1991〕73号)、《国务院关于深化城镇住房制度改革的决定》(国发〔1994〕43号)以及《国务院关于进一步深化城镇住房制度改革加快住房建设的通知》(国发〔1998〕23号)。

② 卢嘉:《我国城镇住房制度演进轨迹及其或然走向》,《改革》2013年第11期,第37—46页。

市场经济的中国之路》一书中深刻地指出："中国是一个有着如此广袤领土和显著地区差异的国家，这块土地上发生的制度变迁必定在时间上是逐步的，在空间上是不均衡的。"[①] 就中国城市房地产市场化程度而言，其具有显著的区域空间不平衡性。倪鹏飞和白雨石对中国 35 个城市的房地产市场化程度进行全面测度后发现，中国城市房地产市场化已初步实现，但离理想的标准还有很大差距，特别是中国城市房地产市场化空间差异明显，诸如上海、深圳、广州等东部沿海地区城市房地产市场化程度高，而诸如西宁、太原、兰州等中西部地区城市市场化程度相对较低。[②]

经济转型与住房市场化改革是中国城市房地产市场时空运行最为重要的制度背景，其在时间维度的渐进式推动和空间维度的非均衡演进，必将对塑造中国房地产市场和住房价格的时空格局产生重要影响。

四　全球化：积极影响与消极冲击相交织

伴随资本的全球性流动、跨国公司的全球扩张和世界生产网络的形成，全球化已成为推动和塑造城市区域发展与一国经济地理格局的重要动力，是当今时代不可逆转的潮流。改革开放以来，中国通过一系列政策的推动，积极参与和融入世界经济，利用全球化提供的发展机遇，将自己从一个相对封闭的落后农业国成功转变成为相对开放的全球主要制造业基地，对外开放力度不断加大，对外开放水平和开放层次不断提升。在此背景下，中国东部沿海地区和城市利用其临海的先天优势并借助国家开放政策，吸引了大量外资和技术，从而在市场因素的重要作用下快速崛起[③]，并和全球经济形成更为密切的联系。中国内陆地区和城市利用江河陆桥通道和沿边优势或东部沿海跳板，也不同程度地参与全球竞争，

[①] 罗纳德·哈里·科斯、王宁：《变革中国：市场经济的中国之路》，徐尧、李哲民译，中信出版社 2013 年版，第 218 页。

[②] 倪鹏飞、白雨石：《中国城市房地产市场化测度研究》，《财贸经济》2007 年第 6 期，第 85—90 页。

[③] 韦倩、王安、王杰：《中国沿海地区的崛起：市场的力量》，《经济研究》2014 年第 8 期，第 170—183 页。

并融入世界经济。随着"一带一路"建设的不断推进,中国内陆地区正在从之前对外开放的末梢向现如今对外开放的前沿转变。那些具有显著优势、独特历史传承、雄厚产业基础、广泛贸易联系和海外市场开拓能力以及体制机制优势的城市,将成为"一带一路"建设的支点[①],并将在对外开放程度和经济社会发展水平上不断取得新的提升。

然而,全球化作为一把"双刃剑",它产生诸多积极效应的同时,也不可避免地带来许多消极影响。作为一个相互联系的复杂过程,经济全球化在空间整合(经济活动全球化的结果)和空间瓦解(经济活动地方化的结构)之间存在着辩证的动态关系。[②] 由于中国不同地区和城市不可避免地存在地理、自然、历史和政策条件的差异,因此在全球化过程中地区和城市之间也不可能完全均等地享受全球化的好处,进而对区域空间结构产生明显的非均衡效应。一方面,诸如资本等活跃生产要素不断向一国全球性城市或国际性城市涌入,将不可避免地增加这类城市与世界其他国家和地区的关联程度,由此将显著增加其受到外部消极冲击传染的可能。比如,"热钱"的涌入加剧房地产市场供求失衡和价格波动,甚至这种消极影响会随着人流、物流、资金流、信息流向该国之内其他地区传染和扩散,进而增加全域性经济金融风险。1998年东南亚金融危机和2008年源于美国次贷危机的金融海啸便是重要的例证。另一方面,一些经济地理条件相对较差的地区和城市,则有可能在全球化浪潮下逐渐被边缘化,甚至趋于收缩或衰退,进而从整体上加剧地区发展的不平衡性。

因此,在经济全球化的影响下,中国房地产市场的空间格局及其在时间维度的演变与重构,必将变得更加复杂。中国处于市场化、城市化、工业化和全球化交织的经济社会发展背景与环境下,必将赋予中国房地产市场和住房价格具有与欧美发达国家显著不同的空间个性特征。

---

① 史育龙:《发挥城市重要节点功能 扎实推进"一带一路"建设》,《大陆桥视野》2016年第21期,第30—31页。

② 顾朝林、于涛方、李玉鸣等:《中国城市化:格局·过程·机理》,科学出版社2008年版,第560页。

第四节　中国房地产市场时空运行的社会文化环境

一　中国置业文化传统

中国是一个有着悠久历史的东方文明大国，在源远流长的历史长河中形成了光辉璀璨的文化。以传统土地文化及其价值观、家庭文化及其价值观为核心的文化元素，一直是对国人社会生活影响最深刻的思想体系。在古代，中国传统文化中就有对"土地"崇拜的情结，区位属性作为城市土地蕴含的诸多属性中最为重要的一种而备受重视。由于区位的物化载体——土地在国人心目中具有特殊的文化含义，因而对土地的崇拜在中国传统城市中演变成为对区位的崇拜并存续至今。[①] 住房作为承载于土地之上并与人们居住活动密切关联的实物，具有特殊的文化含义。等级、文化和生活三大因子作为居民置业选择的区位文化元素，在以消费属性主导的中国传统城市发展阶段长期存在，并产生深远的影响。新中国成立之后，中国城市的经济职能进一步由消费型城市向生产型城市转变，城市居民居住区位选择的主因子中的等级成分逐渐弱化，以文化、生活和经济因子为主的置业区位影响因子开始占据主导。其中，文化因子尤以"居者有其屋"的中国传统"家"文化和"唯有读书高"的中国传统文化价值，在强烈而持续地影响着国民的择居行为和置业选择。

改革开放后特别是1998年住房市场化改革以来，随着现代城市的快速发展，城市的居住地不仅成为一个关于休养生息的栖息地，而且是关于个人、家庭成员及家庭发展的功能场所，是一个能否更好地享受城市发展成果、在城市获得更多发展、安居乐业的"支点"。[②] 在此环境之下，传统置业文化在市场经济条件下激发出更多的活力，并被赋予更为丰富的"文化力"内涵。"学区房热""睡城""鬼城"和保障性住房空置等

[①] 吴迪：《基于场景理论的我国城市择居行为及房价空间差异问题研究》，经济管理出版社2013年版，第112页。

[②] 吴迪：《基于场景理论的我国城市择居行为及房价空间差异问题研究》，经济管理出版社2013年版，第116页。

现象的背后，都存在不同程度的中国传统置业文化的影响。可以说，中国置业文化传统根植于国人心中，对其住房区位目标导向和选择决策产生影响。它贯穿着中国城市居民居住区位选择演变的历史演进过程中，是住房市场化改革后中国城市房地产市场空间差异和时空演变过程中极具中国特色的文化背景因素。

二　重视自有产权的财富观

财富观是人们对于财富的态度和观念，以及为了获得财富而采取的途径和方法的理论指导。中国自古就有"有土斯有财"等重视自有产权的财富观。古人很早就认识到拥有财产对激励个人奋斗、促进社会文明进步的作用。管子曰："仓廪实而知礼节，衣食足而知荣辱。"① 孟子曰："有恒产者有恒心，无恒产者无恒心。"② 只是中国古代财产权特别是住宅产权的制度安排主要集中在土地，而不是住宅本身。但在经济转型与住房市场化改革的当下环境，集消费品和投资品属性于一身且承载于土地之上的住宅便成为财富的主要构成部分。广大民众对不动产的独特偏好在住房市场化背景下被有力激活。

从亚洲文化与住房市场发展过程来看，住宅拥有与积累是一种财富身份的地位象征，同时也因整个社会对住宅的需求尚未满足，因此随着收入水平的提高与社会财富的积累，住宅价值同步上升。在这样的环境下，"有土斯有财"（拥有或购买住宅）也符合社会文化特质与经济意义。③ 在中国，重视自有产权的财富观与传统的住宅消费文化一道，让许多家庭的财务运作以住宅为主体。对于经济能力较强者，其购房目标是满足自己和下一代子孙的居住需求，其中不乏住房投资成分；对于经济能力一般者，其住宅消费以购买家庭基本所需的住宅为目标。这两类住宅消费再通过继承方式传给下一代，成为整个社会持续累积房地产财富的基础。至于无力购买者，则努力积攒收入，期待有朝一日跨过门槛。

---

① 出自《史记·管晏列传》。
② 出自《孟子·滕文公上》。
③ 花敬群：《自有率、空屋率与住宅市场运作——有土斯有财的反省》，台湾住宅学会第十届论文发表会，2001年，第1—14页。

拥有自有产权的住房通常会给消费者带来心理上的满足感、稳定感和成就感，一次性购房则成为大多数家庭的消费习惯，加之中国的父母惯于为子女提供经济支持，住房需求呈现出比西方市场更强的收入刚性。[①] 因此，受"有土斯有财"等财富观的影响，人们在住房的租、买选择之间更偏重买房，愿意支付住房所有权溢价，即大都喜欢购买不动产作为财富的象征。这种观念事实上推高了不动产在民众心中的价值，从而在相同条件下愿意承担相对其他地区更高的住房负担压力。特别是在中国工业化、城市化、市场化和全球化水平都存在显著区域空间差异的当前背景下，由于不同地区和城市行为主体的收入与禀赋差异，重视自由产权的财富观对不同区域行为主体的购房行为以及住房价格的影响效果也很可能存在地区差异。这是中国房地产市场时空运行过程中与西方国家显著不同的社会文化环境。

三　城乡居民都城偏好

从中国城市的整个演进脉络来看，从古代西周都邑的出现到秦汉郡县制下行政中心的发展，从魏晋南北朝隋唐时期手工城市的兴起、港口城市的繁荣到五代宋元时期城市商品经济发展与政治中心的确立，从中国近代商埠开放和贸易口岸的形成到交通型城市的兴起等，中国的一些传统大都城很大程度上具有行政权威的象征。城市赋予其居民区别于其他城市居民的属地等级性。新中国成立以来，中国的社会经济面貌发生了翻天覆地的变化，城市设置由于城市职能发生了很大的变化，主要表现之一就是行政中心城市的进一步加强。直辖市、副省级城市等不同行政等级先后确立并不断发展。

在此背景下，社会大众的都城偏好不同程度上影响着其城市选择与迁流，大量人口向北京、上海、南京、成都、西安等大城市涌入，部分人群甚至甘愿成为"北漂者""蚁族"或"蜗居"一族，也要待在大都市里。这种看似非理性的经济现象其背后除了大都市就业、收入等经济因素和较高公共服务水平的吸引和驱动力外，还隐含着深层次的社会和

---

① 郭晓宇：《基于住房服务和类别选择的住房需求研究》，经济科学出版社2010年版。

文化根源。[①] 以理想、信念为表现的"文化力"驱动形成一些人群更加坚定的大都市偏好倾向，即能在大都市里生活和工作是社会地位上升的一种代表，实质上是对这类城市作为国家或地区的政治文化中心所具有的崇高地位的传统文化、价值观的现实感受，也是传统文化、价值观体系之下对中国城市显著等级性的认识。这一文化元素构成当前中国城市住房价格时空运行背景中特定社会文化环境的一部分。

综上所述，无论从中国房地产市场时空运行的自然地理条件、经济发展背景，还是从社会文化环境而言，其都具有非常强烈的大国个性特征，这多方面独特基础条件的叠加更加让中国的个性表现突出。这一切必将使得中国房地产市场的区域空间分异特征除了具有基本经济学原理上的共性表现外，可能还具有更加复杂的空间互动与作用过程。这是考察中国区域房地产市场区域空间分布差异及格局演变过程中不容忽视的宏观背景与环境因素。

[①] 吴迪：《基于场景理论的我国城市择居行为及房价空间差异问题研究》，经济管理出版社 2013 年版，第 112 页。

第 四 章

中国房地产市场区域空间分异状况的测度及分析

第一节 房地产市场区域空间分异的测度指标体系

房地产市场的区域空间分异是区域房地产市场空间属性的重要呈现形式，集中表现为区域房地产需求、供给和价格在空间上的差异分布、相互联系及动态变化。测度变量分布差异程度的指数通常有变异系数、基尼系数、泰尔指数，以及用来呈现变量空间分布自相关程度的 Moran's I 指数。本部分将利用以上指数构建中国房地产市场区域分异状况的测度指标体系，从地级及以上城市层面房地产需求、供给和价格等方面测度并呈现中国房地产市场的区域空间分异状况。

一 变异系数

变异系数（Coefficient of Variation，简称 CV）是指当需要比较两组数据离散程度大小的时候，如果两组数据的测量尺度相差太大，或者数据量纲不同，直接使用标准差进行比较不合适，此时就应当消除测量尺度和量纲的影响，变异系数可以做到这一点。它是原始数据标准差与原始数据平均数的比。CV 没有量纲，便于进行客观比较。事实上，可以认为变异系数与极差、标准差和方差一样，都是反映数据离散程度的绝对值。其数据大小不仅受变量值离散程度的影响，而且还受变量值平均水平大小的影响。变异系数（CV）的计算公式如式4-1所示：

$$CV = \sqrt{\sum_{i=1}^{n}(x_i - \mu)^2 / n} \Big/ \mu \qquad (4-1)$$

二 基尼系数

基尼系数是1943年美国经济学家阿尔伯特·赫希曼根据劳伦茨曲线定义的判断收入分配公平程度的指标。它是比例数值，取值范围在0和1之间，是国际上用来综合考察居民内部收入分配差异状况的一个重要分析指标。基尼系数可以用于变量均衡程度的统计分析，数值越大，表明差异越大。计算公式如式4-2所示：假定一定数量的城市按某一变量（比如住房价格等）由低到高排序，分为城市数相等的 n 组，从第1组到第 i 组城市变量累计值占该变量全部累计值的比重为 W_i，基尼系数可以利用定积分的定义将对劳伦茨曲线的积分分成 n 个等高梯形的面积之和，得到：

$$G = 1 - \frac{1}{n}\left(2\sum_{i=1}^{n-1} W_i + 1\right) \qquad (4-2)$$

三 泰尔指数

泰尔指数是泰尔（H. Theil）在研究国家之间的收入差距时首先加以运用的差异指数。[①] 该指数能判断经济变量的整体差异水平，也可以区分区组内差异和组内差异，如式4-3所示。

$$T = \frac{1}{n}\sum_{i=1}^{n} \frac{x_i}{\mu} \ln\left(\frac{x_i}{\mu}\right) \qquad (4-3)$$

四 Moran 指数

关于空间分异的测度，还可以通过反向指标——空间自相关 Moran's I 来度量。地理学第一定律指出："任何事物都与其他事物相联系，但邻近

---

① Theil, H., *Economics and Theory*, Amsterdam: North Holland Publishing Company, 1967.

的事物比较远事物联系更为紧密。"[1] 由于这一定律客观存在以及区域发展过程中人流、物流、资金流和信息流的交汇影响,在考察住房价格变动时还需要关注不同城市间的关联性。探索性空间数据分析(ESDA)是实现这一目的的有效工具:通过测算不同空间单元观测值的全域和局域 Moran's I 来揭示空间关联特征。全域 Moran's I 指数计算公式如式 4-4 所示:

$$\text{Moran's I} = \frac{N\sum_{i=1}^{N}\sum_{j=1}^{N}w_{ij}(x_i-\bar{x})(x_j-\bar{x})}{\sum_{i=1}^{N}\sum_{j=1}^{N}w_{ij}\sum_{i=1}^{N}(x_i-\bar{x})^2} = \frac{\sum_{i=1}^{N}\sum_{j=1}^{N}w_{ij}(x_i-\bar{x})(x_j-\bar{x})}{S^2\sum_{i=1}^{N}\sum_{j=1}^{N}w_{ij}}$$

(4-4)

式中,$S^2 = \sum_{j=1}^{N}(x_i-\bar{x})^2/N$,$\bar{x} = \sum_{j=1}^{N}x_i/N$。$x_i$ 表示第 i 个空间单元的观察值,N 为空间单元个数,w_{ij} 为 $N×N$ 非负空间权重矩阵 W 的元素,用来表达空间单元 i 和空间单元 j 的临近关系。Moran's I 指数的取值范围为 [-1, 1],其绝对值大小表征了空间相关程度的强弱。通常采用标准化统计量 Z 来检验全域 Moran's I 指数的显著性,其公式表示如式 4-5 所示:

$$Z(\text{Moran's I}) = \frac{\text{Moran's I} - E(\text{Moran's I})}{\sqrt{VAR(\text{Moran's I})}},$$

其中,$E(\text{Moran's I}) = -\frac{1}{N-1}$ (4-5)

借助全域 Moran's I 指数,能够揭示不同城市间房地产市场核心变量的全域空间自相关性。由于地区城市间关联的局域特征可能会出现全域指标所不能反映的"非典型"情况[2],特别是在地域广袤且地区差异明显的中国更有可能,因此很有必要使用局域 Moran's I 指数分析城市间房地产市场关联的局部特征,其计算公式如式 4-6 所示:

---

[1] Tobler, W. R., "A Computer Movie Simulating Urban Growth in the Detroit Region", *Economic Geography*, Vol. 46, No. 2, 1970, pp. 234-240.

[2] Anselin, L., "Local Indicators of Spatial Association—LISA", *Geographical Analysis*, Vol. 27, No. 2, 1995, pp. 93-115.

$$\text{Moran's I}_i = \frac{(x_i - \bar{x})}{S^2} \sum_{i=1}^{N} w_{ij}(x_j - \bar{x}) \qquad (4-6)$$

Moran's I_i 指数测度了第 i 个空间单元与其周围空间单元之间的相关程度：正值表征空间单元间具有正相关的特征，即具有相似住房价格水平的城市集聚在一起；负值表征空间单元间的负相关关系。该指标与 Moran 散点图配合使用，能够清晰地刻画局域空间关联特征。

第二节 房地产市场空间分异特征：全国整体态势

考虑到中国是一个人口众多、地域广袤和地区差异明显的大国，具有显著的大地理尺度特征，为抓住不同空间尺度和地域层面房地产市场空间分异的核心特征，沿用本书"空间—需求—供给—价格"四位一体的分析框架，这里重点对房地产市场核心变量，即销售量、供给量和价格的时空变动状况进行定量测度，以尽可能全面呈现中国房地产市场区域空间分异的特征与趋势。

一 需求：商品住宅销售量

商品住宅销售量集中反映市场上对住房需求量的大小。这是因为不管是基本自主性消费需求，还是投资或投机性需求，最终都会反映在市场成交量上。需求越旺盛，反映为住房的销售量就越大，如表 4-1 所示。

表 4-1 城市房地产需求——商品住宅销量的区域空间分异指数

年份	2005	2006	2007	2008	2009	2010	2011	2012	2013	2014	2015	2016
变异系数	1.823	1.624	1.617	1.387	1.442	1.247	1.187	1.219	1.080	1.181	1.211	1.232
基尼系数	0.610	0.583	0.570	0.526	0.547	0.505	0.484	0.499	0.486	0.489	0.512	0.526
泰尔指数	0.766	0.678	0.652	0.533	0.577	0.472	0.431	0.457	0.415	0.436	0.473	0.497

注：样本城市为全国 285 个地级及以上城市。

从表 4-1 呈现的测算结果来看，2005—2016 年间，中国地级以上城市商品住宅销量在空间上的差异程度总体上呈现出变小的趋势，其中由变异系数、基尼系数和泰尔指数反映的住房销量空间差异程度在 2005 年最大，随后于 2006—2008 年间有所缩小。但到 2009 年，住房销量区域分化程度有所扩大，随后又缓慢变小。

从空间分布上看（见图 4-1），全国地级及以上城市住房销量具有空间上的高—高集聚、低—低集聚分布特征，呈现出一定的空间自相关性：较高住房销量的城市，周边城市的住房销量也相对较高；较低住房销量的城市，往往也被较低住房销量城市包围。与 2005 年相比，2013 年地级及以上城市住房销量的空间自相关性进一步增强，Moran's I 指数值由 2005 年的 0.0214 上升到 2013 年的 0.0242。这表明中国地级及以上城市房地产（住房）需求呈现出空间集聚性分布差异。

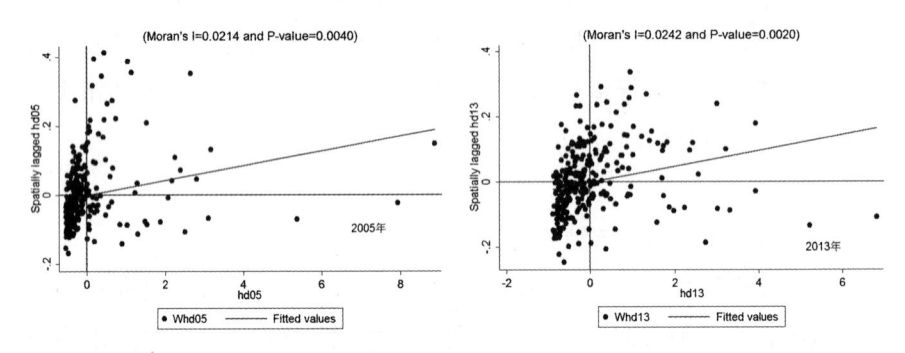

图 4-1　全国 285 个地级以上城市住宅销量 Moran 散点图（地理距离权重矩阵）

二　供给：房地产开发投资完成额

房地产市场上的住房供给主要是通过房地产开发企业的开发投资转化而来。由于缺乏各个地级市的商品住宅竣工、施工和新开工等与供给有关的数据，这里主要用房地产开发企业的住宅开发投资完成额数据来表示。与其他商品不同，住房的供给需要一定的开发建设周期，房地产开发企业的投资经过一定的施工周期，都会转化为市场供给。而且，开发投资额的大小反映了现实及潜在的住房供给量。

从表 4-2 呈现的测算结果来看，2005—2016 年间，中国地级以上城市商品住宅开发投资在空间上的差异程度总体上呈现出变小的趋势，其中由变异系数、基尼系数和泰尔指数反映的住宅开发投资额的空间差异程度在2005年最大，随后于2006—2009年间有所缩小，但2010年有所扩大。与2011—2013年相比，中国地级及以上城市住宅开发投资额在2014—2016年的空间分异程度有所扩大。

表4-2　　　　　　全国地级以上城市房地产供给——
住宅开发投资的区域空间分异指数

年份	2005	2006	2007	2008	2009	2010	2011	2012	2013	2014	2015	2016
变异系数	2.753	2.406	2.211	2.055	1.931	1.992	1.927	1.846	1.816	1.847	1.892	1.909
基尼系数	0.763	0.738	0.722	0.707	0.688	0.694	0.685	0.674	0.670	0.672	0.681	0.689
泰尔指数	1.329	1.188	1.108	1.031	0.959	0.981	0.944	0.905	0.889	0.900	0.930	0.956

注：样本城市为全国285个地级及以上城市。

从空间分布上看（见图4-2），与住房销量高—高集聚、低—低集聚的区域分异特征不同，全国地级及以上城市住宅开发投资额在空间上并不具有明显的集聚性分异特征。从Moran's I值来看，它呈现出微弱的空间自相关性。这在某种程度上说明，全国空间尺度上住房开发投资及供给相对于住房需求的集聚性空间分异而言，存在不同程度的供需空间错配现象。

三　价格：商品住宅平均销售价格

价格是房地产市场供求关系的集中反映，也是房地产市场上的核心变量。房地产价格和区域空间分异是区域房地产供给与房地产需求分异的综合呈现。本书主要用商品住宅平均销售价格来表示。

从表4-3的测算结果显示，2005—2013年间，中国地级以上城市商品住房价格在空间上的差异程度总体上保持稳定变动。具体来看，2009年区域空间分异最为突出，变异系数、基尼系数和泰尔指数达到阶段性峰值，随后空间分异程度微幅收窄。与2012—2013年相比，2014—2016年中国地级及以上城市住房价格的区域空间分异程度进一步扩大。

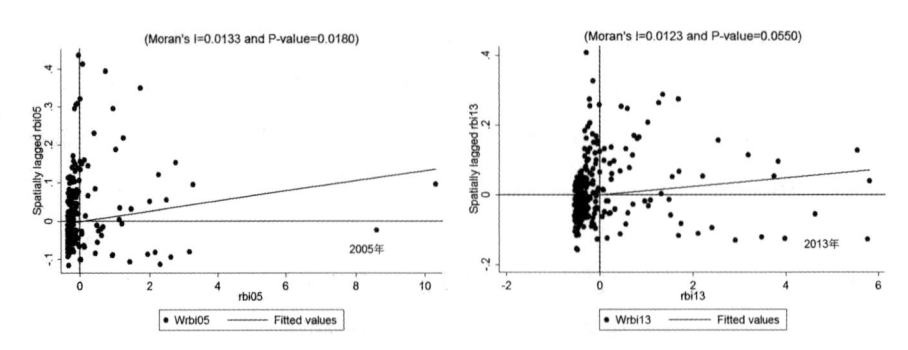

图 4-2　全国 285 个地级以上城市住宅开发投资 Moran 散点图
（地理距离权重矩阵）

表 4-3　全国地级以上城市商品住宅价格的区域空间分异指数

年份	2005	2006	2007	2008	2009	2010	2011	2012	2013	2014	2015	2016
变异系数	0.568	0.604	0.660	0.622	0.641	0.690	0.601	0.558	0.564	0.568	0.624	0.736
基尼系数	0.265	0.271	0.284	0.272	0.273	0.288	0.260	0.244	0.241	0.235	0.239	0.262
泰尔指数	0.126	0.137	0.155	0.141	0.146	0.165	0.132	0.116	0.116	0.115	0.127	0.160

注：样本城市为全国 285 个地级及以上城市。

从空间分布上看（见图 4-3），全国层面城市住房价格的高—高集聚、低—低集聚性分异特征突出。从 Moran's I 值及其显著性水平来看，住房价格的空间自相关性非常明显。另外，从第一象限（高—高集聚）和第三象限（低—低集聚）的散点分布及 Moran's I 值在 2005 年与 2013 年的比较来看，2013 年住房价格的空间自相关性略微有所降低，反映了中国地级及以上城市住房价格的集聚性空间分异缓慢呈现出一些新的变化。

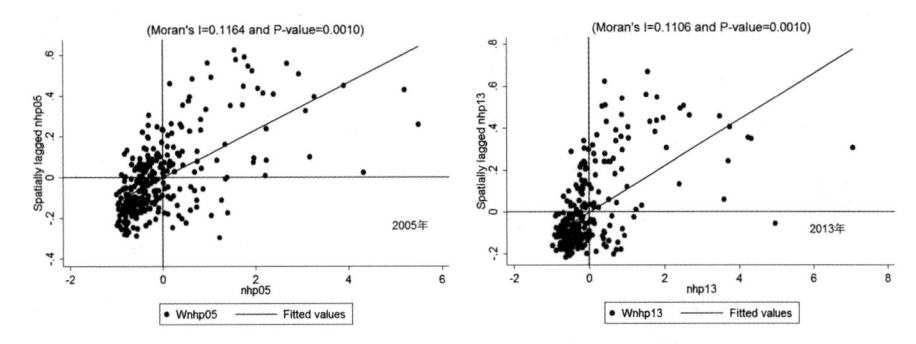

图 4-3　全国 285 个地级以上城市房价 Moran 散点图（地理距离权重矩阵）

第三节　不同区域尺度下房地产市场空间分异特征

一　东部、东北、中部和西部

本书沿用"七五"计划时期确定并发展演变而来的中国经济四分区标准，将全国 285 个地级及以上城市划分到东部、东北、西部和中部四大地带。通过数据计算整理发现，中国房地产市场在四大地带间的供求分异有所加强，房地产供给与需求存在空间错配问题。

（一）商品住宅销量：中部地区快速提升，西部和东北地区有所下降

从表 4-4 和图 4-4 来看，2005—2016 年全国商品住宅销量在四大地带间的分布正在发生重要变化。东部地区城市住宅销量占比先于 2005—2011 年间逐步下降，后于 2012 年开始上升。中部地区城市住宅销量在全国的占比则于 2009 年逐年扩大。东部和中部地区城市集中了全国 60% 以上的商品住房需求。西部地区城市的住宅销量占比在 2011—2016 年间缓慢下降，东北地区城市住宅销量在全国的占比在 2011—2016 年间逐年变小。

表 4-4　　　　　　中国四大地带商品住宅销量全国占比（%）

年份	2005	2006	2007	2008	2009	2010	2011	2012	2013	2014	2015	2016
东部地区	52.38	49.50	47.48	43.64	46.57	42.48	39.75	40.76	42.81	41.59	44.56	45.15
东北地区	12.84	13.39	15.16	15.29	14.82	14.59	14.92	13.17	11.35	8.56	6.14	5.05
西部地区	22.12	23.09	23.03	24.35	24.20	24.73	25.35	23.31	21.82	25.64	26.08	27.90
中部地区	12.65	14.03	14.33	16.71	14.41	18.20	19.98	22.75	24.03	24.21	23.23	21.92
变异系数	0.65	0.59	0.54	0.45	0.52	0.43	0.37	0.40	0.45	0.53	0.61	0.63

注：本表中涉及的分地区数据相加不等于全国总计的指标，在计算东部、中部、西部和东北地区占全国的比重时，分母为全国285个地级以上城市的合计数。余同。

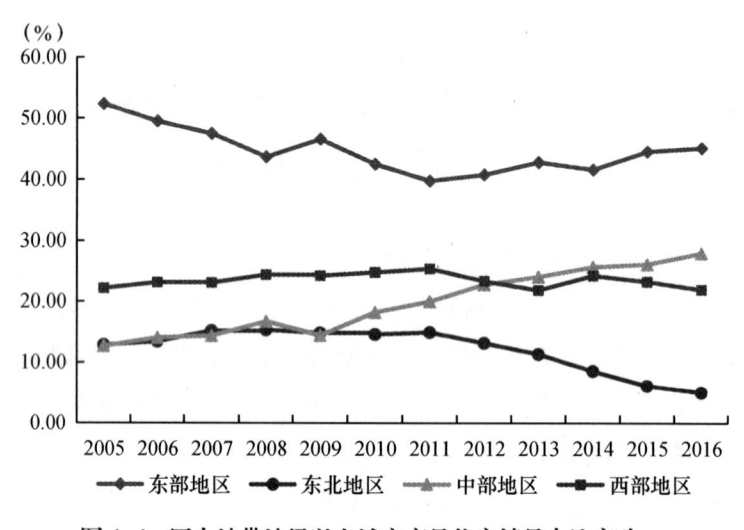

图 4-4　四大地带地级以上城市商品住宅销量占比变动

（二）房地产开发投资：东部地区占比总体下降，中部和西部地区的全国占比缓慢提升，东北地区近年来下滑明显

从表4-5和图4-5来看，东部地区长期以来是中国住宅开发投资的主要集聚地，房地产开发投资占比远高于其他三大地带。然而，随着中国房地产发展由总量严重短缺阶段逐渐转向总量供求基本平衡、空间性结构性矛盾凸显的新阶段，东部地区的住宅开发投资在全国的占比总体上逐渐下降，由2005年的60.74%下降到2014年的49.76%。中部地区和西部地区城市的房地产开发投资在全国房地产格局中的地位近年来逐步

提升，房地产开发投资的全国占比在 2011 年以来逐年增加。与以上三大地带明显不同的是，受东北地区经济下滑的影响，东北地区城市的房地产开发投资在全国的占比明显下降，2014 年为 9.77%，比 2013 年低出 2.89 个百分点。由住宅开发投资额反映的房地产供给在全国四大地带间分化明显。

表 4-5　中国四大地带城市住宅开发投资完成额全国占比（%）

年份	2005	2006	2007	2008	2009	2010	2011	2012	2013	2014	2015	2016
东部地区	60.74	56.86	54.66	53.33	49.14	49.96	50.43	48.57	48.57	49.76	51.95	54.53
东北地区	9.19	10.53	10.99	12.50	13.10	12.38	13.51	13.69	12.66	9.77	6.80	4.43
中部地区	14.57	15.23	15.43	14.88	17.31	17.80	16.84	16.91	17.79	18.90	19.66	19.66
西部地区	15.50	17.37	18.91	19.29	20.46	19.85	19.22	20.84	20.97	21.57	21.59	21.38
变异系数	0.83	0.74	0.69	0.66	0.57	0.59	0.59	0.55	0.56	0.60	0.66	0.73

注：样本城市为全国 285 个地级及以上城市。

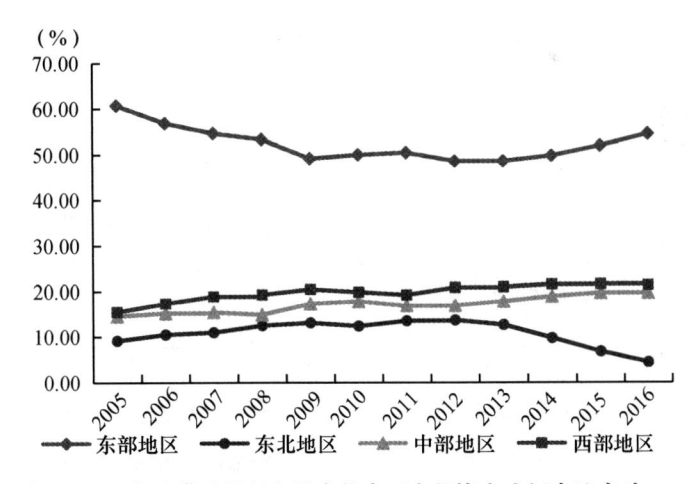

图 4-5　四大地带地级以上城市住宅开发投资完成额占比变动

（三）住房价格：东部地区城市与其他三大地带城市间分异突出

从表 4-6 和图 4-6 来看，四大地带城市商品住房价格平均值的差异主要体现在东部地区和其他三大地区城市间。2005—2016 年间，中部、西部和东北地区房价平均水平及增长变动总体上差别不大，在 2011—

2016年间几乎在接近相同绝对水平的情况下同步攀升。东部地区城市房价均值总体保持快速攀升态势，与其他三大地带形成明显的"剪刀差"趋势。住房价格的区域空间分布差异集中呈现了中国房地产市场具有明显的区域特征。

表4-6 中国四大地带城市商品住宅价格均值变动（单位：元/平方米）

	2005	2006	2007	2008	2009	2010	2011	2012	2013	2014	2015	2016
东部地区	2459	2859	3523	3826	4535	5538	6103	6333	6826	6942	7268	8015
东北地区	1597	1704	1964	2276	2543	2999	3393	3456	3739	3892	4018	4106
中部地区	1328	1514	1813	2020	2348	2730	3220	3497	3810	3975	4131	4338
西部地区	1298	1499	1749	1990	2325	2782	3251	3496	3767	3885	3979	4084
变异系数	0.27	0.29	0.32	0.29	0.31	0.34	0.31	0.30	0.30	0.29	0.29	0.33

注：样本城市为全国285个地级及以上城市。

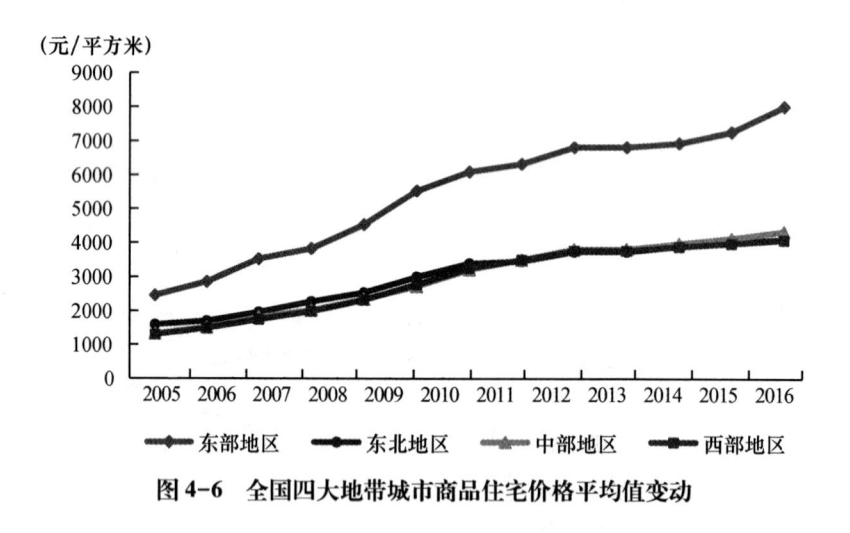

图4-6 全国四大地带城市商品住宅价格平均值变动

二 城市群之内与城市群之外

（一）供求方面：城市群内外住房供求空间错配加剧

城市群是中国城镇化的主体形态，是房地产市场发展的重要空间依托。为考察城市群之内城市和城市群之外城市间房地产市场的空间分异状况，根据现有研究和规划中常用的中国各级各类城市群及其具体范围，将考察对象划分为城市群内城市和非城市群城市即城市群外城市（地区）两类，并分别进行定量测度发现，城市群内住房销量占比大于住宅开发投资，城市群外住宅开发投资占比大于住宅销量占比。从图 4-7 来看，2005—2016 年，全国 25 个城市群①内 177 个地级及以上城市集中了全国 70% 以上的商品住宅销量。城市群之外城市或地区的住房销量占比相对较小，但近年来呈现缓慢扩大之势，由 2009 年的 19.17% 扩大到 2016 年的 28.01%。从图 4-7 来看，城市群内城市住宅开发投资在全国的占比在 2005—2016 年间总体呈现缩小趋势，由 2005 年的 75.53% 下降到 2016 年的 64.23%。相应地，城市群之外的城市或地区住宅开发投资在全国的占比保持整体增加，由 2005 年的 24.47% 扩大到 2016 年的 35.77%，11 年间在全国的占比增加了 11.30 个百分点，明显快于其住房销量的全国占比。

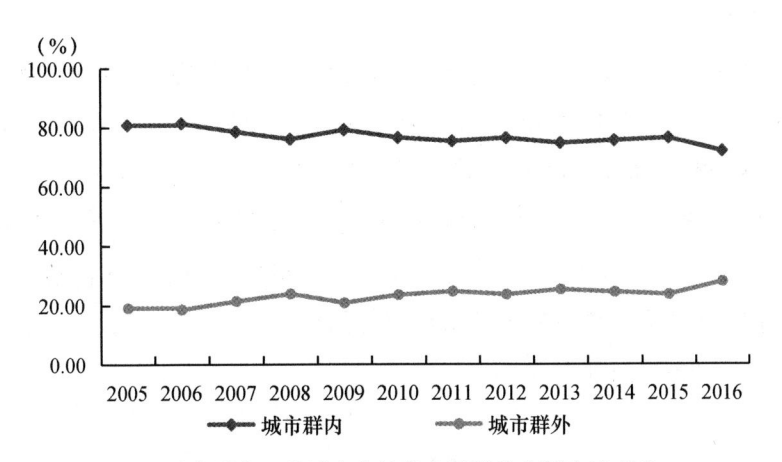

图 4-7 城市群内、外城市商品住宅销量的全国占比变动

---

① 全国 25 个城市群分别为京津冀城市群、太原城市群、呼包鄂城市群、辽中南城市群、长春城市群、哈尔滨城市群、长三角城市群、徐州城市群、浙东城市群、皖江淮城市群、海峡西岸城市群、环鄱阳湖城市群、山东半岛城市群、中原城市群、武汉城市群、长株潭城市群、珠三角城市群、琼海城市群、北部湾城市群、成渝城市群、黔中城市群、滇中城市群、关中城市群、兰西城市群、宁夏沿黄城市群，全国有 177 个地级及以上城市处于这 25 个城市群范围内。

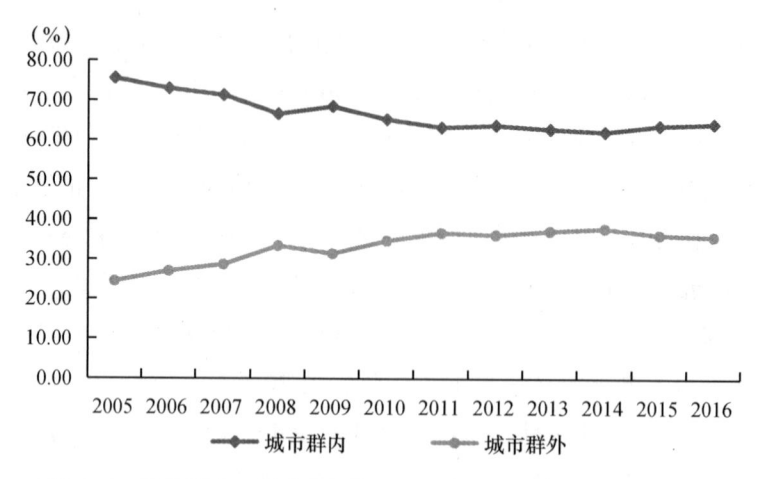

图4-8 城市群内、外城市住宅开发投资占全国的比重变动

（二）价格方面：城市群内房价均值与城市群外房价均值呈现缓慢扩大趋势

25个城市群内的地级及以上城市（177个）房价均值由2005年的1944元/平方米增长到2016年的6097元/平方米，城市群之外的城市（108个）房价均值则由2005年的1291元/平方米增加到2016年的4146元/平方米，二者之差由2005年的653（元/平方米）扩大到2016年的1951（元/平方米），呈现了城市群内和城市群外城市住房价格间差异逐步扩大的态势。城市群内外房价差异的扩大，充分展现了其住房供需矛盾程度的差异及加剧。

三 主要城市群及城市群之间

中国房地产市场在四大地带之间、城市群内外呈现出明显的空间分异，即使在城市群内部，房地产市场空间分异的状况也不尽相同。这里重点以全国十大城市群为例，主要从住房价格这一核心变量来呈现城市群之间房地产市场的分异特征与趋势。

在十大城市群中（见表4-7和图4-9），珠三角城市群、长三角城市群和海峡西岸城市群房价均值总体领先于其他七大城市群，且保持较快上升的趋势，表明这三大城市群内城市房价水平普遍较高；京津冀城市群房价均值位列十大城市群的中间水平,并保持连续攀升态势;山东半岛城市群和辽中南城市群城市房价均值相对接近,且平稳上升;中西部地区的长江中游城市群、中原城市群、成渝城市群和关中城市群房价均值在2005—2009年间在相对较低的水平上几乎保持同速度变动,但在2009年以后,其房价水平变动差异开始显现,尤其是以成都、重庆为双核的成渝城市群房价水平开始与中西部其他城市群拉开差距。这反映了不同城市群房地产市场区域空间分化的新动向。

表4-7　　中国十大城市群内城市商品住宅销售价格均值变动

(单位:元/平方米)

城市群	2005	2006	2007	2008	2009	2010	2011	2012	2013	2014	2015	2016
京津冀城市群	2368	2822	3647	3895	4546	5326	5571	5791	6433	6718	7545	8797
辽中南城市群	2044	2259	2600	2944	3238	3733	4101	4290	4555	4724	4795	4789
长三角城市群	3602	3967	4664	5041	6308	7902	8403	8543	9075	8753	9180	9785
海峡西岸城市群	2555	3342	4236	4579	5193	6276	7682	8080	8604	9088	9005	9403
山东半岛城市群	2057	2321	2664	2801	3286	3857	4403	4762	4973	5179	5351	5612
中原城市群	1375	1540	1909	2108	2328	2705	3034	3435	3810	3915	4195	4468
长江中游城市群	1173	1349	1707	1897	2393	2617	3110	3495	3727	3983	4335	4714
珠三角城市群	3453	4230	5792	5891	6491	8150	8993	8734	9785	10036	11322	14380
成渝城市群	1198	1407	1774	2102	2457	3068	3715	3991	4341	4346	4331	4376
关中城市群	1475	1720	1727	1960	2337	2712	3448	3650	3760	3701	3775	3801

结合国家统计局公布的2015年1月至2017年2月的数据,重点分析沪苏浙皖大长三角城市群内部情况,发现房价存在领先—滞后变动特征(见表4-8和图4-10)。从2015年初以来的房价变动来看,核心城市上海市的房价同比增速率先于2015年6月由负转正,随后距离上海相对较近的省会城市南京、杭州房价同比增速于两个月之后(8月份)开始转正。随着时间的推移,安徽省会合肥市的房价同比增速于同年10月开始转正。其余非省会城市的房价同比增速转正明显存在一定的滞后性。这在某种程度上呈现出城市群内城市间房价变动差异具有时间与空间上的关联性。

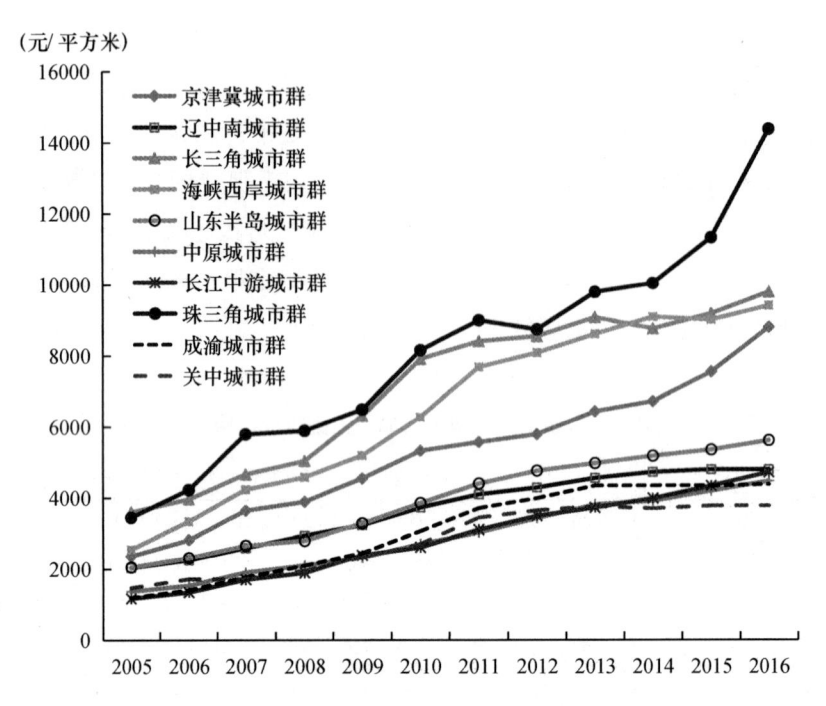

图 4-9　十大城市群内城市商品住宅销售价格均值变动情况

表 4-8　沪苏浙皖地区部分城市新建商品住宅销售价格同比增速变动情况（%）

月份	上海	南京	无锡	徐州	杭州	宁波	温州	合肥	蚌埠	安庆	变异系数
2015—01	-4.9	-3.1	-5.7	-4.8	-10.5	-6.2	-3.9	-2.6	-6.6	-6.5	-0.41
2015—02	-5.5	-3.6	-6.3	-5.5	-10.8	-6.8	-4.3	-3.4	-7.5	-6.7	-0.36
2015—03	-5.9	-4.0	-6.5	-5.5	-11.2	-6.9	-4.3	-3.8	-8.4	-6.7	-0.36
2015—04	-5.5	-4.1	-6.4	-5.4	-10.3	-6.6	-3.6	-4.0	-8.7	-6.7	-0.35
2015—05	-2.8	-4.0	-5.5	-4.7	-8.5	-5.4	-3.4	-3.8	-8.6	-6.4	-0.38
2015—06	0.2	-3.0	-4.6	-4.5	-5.6	-3.3	-2.6	-3.3	-8.4	-6.2	-0.56
2015—07	3.6	-1.0	-4.2	-4.4	-2.4	-1.2	-2.3	-2.2	-8.4	-5.0	-1.14
2015—08	6.5	1.5	-3.4	-2.8	0.3	0.1	-2.1	-1.5	-7.8	-4.2	-2.85
2015—09	9.7	3.2	-2.7	-1.8	2.1	1.0	-1.2	-0.4	-6.4	-2.9	72.69
2015—10	12.7	5.1	-2.3	-1.3	3.2	1.8	-0.1	0.2	-4.8	-2.3	4.06
2015—11	15.4	6.5	-1.4	-0.6	4.3	2.9	0.8	0.7	-4.3	-1.4	2.43
2015—12	18.2	7.9	-1.5	-0.5	5.8	3.6	1.8	1.4	-4.2	-1.0	2.03

续表

月份	上海	南京	无锡	徐州	杭州	宁波	温州	合肥	蚌埠	安庆	变异系数
2016—01	21.4	10.8	-0.4	-0.1	7.1	4.6	2.8	3.3	-4.0	-0.7	1.63
2016—02	25.1	14.1	0.2	0.7	8.9	5.5	3.5	6.0	-3.5	-0.8	1.42
2016—03	30.5	17.8	2.4	1.2	11.9	7.2	4.2	11.2	-1.8	0.0	1.17
2016—04	34.2	22.6	5.3	2.0	14.8	8.3	3.7	17.6	-0.8	0.7	1.04
2016—05	33.8	27.1	6.9	2.9	17.0	8.9	3.6	23.3	0.2	1.0	0.96
2016—06	33.7	31.5	9.7	3.3	17.4	8.9	3.2	29.1	0.7	1.6	0.94
2016—07	33.1	34.9	12.9	4.0	19.1	9.0	3.2	34.0	2.2	1.9	0.90
2016—08	37.8	38.8	18.5	4.3	22.2	9.6	3.2	40.5	3.7	3.4	0.87
2016—09	39.5	43.0	28.1	5.4	28.2	11.3	4.6	47.0	5.8	4.4	0.80
2016—10	37.4	44.4	34.5	7.2	31.5	12.5	5.0	48.6	6.8	5.2	0.75
2016—11	34.8	42.8	35.3	8.9	30.1	12.6	4.7	47.6	8.3	6.7	0.71
2016—12	31.7	41.0	35.7	9.6	28.6	12.2	4.7	46.5	9.2	7.6	0.69
2017—01	28.3	37.3	34.6	10.1	27.6	11.2	4.5	44.2	9.8	7.7	0.67
2017—02	25.0	33.5	34.0	10.6	25.6	10.8	4.6	40.7	10.9	8.8	0.63
2017—03	19.8	28.9	31.8	10.5	23.0	10.0	4.6	34.7	10.2	9.2	0.59
2017—04	15.4	23.2	28.4	10.8	19.5	9.8	5.7	27.3	11.7	9.9	0.49
2017—05	12.9	18.2	26.5	11.8	16.3	9.7	6.9	20.9	14.7	9.7	0.40
2017—06	10.0	13.6	22.9	13.6	14.6	10.0	7.8	15.4	16.7	9.4	0.33
2017—07	8.4	9.6	19.7	13.3	11.9	9.5	8.6	11.0	17.0	8.1	0.33
2017—08	3.2	5.0	13.7	13.2	8.2	8.5	8.0	5.8	15.2	7.1	0.45
2017—09	-0.1	1.4	4.9	12.1	2.2	6.3	6.4	1.0	13.2	7.1	0.84
2017—10	-0.3	-1.1	-0.3	10.8	-0.9	5.0	6.2	-0.6	11.1	6.8	1.34
2017—11	-0.3	-1.5	-1.3	9.8	-0.6	4.7	6.5	-0.3	9.8	5.4	1.41
2017—12	0.2	-1.4	-1.1	9.3	-0.6	5.1	6.7	-0.2	8.8	5.2	1.33
2018—01	-0.2	-2.0	-2.7	8.3	-1.0	6.2	7.2	-0.3	8.4	5.7	1.54
2018—02	-0.6	-1.5	-1.2	9.8	-0.5	6.0	7.1	-0.3	7.6	5.3	1.38
2018—03	-0.3	-1.7	-1.6	10.0	-0.4	5.5	6.5	-0.4	7.0	3.9	1.49
2018—04	-0.2	-1.6	-2.0	9.5	-0.3	5.6	5.0	-0.6	4.7	2.5	1.69
2018—05	-0.4	-1.6	-2.3	9.1	-0.1	4.8	3.6	-0.3	1.5	2.2	2.09
2018—06	-0.2	-1.8	-2.2	7.8	0.3	4.2	3.1	-0.2	-0.8	3.0	2.38
2018—07	-0.2	-1.9	-0.8	9.8	1.1	4.8	2.3	0.1	0.1	3.9	1.81
2018—08	-0.2	-1.6	2.9	13.0	1.9	6.6	3.2	1.8	2.3	5.8	1.15
2018—09	-0.2	-1.3	3.6	13.9	2.4	7.1	3.4	2.9	4.3	6.5	1.00
2018—10	-0.4	-1.0	4.4	15.5	3.7	6.9	3.0	3.5	5.5	8.5	0.95
2018—11	0.1	0.8	5.6	16.6	4.4	6.7	2.2	3.8	6.8	9.1	0.85

续表

月份	上海	南京	无锡	徐州	杭州	宁波	温州	合肥	蚌埠	安庆	变异系数
2018—12	0.4	0.7	5.2	17.6	5.6	6.1	1.9	4.2	7.7	9.0	0.86
2019—01	0.9	1.7	6.1	18.0	6.0	6.2	1.5	4.8	7.9	9.0	0.80
2019—02	1.5	1.8	6.1	18.2	6.6	6.7	1.8	6.0	7.6	8.9	0.75
2019—03	1.2	2.3	7.3	17.8	6.6	7.6	2.8	6.7	8.2	10.0	0.67
2019—04	1.5	3.0	7.7	17.8	7.7	7.1	2.9	7.4	8.8	10.4	0.62
2019—05	1.7	4.0	9.3	17.7	8.5	7.8	3.5	7.4	9.3	11.2	0.56
2019—06	2.0	4.3	10.4	18.2	9.1	8.4	3.0	7.7	10.2	10.3	0.56
2019—07	1.9	5.7	9.7	16.9	8.8	8.2	2.9	7.8	8.6	9.7	0.52
2019—08	2.2	5.4	6.9	14.1	8.2	7.2	2.6	6.9	6.8	7.7	0.48

注：灰色代表各城市在2015年年中以来的房地产市场回暖中新建商品住宅价格同比增长率首次转正的月份。

数据来源：国家统计局。

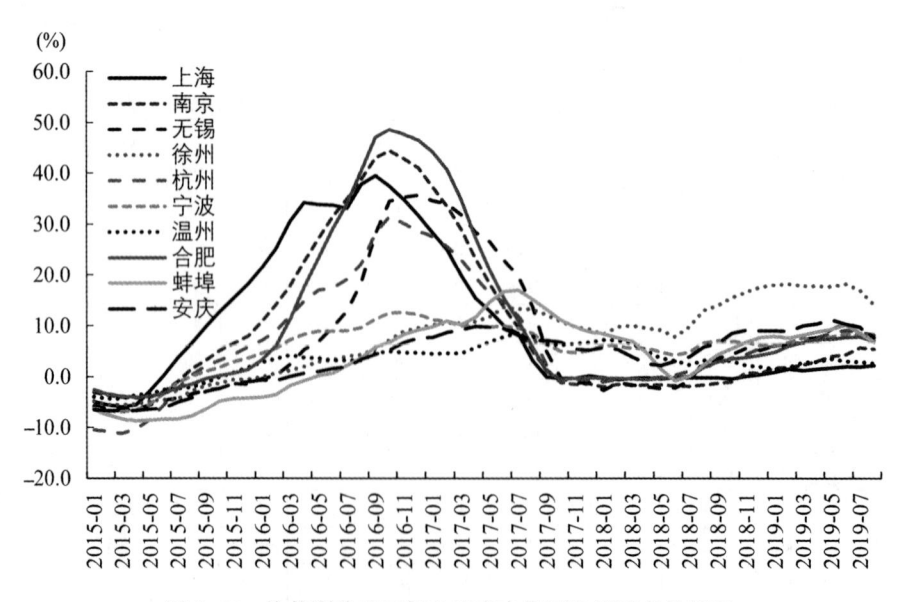

图4-10　沪苏浙皖地区部分城市房价同比增速变动情况

资料来源：根据国家统计局数据整理绘制。

中国房地产发展告别住房总量严重短缺，进入结构性过剩与结构性短缺并存时代后，城市间房地产市场出现明显的空间分异。从最新一轮房地产上升周期中的房价回暖特征来看，不同地区、不同城市群、不同层级城市间的住房价格水平以及上涨幅度差异明显。根据2014年1月至2016年9月中国指数研究院的全样本调查数据，自从2014年9月百城价格指数月度环比增幅跌至谷底-0.92%以来，在历经了一个长期的震荡期之后，月度环比增幅在2015年5月开始由负转正，同年8月增幅达到2.83%，为该段时间的最高涨幅。从同比来看，百城住宅均价在经历连续十个月同比下跌后，于2015年8月止跌反弹0.15%。此后持续攀升，2016年9月同比涨幅扩大至16.64%，总体呈现"U形"攀高态势。在全国70个大中城市中，2016年1月至9月，新建商品房与二手房同比价格上涨的城市数量逐月增多。其中8月，新建商品房同比最高涨幅为44.3%，最低为下降3.8%；二手住宅价格同比最高涨幅为46.9%，最低为下降4.4%。从层级上看，2015—2016年70个大中城市中，一、二、三线城市的房价都经历了一个"U形"波动爬升过程。而且，不同层级城市的房价波动存在很大差异，空间分化十分突出。其中，一线城市房价大幅、快速上涨，尽管2016年4月后涨幅略有收窄，但仍然在高位运行；二线城市涨幅则持续扩大，呈现加快攀升势头；三线城市涨幅平缓，与一二线城市差异明显（见图4-11）。

从空间上看，东部地区重点和热点城市、都市圈及周边全面升温，个别城市房价快速攀升；中部、西北、西南地区个别城市升温与多数城市下降并存，其中，西部地区的成都、南宁、重庆、西安等城市房价小幅攀升，中部地区的合肥、武汉、长沙、郑州等省会城市房价同比增速迅猛；东北地区城市房价升温相对较慢。不同地区、不同类型城市住宅均价与全国商品住宅销售均价的变动幅度及趋势差异表明，中国房地产市场进入空间结构性调整加快新阶段后，不同空间尺度上的房地产市场运行将变得更为复杂。

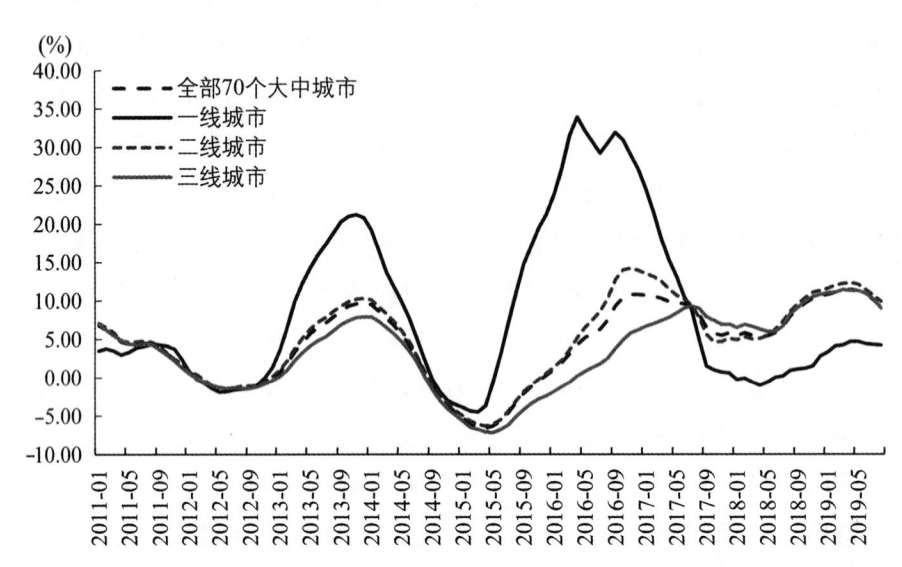

图 4-11　70 个大中城市中一、二、三线城市新建商品住宅价格同比上涨率变动情况

资料来源：根据中指系统相关数据和 Wind 资讯整理。

第 五 章

中国房地产市场区域空间分异动力机制实证检验

中国具有典型的"不均质"大国的特征。在非均质的地理基础和特定制度政策环境下，一方面，中国的工业化、城镇化、市场化和全球化进程具有空间非均衡性，先行发达地区与欠发达地区在工资收入水平、人口吸纳集聚能力等方面存在较大差异；另一方面，随着交通条件的大幅改进，特别是以高速铁路为骨架的快速交通网建设，不同地区和城市间互动性逐步增强。这些因素相互作用，将共同推动中国房地产空间格局的调整与演变，本部分将重点利用计量经济学方法对此进行检验和分析。

第一节 计量模型设定

基于本书构建的大国房地产市场空间均衡理论模型，并结合中国的现实国情和实际状况，利用全国地级及以上城市住房价格等数据，建立融合交通时间距离在内的面板数据计量模型，以进行实证检验，模型具体形式设定如式 5-1 所示：

$$hp_{it}=\beta_0+\beta_1 T_{it}+\beta_2 INC_{it}+\beta_3 PEOP_{it}+\beta_4 MON_{it}+\beta_5 LANP_{it}$$
$$+\beta_6 HS_{it}+\beta_7 CON_{it}+\mu_i+\varepsilon_{it} \tag{5-1}$$

各变量下标 i 代表城市，t 代表年份，被解释变量 hp_{it} 为 i 城市 t 期的商品住宅平均销售价格。解释变量包括交通时间距离、居民收入、人口规模、金融信贷、土地价格、住房供给以及其他控制变量等，分别用 T、INC、PEOP、MON、LANP、HS 和 COM 表示。具体变量内涵如下。

1. 交通时间距离。用城市间最短的交通出行时间距离来表示，并从全域和局域两个空间尺度进行刻画。具体而言，(1) 引入各城市到最近的全国层面经济中心城市（北京、上海、广州、深圳）的最短交通时间距离（tbsgs）。本书之所以定义北京、上海、广州和深圳作为全国层面的经济中心城市，原因在于：改革开放以来，资源和人口不断向优势地区集聚过程中形成的全国非均衡发展格局并非由单一中心城市所主导。基于中国地级及以上城市综合（规模）体系以及空间联系自下而上逐级归并的结果表明，中国这样一个地域广袤、人口众多的巨型国家存在的是以北京、上海、广州等为中心城市的多中心空间结构（倪鹏飞，2016）[1]。早在中国住房货币化改革开启时的1998年，北京、上海、广州和深圳（简称北上广深）四个城市就已在经济总量（GDP 规模）上位列中国大陆城市前四位，且其在岗职工平均工资收入水平处于全国所有省会城市和计划单列市的前列。(2) 引入各城市到最近的高行政等级大城市（直辖市、副省级城市或省会城市）的最短交通时间距离（tcap），以捕捉中国城市住房价格及经济活动的局域分布与演变特征。在此基础上，结合本书的理论命题，并参照多布金斯（Dobkins）、伊奥尼德斯（Ioannides）[2]、许政等[3]做法，在模型中加入各城市到全国经济中心城市最短交通时间距离的二次项（tbsgs2）、三次项（tbsgs3）以及到高行政等级大城市最短交通时间距离的二次项（tcap2）和三次项（tcap3），以捕捉交通时间距离变量带来的非线性影响。与郑思齐（Zheng）、卡恩（Kahn）[4]，王雨飞和倪

---

[1] 倪鹏飞：《中国城市竞争力报告 No.14——新引擎多中心群网化城市体系》，中国社会科学出版社 2016 年版。

[2] Dobkins, L. H., Ioannides, Y. M., "Spatial Interactions among U. S. Cities: 1900-1990", *Regional Science and Urban Economics*, Vol. 31, No. 6, 2001, pp. 701-731.

[3] 许政、陈钊、陆铭：《中国城市体系的"中心—外围模式"》，《世界经济》2010 年第 7 期，第 144—160 页。

[4] Zheng, S. Q., Kahn, M. E., "China's Bullet Trains Facilitate Market Integration and Mitigate the Cost of Megacity Growth", *Proceedings of the National Academy of Sciences of the United States of America*, No. 5, Vol. 110, 2013, pp. 1248-1253.

鹏飞[1]、董艳梅和朱英明[2]研究中有关变量的设定不同,本书的交通时间距离数据采用时空维度可变动的面板数据,这样处理不仅有助于观察交通条件改善对时空距离压缩的渐进影响,还能呈现中国房地产空间格局的动态特征。

2. 居民收入。用城镇居民人均可支配收入（y）表示。该指标与一个地区的经济发展程度及工资收入水平密切相关,不仅能够度量居民可自由支配的收入状况,还将反映城市间收入差异以及人口流动作用下的空间均衡过程。此外,后文将选取城市在岗职工平均工资指标来度量居民收入并进行稳健性检验。

3. 人口因素。鉴于现有的公开资料缺乏地级市常住人口的完整、连续统计数据,这里用城区常住人口（$upop$）数据表示影响住房价格的人口因素,并用以刻画城镇化过程中城市的吸引、集聚能力。

4. 金融信贷。金融信贷支持是住房价格上涨的重要推手。考虑到样本期内中国总体宽松的货币政策环境,以及多轮房地产调控中对贷款利率调整等政策影响,这里选取城市人均金融机构年末贷款余额（$loan$）来反映信贷规模和融资约束的强弱。同时,该变量的引入可以控制房价中可能存在的部分泡沫成分。

5. 土地价格。限于数据的可获得性,这里用各城市国有建设用地出让成交价款除以出让面积,即土地出让价格（$landp$）来表示影响住房价格水平的主要成本因素。

6. 住房供给。参考王洋等[3]、丁如曦和倪鹏飞[4]的做法,选取有效新增商品住宅供应面积,即城市建成区地均（单位土地面积上）商品住宅销售量（hs）来度量。该变量的预期符号为负。

---

[1] 王雨飞、倪鹏飞:《高速铁路影响下的经济增长溢出与区域空间优化》,《中国工业经济》2016年第2期,第21—36页。

[2] 董艳梅、朱英明:《高速铁路建设能否重塑中国的经济空间布局——基于就业、工资和经济增长的区域异质性视角》,《中国工业经济》2016年第10期,第92—108页。

[3] 王洋、王德利、王少剑:《中国城市住宅价格的空间分异格局及影响因素》,《地理科学》2013年第33卷第10期,第1157—1165页。

[4] 丁如曦、倪鹏飞:《中国城市住房价格波动的区域空间关联与溢出效应——基于2005—2012年全国285个城市空间面板数据的研究》,《财贸经济》2015年第6期,第136—150页。

7. 其他控制变量。(1) 预期因素。商品住房除了作为消费品外，还具有投资品的属性，会受到预期与投机因素的影响（况伟大，2010）①。这里用滞后一期住房价格上涨率（ghp）来控制预期因素的影响。(2) 城市品质因素。通过影响住房需求进而作用于住房价格，这里主要引入城市高等学校数量（nuc）、城市建成区绿化覆盖率（gcr）等指标进行衡量。(3) 气候气温因素，将通过影响移民或劳动供给来影响住房价格（Kim and Rous，2012②；陆铭等，2014③）。考虑到中国地域广袤，不同地区尤其是南北方气候与气温条件差异明显的事实，以"秦岭—淮河"南北分界线④为基准，通过定义南方城市的地理气候虚拟变量（cli）来衡量气候因素的影响。(4) 地区虚拟变量。加入中部地区（central）、东北地区（northeast）和西部地区（west）的虚拟变量，以控制不可观测的地区因素的影响。

将以上变量引入模型的过程，对 hp、y、upop、loan、landp、nuc 等取自然对数，以抑制变量可能存在的异方差问题。基本计量模型形式如式 5-2 所示：

$$\begin{aligned}\ln hp_{it} =& \beta_0+\beta_1 tbsgs_{it}+\beta_2 tbsgs2_{it}+\beta_3 tbsgs3_{it}++\beta_4 tcap_{it}\\&+\beta_5 tcap2_{it}+\beta_6 tcap3_{it}+\beta_7 \ln y_{it}+\beta_8 \ln upop_{it}\\&+\beta_9 \ln landp_{it}+\beta_{10}\ln loan_{it}+\beta_{11} hs_{it}+\beta_{12}ghp_{it-1}\\&+\beta_{13}\ln ncu_{it}+\beta_{14}gcr_{it}+\beta_{15}cli_i+\beta_{16}west_i\\&+\beta_{17}central_i+\beta_{18}northeast_i+\mu_i+\varepsilon_{it}\end{aligned} \quad (5-2)$$

第二节 数据来源说明

中国地级及以上城市商品住宅价格等统计数据始自 2005 年，因此本

---

① 况伟大：《预期、投机与中国城市房价波动》，《经济研究》2010 年第 9 期，第 67—78 页。
② Kim, Y. S., Rous J., "House Price Convergence: Evidence from US State and Metropolitan Area Panels", *Journal of Housing Economics*, Vol. 21, No. 2, 2012, pp. 169-186.
③ 陆铭、欧海军、陈斌开：《理性还是泡沫：对城市化、移民和房价的经验研究》，《世界经济》2014 年第 1 期，第 30—54 页。
④ "秦岭—淮河"分界线不仅是中国南北分界线，还是中国 800 毫米等降水量分界线、亚热带季风气候和温带季风气候分界线和中国 1 月份均温 0℃分界线。

书的样本为 2005—2013 年中国内地 283 个地级及以上城市的面板数据。[①] 其中,研究所需的商品住宅平均销售价格(销售额除以销售面积)、城镇居民人均可支配收入数据均来自《中国区域经济统计年鉴》。

交通时间距离采用样本城市到北京、上海、广州、深圳以及高行政等级大城市之间的最短交通时间距离。在具体计算过程中,由于人们出行涉及多种交通工具,因此本书在确定对应城市间最短交通时间距离时引入并综合了多种交通工具。

计算对应城市间普通公路、高速公路和普通铁路出行的最短时间距离,方法是将城市间三种交通工具的运营里程分别除以对应交通方式的平均速度。在不同等级交通方式的出行平均速度设定上,根据中国《公路工程技术标准》(JTG B01-2003),按普通道路时速为 60 千米/小时、高速公路时速为 100 千米/小时计算。考虑到计算上的方便,将历经数次全国铁路大提速后,普通铁路的运行时速在 2005 年、2006 年、2007 年及以后分别设定为 110 千米/小时、120 千米/小时和 140 千米/小时。交通运营里程数据根据国家基础道路和铁路网络资料搜集整理。

按照各年份中国高速铁路开通运营线路、沿线设站城市名单和《全国铁路旅客时刻表》等信息,逐个计算对应城市间高速铁路出行的最短时间距离。

选取上述三种交通出行方式得到的最小值作为本书样本城市各年对应的交通时间距离值。

金融机构年末贷款余额、城区人口规模、高等学校数量、建成区绿化覆盖率等数据来源于 2006—2014 年的《中国城市统计年鉴》和《中国城市建设统计年鉴》。土地价格数据来源于历年《中国国土资源统计年鉴》。其中,针对部分城市在个别年份的缺失值和异常值问题,用均值插值法进行处理;对于数据原值中有 0 且须取对数的变量,则采用原值加 1 再取对数的方法。此外,住房价格、城镇居民可支配收入等价值变量均处理为经相应省区城市部门消费者物价指数(CPI)调整并以 2003 年为

[①] 由于被琼州海峡隔断,海南省与国内其他地区的交通连接要涉及渡轮运送。为了保持陆路交通时间距离计算口径的一致性,本书的 283 个样本城市不包括海南省的海口市和三亚市。

基期的实际值。物价指数数据来源于历年的《中国统计年鉴》。

第三节 估计方法选取

内生性是在实证分析中经常遇到的问题。在研究中,内生性主要来源于两个方面:一是解释变量遗漏。在现实生活中,影响城市住房价格的因素非常广泛,其中一些因素无法通过直接观察得到,另外一些因素即便能够观察得到却很难获得数据,从而在实际建模过程中无法将影响住房价格的解释变量全部列出,导致遗漏变量的影响就被纳入误差项,进而违反外生性条件。为了尽可能降低遗漏变量的影响,本书在建模过程中引入包括经济、人口、地理、气候等因素在内的多种类型控制变量,以最大程度降低遗漏关键变量的可能,得到渐进无偏的估计结果。二是关键解释变量与被解释变量的双向因果影响。城市间最短交通时间距离的显著变动与高速铁路建设密切相关,在交通基础设施建设过程中,国家铁路建设规划管理部门并不是随机选择哪些城市开通高速铁路,而是基于地区的经济社会发展、交通战略地位等多条件综合考虑,因而高速铁路建设多是内生于区域经济发展过程之中[1],从而使得高速铁路建设与区域经济发展和城市住房价格水平互为因果。这使得在不考虑内生性问题时得到的回归结果不仅有偏,而且是不一致的。[2]

为了克服内生性偏误,得到无偏且一致的回归结果,本书引入了面板数据的工具变量估计方法。基于有效的工具变量,必须满足既与内生变量有高度相关性,又在回归中具有足够外生性的要求。这里引入如下变量作为最短交通时间距离的工具变量:(1) 城市间最短地理距离变量。原因是,交通基础设施是依托地理空间的一种物质形态,城市间的最短

---

[1] Zheng, S. Q., Kahn, M. E., "China's Bullet Trains Facilitate Market Integration and Mitigate the Cost of Megacity Growth", *Proceedings of the National Academy of Sciences of the United States of America*, Vol. 110, No. 5, 2013, pp. 1248–1253.

[2] 陈强:《高级计量经济学及 Stata 应用》(第 2 版),高等教育出版社 2014 年版。

地理距离与城市间的最短交通时间距离存在较强的相关性，同时地理距离①是一个严格的外生变量。（2）各样本城市 1996—2004 年的年度铁路客运总量。该变量可以衡量一个城市在全国铁路交通系统中的地位，以及开通高速铁路的可能。一般来说，城市的铁路客运总量越大，表明城市在全国铁路交通系统中的地位越重要，其面临的铁路客运运能与运力矛盾越突出，从而该城市优先实现提速与开通高速铁路的可能性也越大，因而该变量与最短交通时间距离密切相关。同时，由于采用的是历史数据，满足外生性要求。

第四节 回归结果分析

一 全样本回归结果

借助 STATA 12.0 软件，采用面板数据两阶段最小二乘估计方法（G2SLS）对本书中的变量参数进行估计。全样本回归结果如表 5-1 所示。

表 5-1　　　　　　　　　　全样本回归结果

模型 变量	（1） lnhp	（2） lnhp	（3） lnhp	（4） lnhp
$tbsgs$	-0.0052***	-0.0155***	-0.0358***	-0.0351***
	(-3.43)	(-4.22)	(-4.79)	(-4.74)
$tbsgs2$		0.0004***	0.0026**	0.0026***
		(2.73)	(3.47)	(3.37)
$tbsgs3$			-0.00006***	-0.00006***
			(-2.91)	(-2.83)
$tcap$	0.0063	-0.0381***	-0.0291**	-0.0723**
	(1.29)	(-2.73)	(-1.97)	(-2.04)
$tcap2$		0.0100***	0.0072**	0.0282*
		(3.24)	(2.13)	(1.70)

---

① 地理距离数据是根据国家基础地理信息系统中 1∶400 万中国地形数据库整理得到的。

续表

模型 变量	(1) lnhp	(2) lnhp	(3) lnhp	(4) lnhp
$tcap3$				−0.00249
				(−1.23)
ln$y$	0.2860***	0.2840***	0.3030***	0.3180***
	(9.55)	(9.34)	(9.71)	(9.44)
ln$upop$	0.0281***	0.0237***	0.0210***	0.0194**
	(3.64)	(3.01)	(2.65)	(2.42)
ln$landp$	0.1250***	0.1300***	0.1280***	0.1270***
	(18.02)	(18.27)	(17.76)	(17.58)
ln$loan$	0.1900***	0.1780***	0.1740***	0.1710***
	(25.7)	(21.96)	(21.40)	(20.34)
ghp	0.0027***	0.0026***	0.0026***	0.0026***
	(8.56)	(8.45)	(8.20)	(8.30)
hs	−0.0104**	−0.0113***	−0.0118***	−0.0113***
	(−4.89)	(−5.24)	(−5.41)	(−5.14)
lnnuc	0.0419***	0.0397***	0.0424***	0.0386***
	(5.70)	(5.21)	(5.51)	(4.73)
gcr	−0.0013***	−0.0011**	−0.0009*	−0.0008
	(−2.82)	(−2.36)	(−1.75)	(−1.58)
cli	0.0972***	0.0948***	0.0877***	0.0856***
	(11.21)	(10.81)	(9.63)	(9.21)
地区	控制	控制	控制	控制
年份	控制	控制	控制	控制
常数项	2.4950***	2.6839***	2.5877***	2.5017***
	(9.93)	(10.41)	(9.90)	(9.20)
R_sq	0.8871	0.8923	0.8917	0.8924
Wald 统计量	15507.4300***	17946.4400***	17867.5200***	18005.5200***
Sargan-Hansen 统计量	1.5910	1.8310	2.2380	2.1150
N	2547	2547	2547	2547

注：括号内为 t 检验值；*、**、*** 分别表示在10%、5%、1%水平上显著。
资料来源：笔者利用 STATA 软件计算得到。

从表 5-1 可以看出，模型（1）、（2）、（3）、（4）中 Wald 统计量在 1% 的显著性水平上拒绝了所有解释变量系数均为 0 的原假设，表明模型的整体回归效果优良。Sargan-Hansen 过度识别检验接受了原假设，进一步证实模型中的工具变量是有效的，说明参数的工具变量估计结果可靠。其中，模型（1）仅考虑了交通时间距离一次项的影响，模型（2）加入了交通时间距离二次项，模型（3）和（4）进一步纳入交通时间距离三次项。回归结果显示：在模型（1）中，变量 $tbsgs$ 的估计系数为负，与住房价格关于距离的一阶偏导数符号为负的推论是相符的，这意味着样本期内中国全国层面城市住房价格随着到中心城市交通时间距离增加而总体衰减。在加入交通时间距离变量二次项、三次项之后，模型（2）、（3）和（4）回归结果中有更多变量变得显著，尤其是在模型（1）中估计系数符号与预期不符的 $tcap$ 变量在随后 3 个回归模型中均显著为负，且随着距离二次、三次项的逐个加入，模型回归效果也有所提升。二次项、三次项的加入，有效捕捉了距离对中国住房价格和经济活动影响的非线性机制。从回归效果最优的模型（4）来看：第一，变量 $tbsgs$、$tbsgs2$、$tbsgs3$ 的估计系数分别为负、正、负，且都通过了 1% 显著性水平下的统计检验。这表明随着到全国经济中心城市交通时间距离的增加，城市实际住房价格水平呈现出先递减、后递增、再递减的空间分布形态。第二，变量 $tcap$、$tcap2$、$tcap3$ 的估计系数为负、正、负。其中，距离一次项、二次项的估计系数皆通过了显著性检验，说明城市实际住房价格与其到最近的高行政等级大城市的交通时间距离间存在非线性关系。但三次项不显著，很可能是由于距离三次项效应的发挥需要更广阔的空间范围（许政等，2010）[1]，而现实情况中到高行政等级大城市的时空距离不够远。

从模型（4）中剩余解释变量的估计结果来看，大多数变量的估计系数通过了 1% 或 5% 显著性水平下的统计检验。其中，居民收入变量（lny）的回归系数值最大，达到 0.32，表明样本期内城市间居民收入差

---

[1] 许政、陈钊、陆铭：《中国城市体系的"中心—外围模式"》，《世界经济》2010 年第 7 期，第 144—160 页。

异是造成住房价格差异的最重要原因，也意味着城市的实际住房价格包含着经济发展水平的影响。城区人口规模（$lnupeop$）对住房价格具有明显的正向影响，反过来，这也说明城市的住房价格水平在一定程度上反映了其人口集聚状况。银行信贷（$lnloan$）、土地价格（$lnlandp$）的估计系数表明，金融信贷和土地成本因素对城市住房价格也具有很强的解释力。住房供给（hs）的估计系数显著为负，说明城市有效新增住房供给能够对住房价格产生平抑作用。表征地理气候的南方城市虚拟变量（cli）的估计系数显著为正，由此说明中国南北方地理气候差异是房地产市场和住房价格区域分布差异的重要成因。

二 分时段回归结果

交通基础设施建设和区域经济空间格局调整具有动态性。2008年，中国第一条真正意义上的高速铁路——京津城际高速铁路开通，此后便进入高速铁路大规模建设运营时期。截至样本期末2013年底，全国高速铁路营业里程达到1.1万公里，是2008年的16.4倍；客运量达到5.3亿人，比2008年增加71.2倍。为了捕捉高速铁路开通前后中国区域经济空间格局调整的动态过程，进一步以2008年为时间节点，将样本期划分为两个时段，分别进行估计。结果显示（见表5-2），与2005—2007年相比，2008—2013年到全国经济中心城市的交通时间距离的一、二、三次项的估计系数在统计上变得显著，人口因素（$lnupop$）的估计系数显著增大。这说明，随着大规模高速铁路的建设和运营，中国房地产市场区域空间格局的重塑性调整逐渐显现和加强。

表5-2 分时段估计的结果（按高速铁路开通时间节点2008年划分）

变量	模型	(5) 2005—2007年	(6) 2008—2013年
$tbsgs$		-0.0290**	-0.0359***
		(-2.47)	(-2.72)
$tbsgs2$		0.0004	0.0036**
		(0.40)	(2.49)

续表

变量 \ 模型	(5) 2005—2007 年	(6) 2008—2013 年
$tbsgs3$	0.000006	-0.0001**
	(0.24)	(-2.42)
$tcap$	-0.0534	-0.1530**
	(-0.98)	(-2.56)
$tcap2$	0.0224	0.0628**
	(1.00)	(2.04)
$tcap3$	-0.0020	-0.0067
	(-0.81)	(-1.61)
$\ln y$	0.3450***	0.3150***
	(6.17)	(6.86)
$\ln upop$	0.0159	0.0548***
	(1.13)	(4.50)
其他变量	控制	控制
地区	控制	控制
年份	控制	控制
常数项	2.1040***	3.0380***
	(4.95)	(7.82)
R_sq	0.8693	0.8635
Wald 统计量	4414.6400***	8188.7700***
Sargan-Hansen 统计量	3.2630	0.2710
N	849	1698

注：括号内为 t 检验值；**、*** 分别表示在5％、1％水平上显著。
资料来源：笔者利用 STATA 软件计算得到。

图5-1更清晰地展现了中国全域范围内由城市实际住房价格呈现的房地产市场区域空间格局的调整过程。其中，横轴为到全国经济中心城市（北京、上海、广州、深圳）的最短交通时间距离，纵轴是基于总体回归结果中各变量估计系数而拟合出的城市实际住房价格对数值。通过绘制住房价格拟合对数值与最短交通时间距离的散点图，可以看出：随着到全国经济中心城市最短交通时间距离的增加，住房价格水平总体呈

现出"~形"变动特征,并随着时间的推进,变得愈加明显且缓慢收紧。具体而言,与期初相比,绝大多数样本城市在2011—2013年被纳入全国经济中心城市约15小时范围圈内,其中大约83%的城市被"拉近"到约10小时的出行圈中。若以2011—2013年"~形"散点图第一波谷对应的交通时间距离阈值(大约取7小时)为界,可以发现,在距离全国经济中心城市约7小时的范围内,随着最短交通时间距离的增加,城市实际住房价格总体水平逐步下降;在距离全国经济中心城市大约7小时以外,住房价格则随最短交通时间距离的进一步增加,经历先缓慢爬升、后逐渐下降的非线性变动过程。这意味着,由实际住房价格呈现的中国房地产市场的空间格局呈现出明显的"中心—外围"结构:到全国经济中心城市7小时以内的中心区和7小时以外的外围区。

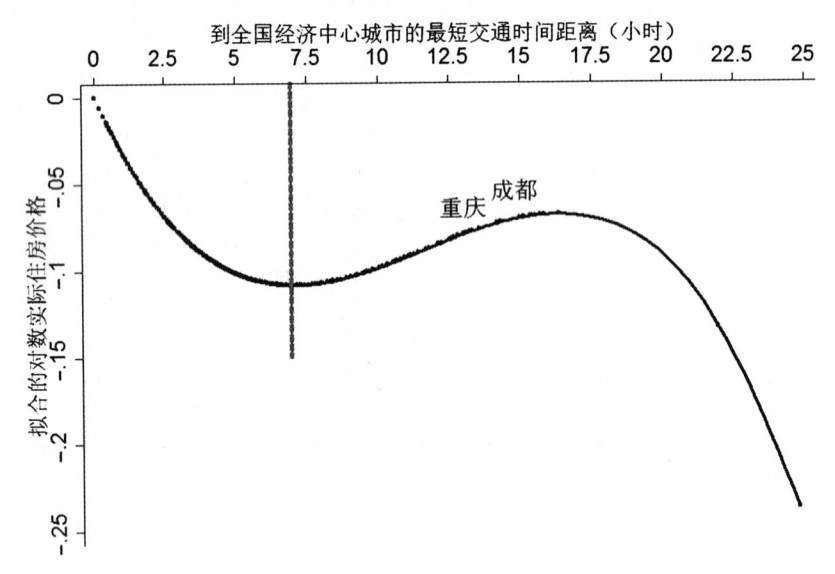

图5-1 拟合对数实际住房价格与交通时间距离的"~形"散点图
资料来源:笔者绘制。

进一步将城市名称与最短交通时间距离一一对应后发现,距离全国经济中心城市7小时以内的中心区涵盖绝大多数东部地区样本城市和中部地区样本城市,以及靠近东中部的个别西部和东北省区(主要是广西和辽宁）的城市。也就是说，这些城市正在逐渐具备与全国经济中心城市发生更快速出行与通勤联系的条件。总体来看，通过数据回归得到的最短交通时间距离阈值构成的经济空间边界，与东经110度附近中国地形第三阶梯与第二阶梯分界线，以及中国东中部与西部地区间的区域划分带大体重合（见图5-2）。它呈现了中国房地产区域空间格局演变的中心扩展及"东中一体"倾向，即中部地区城市逐渐被"拉入"全国经济中心城市的有效通勤、辐射圈内，东中部地区将共同构成中国房地产市场的扩展中心区。距离全国经济中心城市8小时以上、涵盖广大西部和东北城市的区域则成为中国房地产市场空间新格局中的外围区。与以实际房价呈现的东中部扩展中心区城市经济活动分布的密集成片化倾向不同，外围区出现的是分化倾斜、局部点团状分布格局（见图5-2右）。其中，重庆和成都等大城市出现在"~形"散点图第一波谷后的上升区间高值处，而成都几乎处于第二波波峰的位置。也就是说，全国住房价格梯度线在该区域出现了明显的局部隆起性分异。这一发现在统计数据上得到部分印证。比如，作为西部地区住房价格平均水平最高的城市，成都2013年的名义住房价格为6711元/平方米，虽略低于东部城市的住房价格均值（6826元/平方米），但远高于中部地区（3810元/平方米）和东北地区（3739元/平方米）城市住房价格的均值水平。事实上，作为远离中国沿海经济中心的内陆大型及以上城市，成都、重庆等城市在经济发展、人口集聚等方面具有周边和内陆大多数城市难以企及的领先优势。重庆、成都分别于2011年和2014年进入全国"万亿GDP"城市的行列，培育并形成较强的区域经济竞争力和人口吸纳能力。以成都市为例，第六次人口普查数据显示，成都常住人口1405万人，其中净流入人口（常住人口减户籍人口）达262万人，净流入人口规模仅次于上海、深圳、北京、东莞、广州、苏州、佛山和天津等8个东部城市。这表明，在中国房地产市场空间重塑过程中，远离沿海经济中心的外围地区正在出现分化性倾斜发展。像成都和重庆等拥有突出竞争优势和本地吸引力的大型及以上城市，很有可能发展成为中国经济空间的新中心和房地产发展的新高地。

从实际住房价格水平呈现的局域房地产市场空间格局演变来看，根

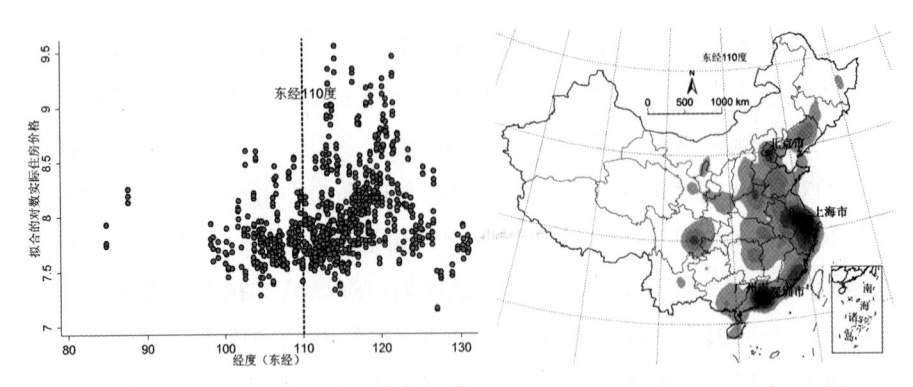

图 5-2　城市实际住房价格呈现的中国房地产市场区域空间分异格局示意图

注：上图右半部分是由 2013 年地级及以上城市实际住房价格的核密度分布呈现的经济活动分布示意图。颜色越深，表示实际住房价格水平越高，经济活动越集中。

资料来源：笔者绘制。

据表 5-2 模型（6）的估计结果进行拟合发现：平均而言，在距离高行政等级大城市 1—1.5 小时行程以内的区域，住房价格随着最短交通时间距离的增加而递减。这呈现了"1 小时经济圈"内城市住房价格的距离衰减特征，也呈现出都市圈和城市群"同城化"过程中房地产空间拓展的新动向。当交通时间距离突破门槛值后，实际住房价格水平则出现了先升后降的非线性变动过程，但总体上低于高行政等级大城市。这意味着，伴随快速交通条件下中国城市经济发展和区域格局的演变，局部房地产市场呈现出以高行政等级大城市为引领的空间集聚发展特征，房地产市场的都市圈、城市群化发展特征将会越来越明显。究其原因，主要有两点：一是中国独特的城市行政体制因素的影响。在中国现行体制下，直辖市、副省级城市和省会城市与一般性地级市相比具有明显的行政级别优势，在行政职权、税收分配、公共资源供给等方面存在差别，由此造成中国市级行政区之间在就业机会、居住环境、公共资源数量和质量上呈现出明显的行政阶梯状分割格局。[1] 高行政等级城市凭借这些优势，往往成为收入、就业吸引力较强的区域中心城市。二是经济主体"用脚投

---

[1] 时寒冰：《行政权力与中国房价的阶梯状格局》，《经济社会体制比较》2014 年第 6 期，第 188—196 页。

票"的行为使然。对于部分经济行为主体(包括农民工等)而言,选择流动(或回流)到就近收入吸引力较强、资源和就业机会相对集中的高行政等级大城市工作,可以获得相对较高的工资收入,同时节约向远距离流动而发生的高昂通勤成本(包括机会成本)。行政等级优势对城市人口规模扩张具有显著促进作用[1]。随着高行政等级大城市快速交通网络的扩展,沿线越来越多的城市被拉入其通勤辐射圈。一些发展水平较高的大城市及周边区域出现空间一体化,甚至将实现"同城化"发展。比如,沪宁高速铁路的开通,有效拓展了沿线城市间人口流动的空间,青壮年劳动力流动频次显著增加,宁镇扬(南京、镇江、扬州)一体化程度得到加深[2]。

中国全国层面及地区层面房地产市场空间演变及重塑交叠,将对中国经济社会发展产生深刻影响。不容忽视的是,那些既远离全域经济中心又远离局域经济中心,处于"~形"波谷谷底及附近的地区和城市,由于受自然地理条件、历史发展背景和经济社会环境等多种因素的影响与制约,本地产业发展落后或产业结构单一,收入水平和就业吸纳方面缺乏竞争力,正在进入"低水平均衡陷阱"或进一步衰退,表现为人口持续外流、住房价格长期处在较低的水平甚至下降。同时,以西部和东北地区为主的广袤外围区域出现分化倾斜,一些中小型城市将因高速铁路的建设而间接受到更大的负向冲击[3]。一些远离区域经济中心同时缺乏较强竞争力大城市支撑的边缘地区或将面临衰退、下沉,将表现为这类地区房地产市场发展低迷甚至萎缩。

三 稳健性检验

(一) 采用多种形式距离变量进行检验

除了最短交通时间距离外,本书进一步引入最短公路距离、最短普

---

[1] 王垚、王春华、洪俊杰、年猛:《自然条件、行政等级与中国城市发展》,《管理世界》2015年第1期,第41—50页。

[2] 李祥妹、刘亚洲、曹丽萍:《高速铁路建设对人口流动空间的影响研究》,《中国人口·资源与环境》2014年第6期,第140—147页。

[3] 董艳梅、朱英明:《高速铁路建设能否重塑中国的经济空间布局——基于就业、工资和经济增长的区域异质性视角》,《中国工业经济》2016年第10期,第92—108页。

通铁路距离和地理距离等其他形式的距离变量①，进行稳健性检验。表5-3中的估计结果显示，使用这三种距离形式衡量的模型的回归结果与使用最短交通时间距离得到的结论基本一致。从使用地理距离的分时段回归结果来看，如表5-3模型（10）和（11）所示，与高速铁路未开通前（2005—2007年）的回归系数相比，高速铁路大规模开通运营后的2011—2013年中，地理距离一次项变量的估计系数值略微变小。这意味着地理距离对经济活动的负向抑制作用随着高速铁路的建设而有所弱化（但其长期的非线性影响始终存在）。同时，这一结果与包含高速铁路的最短交通时间距离的估计系数〔见表5-1模型（4）〕相比，其绝对值要小得多。这表明高速铁路建设加快拉近了区域城市间的时空距离，证实了前文结论。

表5-3　　　　　采用多种形式距离变量的估计结果

变量	模型	(7) 公路距离 2005—2013	(8) 普通铁路距离 2005—2013	(9) 地理距离 2005—2013	(10) 地理距离 2005—2007	(11) 地理距离 2011—2013
到全国经济中心的最短距离	一次项	-0.0009*** (-7.60)	-0.0009*** (-6.91)	-0.0011*** (-7.69)	-0.00067*** (-3.98)	-0.00095*** (-5.81)
	二次项	5.20e-07*** (5.47)	5.19e-07** (4.88)	8.26e-07*** (5.55)	0.0000005*** (3.11)	0.0000008*** (4.74)
	三次项	-9.12e-11*** (-4.54)	-8.92e-11*** (-3.99)	-1.86e-10* (-4.63)	-1.33e-10*** (-3.83)	-1.95e-10*** (-4.21)
到高行政等级大城市最短距离	一次项	-0.0018*** (-3.76)	-0.0019*** (-3.07)	-0.0021*** (-3.62)	-0.0006 (-0.88)	-0.0012* (-1.71)
	二次项	5.37e-06*** (2.97)	5.19e-06** (2.16)	7.21e-06*** (2.81)	0.000003 (0.94)	0.000005 (1.53)
	三次项	-4.43e-09** (-2.41)	-4.01e-09* (-1.86)	-6.94e-09** (-2.29)	-3.57e-09 (-0.98)	-5.23e-09 (-1.45)

---

① 由于交通距离（里程）数据各年变化不大，为便于数据搜集、计算和处理，本书将样本期内交通距离数据设定为时不变变量，同地理距离一起来捕捉其对经济活动分布的长期影响。

续表

模型 变量	(7) 公路距离 2005—2013	(8) 普通铁路距离 2005—2013	(9) 地理距离 2005—2013	(10) 地理距离 2005—2007	(11) 地理距离 2011—2013
其他变量	控制	控制	控制	控制	控制
地区	未控制	未控制	未控制	未控制	未控制
年份	控制	控制	控制	未控制	未控制
常数项	4.6260*** (13.76)	4.7460*** (13.88)	4.6278*** (13.77)	−0.5900*** (−1.73)	2.4120*** (6.80)
R-sq	0.8187	0.7923	0.8227	0.8432	0.8016
Wald 统计量	16449.80***	16227.25***	16584.45***	2167.37***	1444.87***
Sargan-Hansen 统计量	0.0000	0.0000	0.0000	0.0000	0.0000
样本量	2547	2547	2547	849	849
数据范围	283 城市 2005—2013	283 城市 2005—2013	283 城市 2005—2013	283 城市 2005—2007	283 城市 2011—2013

注：括号内为 t 检验值；*、**、*** 分别表示在 10%、5% 和 1% 水平上显著。
资料来源：笔者利用 STATA 软件计算得到。

（二）替换解释变量衡量指标进行检验

收入与人口规模是本书实证分析中的两个重要解释变量。由于衡量指标或统计口径的不同，收入和人口规模的内涵与外延存在差异，进而可能对估计结果有影响。同时，住房供给对住房价格的影响可能具有滞后性。鉴于此，这里用城市市辖区在岗职工的实际平均工资指标（$wage$）代替城镇居民人均可支配收入指标（y），分别用二三产业从业人员数指标（emp_23）、人口密度指标（pd）代替城区人口规模指标（$upop$），用住房有效供给的一阶滞后项（$L.hs$）代替住房供给（hs），并进行稳健性检验。估计结果显示（见表 5-4），虽然各变量的系数大小与显著性有些许变化，但所有变量回归系数的符号未发生任何改变，而且到全国经济中心城市最短交通时间距离一、二、三次项变量的估计系数始终显著，从而稳健地证实研究结论的可靠性。

表 5-4　　　　　　　　变量替换后的稳健性检验

变量 \ 模型	(12) ln*hp*	(13) ln*hp*	(14) ln*hp*	(15) ln*hp*
tbsgs	-0.0372***	-0.0272***	-0.0304**	-0.0375***
	(-4.62)	(-3.36)	(-2.22)	(-5.10)
*tbsgs*2	0.0033***	0.0022**	0.0028*	0.0027***
	(3.75)	(2.49)	(1.86)	(3.57)
*tbsgs*3	-0.0001***	-0.0001**	-0.0001*	-0.0001***
	(-3.34)	(-2.33)	(-1.93)	(-2.94)
tcap	-0.0824**	-0.0379	-0.1240**	-0.0656*
	(-2.15)	(-1.03)	(-2.06)	(-1.84)
*tcap*2	0.0342*	0.0108	0.0434	0.0265
	(1.80)	(0.59)	(1.42)	(1.58)
*tcap*3	-0.0033	-0.0005	-0.0041	-0.0022
	(-1.35)	(-0.21)	(-1.00)	(-1.07)
ln*y*	0.3350***			0.3131***
	(9.42)			(9.26)
ln*upop*	0.0192**	0.0223***		
	(2.30)	(2.66)		
ln*pd*				0.0168***
				(2.64)
L.*hs*	-0.0095***	-0.0087***	-0.0091***	
	(-4.13)	(-3.76)	(-3.92)	
ln*wage*		0.1800***	0.1580***	
		(7.49)	(5.49)	
ln*emp*_23			0.0507***	
			(4.80)	
其他变量	控制	控制	控制	控制
地区	控制	控制	控制	控制
年份	控制	控制	控制	控制

续表

模型 变量	(12) ln*hp*	(13) ln*hp*	(14) ln*hp*	(15) ln*hp*
常数项	2.3200*** (8.09)	3.3110*** (14.31)	4.3030*** (14.70)	2.4635*** (9.04)
R-sq	0.8918	0.8901	0.8619	0.8920
Wald 统计量	15301.18***	15074.13***	7964.89***	17938.80***
Sargan-Hansen 统计量	0.822	2.911	0.375	0.723
样本量	2264	2264	1698	2547
数据范围	283 城市 2006—2013	283 城市 2006—2013	283 城市 2008—2013	283 城市 2005—2013

注：括号内为 t 检验值；*、**、***分别表示在 10%、5%和 1%水平上显著。
资料来源：笔者利用 STATA 软件计算得到。

第五节　进一步的讨论

中国城市住房价格与交通时间距离间存在的非线性关系还表明，在具有不同相对区位条件的区域，城市间房地产市场和住房价格差异关联程度可能存在差别，由此呈现的房地产空间整合程度很可能存在地域差异。本部分将在实证分析的基础上进一步进行严格论证。

一　空间关联检验原理与方法

检验的理论基础是：在特定区域内，如果城市住房价格模型在控制了本地主要影响因素后，其残差仍然显现出截面相关性，可以认为城市间房地产市场和住房价格具有空间关联性，表明该区域房地产发展存在空间拓展与整合的可能。截面相关检验（Cross-sectional Dependence Test）方法主要有佩萨兰（Pesaran）的 CD 检验、弗里德曼（Friedman）的 CSD 检验以及弗雷斯（Frees）的 CSD 检验。比较而言，Pesaran 的 CD 检验方法因在剥离住房价格相关因素的基础上可以用来检验时间（T）较短而个体（N）较大的面板数据截面同期相关性而被广泛应用（Holly et al. ，2010①；洪涛等 2007②；谭政勋和周利，2013③）。这里也将使用该方法进行检验。

将住房价格面板数据模型设定为如式 5-3 所示：

$$\ln hp_{it} = \alpha_i + \beta'_i x_{it} + u_{it} \quad (i=1, 2, \cdots, N; \ t=1, 2, \cdots, T)$$

(5-3)

其中，解释变量向量集 x_{it} 包括 $\ln y_{it}$、$\ln upop_{it}$、$\ln landp_{it}$、$\ln loan_{it}$、hs_{it}、ghp_{it}、$\ln nuc_{it}$、gcr_{it} 等影响住房价格的本地因素，但不包括最短交通时间距离以及可能影响本地住房价格的其他地区的因素。据此，本书的 CD 统计量可以表示为如式 5-4 所示：

$$CD = \sqrt{\frac{2T}{N(N-1)}} \left(\sum_{i=1}^{N-1} \sum_{j=i+1}^{N} \hat{\rho}_{ij} \right) \sim N(0, 1)$$

(5-4)

其中，$\hat{\rho}_{ij}$ 是序列 i 和 j 回归残差相关系数的估计值，其计算公式如式 5-5 所示：

$$\hat{\rho}_{ij} = \hat{\rho}_{ji} \frac{\sum_{t=1}^{T} \hat{u}_{it} \hat{u}_{jt}}{\left(\sum_{t=1}^{T} \hat{u}_{it}^2 \right)^{1/2} \left(\sum_{t=1}^{T} \hat{u}_{jt}^2 \right)^{1/2}}$$

(5-5)

公式中，$\hat{u}_{it}$ 为 u_{it} 的估计值，可通过如下方式计算得到式 5-6：

$$\hat{u}_{it} = \ln hp_{it} - \hat{\alpha}_i - \hat{\beta}'_i x_{it}$$

(5-6)

CD 检验的原假设为：式 5-3 残差的协方差为零，即不存在截面相关。佩萨兰（Pesaran）（2004）④ 证明，当 T 固定、N 趋近无穷大时，CD 统计量在原假设下趋近于标准正态分布。如果检验结果拒绝原假设，则可以断定变量的截面相关性存在，反之则不存在。本书将在式 5-3 回归

---

① Holly, C., Pesaran, M. H., Yamagata, T., "A Spatio-temporal Model of House Prices in the USA", *Journal of Econometrics*, Vol. 158, No. 1, 2010, pp. 160-173.

② 洪涛、西宝、高波：《房地产价格区域间联动与泡沫的空间扩散》，《统计研究》2007 年第 8 期，第 64—67 页。

③ 谭政勋、周利：《房价波动的空间效应：估计方法与我国实证》，《数理统计与管理》2013 年第 3 期，第 401—413 页。

④ Pesaran, M. H., "General Diagnostic Tests for Cross Section Dependence in Panels", *CESifo Working Papers*, 2004.

残差的基础上进行检验。

二 空间关联检验结果及分析

考虑到快速交通条件下中国区域经济空间的重塑主要发生于 2008 年以后，这里以 2008—2013 年为研究时段，分别计算该样本期内各样本城市到全国经济中心城市最短交通时间距离的平均值，然后按该平均值大小排序，以每隔 1 小时为区间逐步扩大并延展研究的空间范围以及所涵盖的城市组别，分别进行截面相关性检验。

表 5-5　　　　　　　　截面相关性检验结果

样本城市分组	CD 统计量	每多延伸 1 小时时空范围的 CD 统计量边际增量	每多延伸 2 小时时空范围的 CD 统计量边际增量
1 小时以内	5.3580***		
2 小时以内	6.0440***	0.6860	
3 小时以内	7.5010***	1.4570	2.1430
4 小时以内	9.6050***	2.1040	3.5610
5 小时以内	18.3750***	8.7700	10.8740
6 小时以内	30.8490***	12.4740	21.2440
7 小时以内	32.7620***	1.9130	14.3870
8 小时以内	35.4060***	2.6440	4.5570
9 小时以内	40.0170***	4.6110	7.2550
10 小时以内	43.2910***	3.2740	7.8850
11 小时以内	43.8270***	0.5360	3.8100
12 小时之外	2.9220***		
13 小时之外	1.6900*		
14 小时之外	0.2070		

注：***、* 分别表示在 1%、10% 的显著性水平下显著。
资料来源：笔者利用 STATA 软件计算得到。

表5-5的检验结果显示，随着检验设定的全国经济中心城市时空覆盖范围的扩展，CD统计量的估计值在总体上呈现出先缓慢增加、后加快提升、再微幅增加的变动过程。其中，在1小时以内时空范围中，CD统计量的估计值为5.35，比2小时、3小时和4小时以内每1小时的边际增量都要大，表明以北京、上海、广州、深圳为中心的1小时都市圈内空间一体化整合特征明显。随着交通时间距离的进一步延伸，CD统计量的估计值逐步增加，表明由住房价格呈现的房地产空间拓展关联趋势在更大的地域范围内出现。其中，在6小时以内的范围里（包含东部地区95%的样本城市和中部地区80%的样本城市），CD统计量的估计值达到30.85，相比5小时以内和4小时以内样本城市组，分别高出12.47和21.24，为所有样本组中边际增量最高的。这表明，在距离全国经济中心城市6小时以内的空间范围内，即使剥离了诸多本地影响因素后，由住房价格空间关联性呈现的区域房地产市场空间拓展整合趋向也十分明显。事实上，随着交通时间距离的延伸，越来越多的东中部地区城市被拉入全国经济中心城市的广义通勤辐射范围（可以实现当日、当周或当月通勤），以北京、上海、广州和深圳为中心的6小时交通出行经济圈已突破东部与中部地区的现行分区边界，中国房地产发展空间已然出现中心区扩展和东中一体化倾向。

当时空范围延伸到7小时以内、8小时以内时，CD统计量估计值的边际增量与6小时以内的组别边际增量相比明显降低。这种微妙的数值变动表明：距离全国中心城市6—8小时范围间的样本城市，其所显现的区域经济空间整合程度并没有6小时以内的城市组那样突出和强烈。单从包含的中部地区城市个数上看，8小时以内的城市组比6小时以内的城市组多出15个中部城市，这15个中部城市多分布于湖北、湖南、河南、山西等相对偏西的中部地区，大约位于东经110度经线附近的中部与西部地区分界断裂带上，即前文所述的全域"~形"散点图第一波谷处的边缘区。这些城市向东中部核心城市空间拓展整合的倾向尽管存在，但相当微弱。进一步地将检验的样本城市组设定到更远的空间范围上，比如12小时以外，CD统计量的估计值骤然变小，并随着交通时间距离的更远外延（如13小时之外、14小时之外），其估计值进一步降低，以致不能拒绝"不存在截面相关"的原假设。这意味着，广袤外围地区的总体空间整合程度非常有限，进一步论证了其空间分化倾斜格局的存在。

在此基础上，本书突破中国传统的四大地带分区，将东部和中部地区样本城市纳入同一组，以重点考察东中部地区空间整合状况。从表5-6所展示的检验结果来看，与2008—2010年相比，2011—2013年东中部城市间住房价格的空间关联程度进一步增强，CD统计量升高至31.3090，且通过1%显著性检验。由此从城市房地产视角下得到中国东中部房地产市场总体关联程度和一体化拓展倾向正在逐步加强的证据。

表5-6　　　东中部地区城市间实际住房价格关联性检验结果

时段	CD 统计量
2008—2010 年	20.9830***
2011—2013 年	31.3090***

注：***分别表示在1%的显著性水平下显著。
资料来源：笔者利用STATA软件计算得到。

三　中国房地产市场区域空间分异格局形成的原因探析

在拥有如此庞大国土面积和人口数量的国度，中国房地产市场空间格局之所以出现中心扩展与外围倾斜差异，时空压缩效应以及区域增长溢出与自然地理条件非均衡影响等的叠加是主要原因。

（一）时空距离压缩效应的释放

快速交通网的建设与运营，极大地压缩并拉近了中心城市与沿线周边城市的时空距离，缩短了交通出行时间。在样本期内，随着武广高铁、京广高铁、京沪高铁等高铁干线的相继开通，全国其他279个地级及以上城市到北京、上海、广州、深圳的最短交通时间距离出现明显缩减，其出行时间总和由2005年的2474.30小时下降到2013年的1642.81小时，缩减幅度达到34%。这使得原本在地理上相对靠近的东部和中部地区在时空上越来越紧缩，城市间的经济联系在高速、快捷的交通基础设施推动下不断增强，并为人们的生活、生产活动在地域空间的融合与扩展创造了条件。一方面，它方便了高铁沿线城市的人们快捷地进入大城市享受集聚的好处，促进居住、就业活动在地域空间上扩展和重组①；另一方面，为不同城市的生产部门在知识生产上面对面交流等创造了机会②，加快区域劳动力市场的一体化③。但同时，由于距离对大国经济活动分布影响的非线性机制，交通条件改善对以西部和东北地区为主的外围区房地产市场的影响，更多的是发挥对部分经济发展优势区域的强化和局部空间倾斜隆起的助推作用。

（二）区域发展中的房地产需求外溢

在中国的东中部地区，集中分布着经济发展水平领先的上海都市圈、广州都市圈、长三角城市群、珠三角城市群和京津冀城市群等，以及被密集交通网络连接的腹地。域内城市分布密集，不同大中城市与北京、上海、广州等中心城市在空间上相对邻近。随着与大城市快速城际交通的逐步联通，这些城市通过人流、物流、资金流和信息流交汇而获得的发达大城市的增长溢出逐步增加，并在与经济发达城市连通的近邻区域出现网络化发展的高级形态④。从城市房地产角度看，表现为东中部地区城市的住房价格受到北京、上海等城市的溢出影响更为强烈⑤。然而，受制于长距离的约束、交通通达性限制以及信息传递的时滞影响，在以西部和东北地区为主的广袤外围地区，率先发展起来的东部发达城市的增

---

① Zheng, S. Q., Kahn, M. E., "China's Bullet Trains Facilitate Market Integration and Mitigate the Cost of Megacity Growth", *Proceedings of the National Academy of Sciences of the United States of America*, Vol. 110, No. 5, 2013, pp. 1248-1253.

② Kobayashi, K., Okumura. M., "The Growth of City Systems with High-Speed Railway Systems", *The Annals of Regional Science*, Vol. 31, No. 1, 1997, pp. 39-56.

③ Yin, M., Bertolini, L., Duan, J., "The Effects of the High-speed Railway on Urban Development: International Experience and Potential Implications for China", *Progress in Planning*, Vol. 98, 2015, pp. 1-52.

④ 李国平、王志宝：《中国区域空间结构演化态势研究》，《北京大学学报》（哲学社会科学版）2013年第3期，第148—157页。

⑤ 丁如曦、倪鹏飞：《中国城市住房价格波动的区域空间关联与溢出效应——基于2005—2012年全国285个城市空间面板数据的研究》，《财贸经济》2015年第6期，第136—150页。

长溢出效应大大衰减。同时，外围区域大型及以上城市目前多处于集聚效应主导的发展阶段，自身的增长溢出效应相对有限。其房地产市场空间格局演变更多地体现为部分具有突出本地优势城市的壮大和一些边缘地区的相对衰退。

（三）地理断裂效应的长期影响

受地质构造的作用，中国地形地貌的基本特征在整体上呈现为西高东低的阶梯状架构。东经 110 度经线及周边地带是中国区域划分的断裂带，该地带以东的东中部地区以中国地形第三阶梯丘陵、平原地貌为主，并延伸至海岸，自然地理条件总体上比较相似，区域经济空间的一体化整合具备相对均质的自然地理基础支撑。在广袤外围区域，主要以中国地形第一、二阶梯的高山、高原、盆地为主，人们的活动范围扩展和空间整合受到自身自然要素和地理特征状况等非经济要素的影响与制约。尽管交通基础设施建设在逐步弱化这种先天约束，但其长期的影响始终存在，因而也就不难理解，呈现经济活动分布的城市实际住房价格与交通时间距离的拟合散点图形态为何在东经 110 度经线附近的自然断裂带上出现明显的逆转。

（四）密度、距离与分割因素的影响叠加

中国房地产市场在全域与局域空间上的非线性分异特征，既验证了本书理论模型所推断的较广地理空间上住房价格体系的多中心—外围模式，也呈现了包括经济地理因素在内的多元力量在塑造中国房地产市场区域空间分异模式的过程。在特定自然地理条件、经济发展背景和社会文化环境下，中国房地产市场"中心拓展整合，外围分化倾斜"的区域空间分异模式具有多维度特征，是密度（density）、距离（distance）和分割（division）因素叠加作用的结果。

1. 密度

密度是发展的第一位地理特征（世界银行，2009）。现代区域经济发展的主要空间景观是集聚，从经济指标来看，就是特定地区的高人口密度和高经济密度。① 作为世界上最大的发展中国家，中国自改革开放以来经历了市场化、国际化以及快速工业化和城市化过程，使得中国巨大的经济活力得到空前释放，促进经济要素自由流动和人口向经济繁荣地区和城市迁移。然而，由于中国地区间发展基础和发展环境的较大差异，以及工业化进程和城市化水平的空间不均衡，收入水平出现东高西低，人口和经济活动进一步向优势区域城市、都市圈和城市群集中，使得中国城市间经济密度差距悬殊。尤其是大量人口向有限城市空间内不断集聚，一方面形成庞大的房地产需求，另一方面加剧了土地竞争程度，造成部分城市的高房价甚至极高房价现象。以北京、上海和广州三个全国高房价中心城市为例，其2012年的商品住宅平均销售价格分别为16553、13870和12001元/平方米，分别约为当年地级以上城市中最低房价（吉林省白城市2006元/平方米）的8.25倍、6.91倍和5.98倍。在其他以直辖市、副省级城市或省会城市为主的高行政等级城市中，深圳市2012年的商品住宅价格达到18996元/平方米，约是当年高行政等级城市中最低房价（宁夏银川市4187元/平方米）的4.54倍。

　　高房价以及巨大的房价落差和城市经济发展、人口集聚、经济密度上呈现的空间分化现实相联系。这种分化在全国高房价中心城市、地区高行政等级城市和其他地级市之间表现得更为突出。比如，2005年北京市以全市1.64万平方公里的土地集聚了1180.7万人口和6886.31亿元的地区生产总值（GDP），人口密度和经济密度分别达到720人/平方公里和4196.41万元/平方公里。上海市以0.65万平方公里的土地集聚了1360.26万人口，和9154.18亿元的地区生产总值，人口密度和经济密度高达2079人/平方公里和13990.8万元/平方公里。广州市以0.74万平方公里的土地集中了750.53万人口，并创造了5154.23亿元的地区生产总值，人口密度为1010人/平方公里，经济密度更是高达6933.31万元/平方公里。这种高密度与多数中西部城市的低人口密度和经济密度形成强烈的反差。2005年甘肃酒泉市是中国人口最稀疏的地级市，其人口密度

---

① 尹虹潘：《开放环境下的中国经济地理重塑——"第一自然"的再发现与"第二自然"的再创造》，《中国工业经济》2012年第5期，第18—30页。

和经济密度分别仅为5人/平方公里和7.64万元/平方公里,与全国高房价中心城市差距悬殊。酒泉当年商品住宅平均销售价为927元/平方米,不及上海市商品住宅平均销售价格(6698元/平方米)的七分之一。在市场化和全球化背景下,中国大多数城市的人口规模和经济密度在不断提高。上海市在2006年突破GDP万亿元大关,成为中国首个进入"万亿俱乐部"的城市。2012年,上海市GDP突破两万亿元,经济密度高达31832.37万元/平方公里,人口密度进一步提升至2251人/平方公里。北京市GDP在2008年首次破万亿元,其2012年经济密度达到10894.77万元/平方公里。其他高行政等级城市的经济总量及相应的经济密度不断提高。据最新统计数据,作为副省级城市的成都市和武汉市GDP于2014年已突破1万亿元大关,正式跻身"万亿俱乐部"。加上之前的上海、北京、天津、重庆4个直辖市和广州、深圳2个副省级城市以及苏州市,截至2015年底,中国有9个城市GDP超过1万亿元。这些城市人口总数所占全国人口的比重约为11%,GDP之和占2014年全国总量达到20.6%,其财富集聚可谓富可敌国。大量人口和经济资源向沿海地区及内陆高行政等级城市的不断集中,使得中国城市经济发展高度不均,集中体现为国家中心城市、区域中心城市与其周边城市尤其是内陆地区一般地级城市形成巨大的差距,住房价格水平也就呈现出全域和局域上显著的空间分异特性。

为理解中国存在显著空间差异的城市经济密度与城市住房价格的关系,本书进一步绘制出2005—2012年中国285个地级及以上城市对数形式的经济密度(单位土地面积上的地区生产总值)与住房价格的散点图(见图5-3)。可以清晰地发现:高经济密度与高住房价格、低经济密度和低住房价格水平整体上呈现出正相关的对应关系。这就不难理解,中国全域住房价格水平之所以并未呈现自东向西线性递减的潜在空间分异模式,是因为在距离全国高房价中心城市较远的外围区域,出现了诸如重庆、成都这样生产能力发达、经济密度较高、常住人口规模大的大城市,使得广袤外围区域的经济世界变得愈加不平坦。在中国市场化、城市化、工业化和国际化交织的发展背景与环境下,由高密度反映出的人口和经济活动在有限城市空间的大量集聚,是中国当前发展阶段和未来在集聚中走向平衡过程中的客观经济特征。这些因素深刻地影响着中国城市房地产市场时空运行的经济基本面，并成为塑造中国房地产市场区域空间格局与特征的重要经济力量。

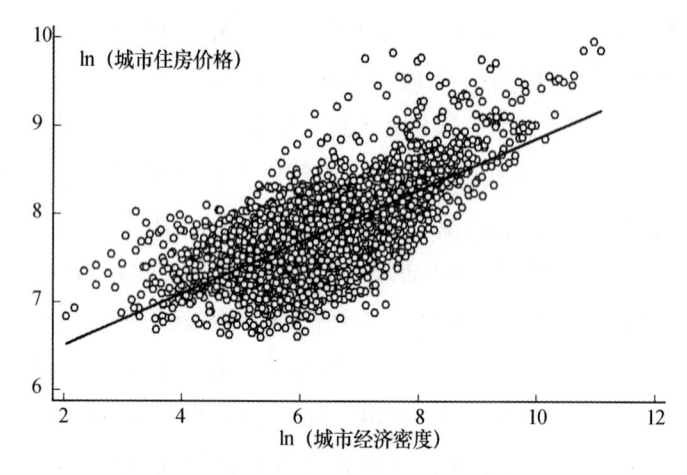

图5-3　城市经济密度与住房价格散点图

2. 距离

距离指商品、服务、劳务、资本、信息和观念穿越空间的难易程度[①]。从这种意义上说，距离并不只是一个物理概念，它是一个集物理属性与经济属性于一身的综合性概念，用来衡量商品、劳务等在两个地区之间流动的难易程度。在中国这样南北纵跨约5500千米、东西延伸约5200千米的广袤国度，由于自然环境复杂多样、地势东低西高且多山特征明显，距离在影响中国城市体系、房地产市场时空演变格局等方面的作用不可忽视。

本书理论模型和实证研究中揭示的城市住房价格与距离的复杂关系，已经呈现了距离的重要性。尤其在城市间住房价格体系的"中心—外围"模式中，距离是影响区际劳动力流动和区际通勤成本的不可磨灭因素。尽管中国高房价城市有着诱人的高工资收入、完善的公共

---

① 世界银行：《2009 世界发展报告：重塑世界经济地理》，胡光宇等译，清华大学出版社 2009 年版，第 74 页。

服务体系等优越条件，但并非所有劳动力都趋于向这类城市迁移和居住。这是因为，除了高房价作为中心城市的一种离心力作用外，克服迁移过程中因距离所产生的阻碍及其要承担的通勤费用，成为外围区域居民微观决策中不得不权衡的因素。这种距离因素的阻隔作用在广袤中国西部相对封闭落后地区特别是西部少数民族地区显得更为突出。一方面，是受这些地区本身封闭的自然地理条件环境这一先天因素的约束；另一方面，则因为交通通信设施不足，使得偏远城市与中国经济中心的交流互通以及从中分享中心城市外溢的利益上存在一定的困难和限制。外围偏远城市远距离与低密度特征并存，经济发展水平和人口集聚能力不足，居民收入水平低下，住房市场发育与发展程度偏低，其相应的住房价格水平便与全国高房价中心城市乃至地区高房价中心城市间差距悬殊。

从微观作用机理来看，距离因素对中国房地产市场区域空间分异的影响主要是通过内化到微观主体的行为决策过程之中。在全域空间上，与中国东部沿海经济中心的长距离阻隔，使得外围区域城市具有迁移倾向和迁移能力的居民选择向就近大城市迁流或通勤成为既有约束下效用最大化的结果；从局域空间上看，选择到就近的资源和机会相对集中的大城市工作或区际通勤，可获得比本地更高的工资，同时节约因为克服远距离而不得不发生的通勤费用，而以直辖市、副省级城市或省会城市为主的高行政等级城市以其作为地区经济、科教、文化、金融中心和高密度优势很自然承担起区域中心的功能。城市住房价格分布的多中心—外围模式，便深深地刻上距离因素对大国房地产市场空间格局的影响烙印。

结合交通改善的现实环境来看，中国正在进行全世界范围内规模最大的高速铁路建设，地区间交通条件正发生着重要的变化。跨区高速铁路、高速公路网络的建设尤其是城际轨道交通的发展，使得都市圈、城市群内城市间乃至更大地理尺度上城市间时空距离被空前压缩，显著改变了城市的交通连接性和可达性，并对经济地理格局产生深刻的影响。正如世界银行指出的那样："全球化和通讯运输技术的进步为缩短落后地区和先进地区的经济距离提供了更多的工具和途径"，"新的运输方式

(非水路）和信息技术革命重新塑造了经济密度走势"。① 这在中国最突出的表现是高经济密度的城市、都市圈和城市群正在沿着以陆桥通道、长江通道为两条横轴，沿海、京哈京广、包昆通道为三条纵轴的"两横三纵"区域空间上布局和发展。快速发展的交通网络尤其是节点城市间高速铁路串联体系建设，通过压缩时空距离，使得地区城市间的经济地理格局发生着深刻的重塑，并对中国房地产市场区域空间分异格局及其演变产生影响。一方面，交通技术进步使得城际通勤更为便利，进而影响居民和劳动力的通勤或迁移决策，促进中心城市与快速交通连接的周边城市出现房地产发展空间拓展与整合，并在都市圈和城市群内形成居住、就业活动的空间一体化；另一方面，通过降低城际通勤成本来影响居民预算约束及效益最大化决策行为，继而使得住房竞价曲线在高度联通的城市区域发生变异。

但是无论如何，在幅员辽阔、自然地理环境复杂多样的中国，与自然地理相关的距离因素依然会在相当长的时间内对城市经济和房地产市场发展产生重要影响。因为自然因素决定着进入城市的途径并强烈地影响着可达性，可达性的差异决定着城市的模式与形态（世界银行，2009）②。中国全国层面和地区层面不同行政等级城市间距离及可达性的差异，影响甚至决定了中国城市住房价格的空间分布差异并非自东向西的简单线性递减模式。

3. 分割

分割是指国家之间、地区之间商品、资本、人员和知识流动的限制因素。简言之，就是阻碍经济一体化有形和无形的障碍③。就城市房地产市场而言，商品住房位置的固定性、不可移动性以及与生俱来的地域性，决定了房地产市场是区域性市场，其运行的环境具有自然地理与人为因素的复杂交织成分。受地域分异和区域与城市经济分异影响，不同区域城市间房地产市场呈现出空间分割性。这种分割体现在自然地理与人力

---

① 世界银行：《2009世界发展报告：重塑世界经济地理》，胡光宇等译，清华大学出版社2009年版，第93—94页。

② 同上书，第54—55页。

③ 同上书，第96—121页。

作用两个层面。

就自然因素而言，由于地形地势、气候气温和生态环境的显著地区差异，城市房地产市场具有明显的异质性特点。比如气候温润、生态宜人的中国东南地区海滨城市与炎热干燥、环境恶劣的北方干旱区城市具有不可消除的物理差异，并因此而形成区域空间上的分割。这种由于自然环境造成的空间分割对城市房地产市场和住房价格的区域空间分布差异产生了影响，某一城市自然生态、宜居状况越好，人们对该城市住房的支付意愿就越强烈。在实证检验模型中，以秦岭—淮河一线设定的地理气候虚拟变量以及城市绿化覆盖率变量对城市住房价格所具有的显著解释力，便印证了这一点。郑思齐等（Zheng, et al.）通过引入中国南北冬季取暖分界线、到沙尘暴源头（内蒙古）距离、年降水量、气温不适宜指数等变量的实证研究，也证实了环境差异及空气污染的外部性对中国城市住房价格水平的负向影响。[1]

从人为因素来看，中国的城市具有行政职能，城市行政边界造成有形分割客观存在。同时，城市间在行政等级上差别明显，直辖市、副省级城市、省会城市与其他一般性地级市在行政职权、税收分配、公共资源供给等方面存在较大的差别，地方政府通过行政权力对资源配置的过程中也形成了按行政级别资源从高到低、从多到少的区分。[2] 这集中体现为城市行政级别越高，在基础设施投资、公共产品与公共福利的提供等方面享有更大的特权，使得大量优质经济社会资源集中于具有高行政等级的中心城市。而且，行政级别越高的城市，得到的公共资源数量更多，享受的公共服务质量更好。这种行政力量主导的资源配置结果是中国市级行政区之间在就业机会、居住环境、生活便利性、子女入学教育以及家庭就医等方面的公共资源在数量和质量上呈现出明显的阶梯状分割格

---

[1] Zheng S. Q., Cao J., Kahn M. E., Sun C., "Real Estate Valuation and Cross-Boundary Air Pollution Externalities: Evidence from Chinese Cities", *Journal of Real Estate Finance and Economics*, Vol. 48, No. 3, 2014, pp. 398–414.

[2] 时寒冰：《行政权力与中国房价的阶梯状格局》，《经济社会体制比较》2014 年第 6 期，第 188—196 页。

局①。以教育资源为例，2012年北京、上海和广州三市拥有的高等学校数量分别是91所、67所和80所，其优质的教育资源集聚程度普遍高于其他类型城市。位于西部地区但具有直辖市或副省级级别的重庆、成都和西安市的高校数量及教育资源，与银川、西宁等省会城市以及许多辖域内高等学校数仅为1所甚至不足1所的地级市相比，差距悬殊。由于城市已有公共资源很难跨区流通配置，再加上行政力主导下的公共资源在地区和城市间不均衡分配，进一步固化高行政等级城市的优势。在人口持续向大城市、都市圈和城市群不断集聚和住房需求进一步增长释放的情况下，包括城市交通、市政设施、公共服务设施在内的公共产品的供给和布局更容易影响住房市场的分割结构。② 行政和人为因素造成的基础设施、公共服务水平的差异，是影响中国房地产市场和住房价格空间分布差异的重要推手。

两方面综合来看，由自然因素造成的城市房地产市场分割与人为因素造成的分割双重交织，引发了不同区域、不同类型城市间住房市场需求规模和需求类型的巨大差异。城市房地产资源不可跨区域流动配置的特性，注定了特定城市空间内住房价格水平主要受制于其空间上集中的既有住房需求和供给的影响。在中国城市间经济密度、收入水平、公共资源分布差异依然较大的现实环境下，大量人口向具有高工资（收入）且优质公共资源等条件的城市、都市圈和城市群集中，尤其是投资投机者对自然环境相对良好且资源和机会高度集中的城市的经济持续增长与房地产保值增值充满信心。大量投资投机需求向这类城市和区域的叠加，进一步强化区域内城市间房地产市场的空间分割结构。这种分割使得不同城市房地产市场的供求空间匹配性存在差别，并不同程度加剧其供求矛盾，进而让住房价格的绝对水平以及涨跌运行具有了某些城市的个性特征，并在不同区域层面呈现出显著的空间分布差异性。

总之，在上述多种因素的相互影响下，中国房地产市场的区域空间

---

① 时寒冰：《行政权力与中国房价的阶梯状格局》，《经济社会体制比较》2014年第6期。
② 彭敏学：《论城市住房市场的空间影响机制——规范性视角的政策分析》，《现代城市研究》2009年第6期，第56—62页。

分异是房地产市场自身结构动态调整和区域与城市经济发展不同步相叠加的结果,其内在驱动因素具有局域空间依赖的全域空间异质性特征。特别是伴随中国区域经济的多极化、都市圈化、城市群化,以及城市体系的多中心网络化演进,中国房地产价格的多中心集群网络化差异联动体系将逐步形成,并将对国民经济和社会发展产生重要影响。

第六章

中国房地产市场区域空间分异的影响评估

现阶段，中国出现的房地产市场区域空间分异现象具有内在规律性和现实客观性。作为一个人口众多、疆域辽阔的大国，中国自改革开放以来在经济增长上取得了举世瞩目的成就，并在协调区域发展方面进行了长期而卓有成效的探索。但由于受自然、地理、历史、经济、社会等多种因素的影响，始终存在一些空间结构性矛盾和不平衡不充分发展问题。东部、中部、西部和东北地区四大板块之间以及板块内部不同区域间发展分化和收入差距依然较大，不同地区和城市经济发展的不同步以及在生态、宜居环境等方面存在明显差异，使得区域房地产市场运行的基础和环境不尽相同。与此同时，随着1998年住房货币化改革以来中国房地产业的快速发展和市场总量规模的持续扩大，中国住房发展已结束总量严重短缺阶段，向结构性过剩与结构性短缺并存时代迈进。房地产市场区域空间分异现象成为房地产市场空间结构性调整过程中与区域经济发展不同步交织而成的结果，并将随着中国区域经济发展格局演变和城市体系的调整演进，在较长一段时间内持续下去。

不容忽视的是，由于多年来房地产市场问题积存以及房地产市场基础性制度和长效机制建设的不足，中国房地产市场不平衡发展的结构性、空间性矛盾突出，投资投机炒作、局部市场过热等问题凸显。在此背景下，房地产市场的区域空间分异演变过程中，会很容易诱发局部市场过热、泡沫风险累积甚至扩散蔓延等，进而对房地产市场自身稳健运行和国民经济社会发展造成一些不容忽视的影响和问题，必须对此进行客观认识与评估。

第一节 对房地产市场局部过热演变影响

在房地产市场区域空间分异过程中，热点地区和城市更容易成为房地产市场局部过热的策源地和房地产泡沫的载体。结合预期均衡价格模型，本部分进一步对中国地级及以上城市的房价泡沫进行测度和分析。所谓预期均衡价格模型，是将适应性预期、局部均衡和动态调整思想有机结合，从经济基本面因素确定房地产基准价格，根据房地产市场价格与基准价格的差异分析，测度房地产泡沫。因此，本书对房地产市场做以下假定：

（1）房地产基准价格是指可以得到经济基本面因素解释的均衡价格。

（2）决定房地产基准价格 HP^* 的因素包括：城镇居民人均可支配收入、城市人口规模、房屋建造成本、商业银行贷款利率、房地产开发投资等。按照经济学理论，市场均衡价格是供给和需求决定的，上述几个变量恰好反映了供给和需求两个因素。

（3）在房地产基准价格之上，人们仍然愿意支付一个价格 HB。该价格取决于人们根据当前已有信息对未来价格走势的判断。

（4）房地产市场满足新古典假说。当房地产市场价格偏离基准价格时，供求关系将对过低或过高的价格产生校正的动力。

（5）仅考察市场因素，不考虑政府运用行政手段干预房价。

综上所述，房地产价格 HP 可用函数表述为式 6-1：

$$HP = HP^* + HB$$

其中 $HP^* = f\ (y,\ POP,\ C,\ R,\ I)$ （6-1）

一 城市房地产市场过热的测度

基于以上思路，本书在住房价格的主要基本面影响因素中引入城镇居民人均可支配收入（lny）、城市城区人口规模（lnPOP）、竣工房屋造价（lnhc）、5年期以上贷款利率实际值（lr）以及用于反映供给因素的房地产开发投资占 GDP 的比重（investgdp）。考虑到住房建设供给存在一定的周期，房地产开发投资具有滞后性，为此引入其滞后一期值作为代理变量，对以上模型进行面板数据的固定效应估计，基于估计结果（见表6-1）得到均衡的房价水平。

表6-1　　　　　　　　城市住房均衡价格的估计模型

	lnhp
ln$y$	0.725***
	(18.49)
lnPOP	0.0790*
	(1.92)
lr	−0.00656***
	(−5.99)
lnhc	0.521***
	(12.30)
L.$investgdp$	−0.00384**
	(−2.29)
常数项	−3.218***
	(−14.54)
R^2	0.820
N	2280

注：***、**、*分别表示在1%、5%和10%的显著性水平上显著；括号中的数值为t统计量。
资料来源：笔者利用STATA软件计算得到。

根据均衡住房价格水平（根据基本面主要变量及其估计系数拟合得到），进一步测算出基本面主要因素无法解释的房价泡沫成分（市场过热成分），具体计算公式如式6-2所示：

$$HB = (HP - HP^*)/HP \qquad (6-2)$$

二　局部房地产过热的空间分布

图6-1呈现了地级市房地产泡沫成分与房价的正相关关系，显示了热点地区和城市更容易成为房价泡沫的载体。从空间分布上看，房价泡

沫水平较高的城市主要在东部地区，比如三亚、深圳、北京、温州、杭州、厦门等。

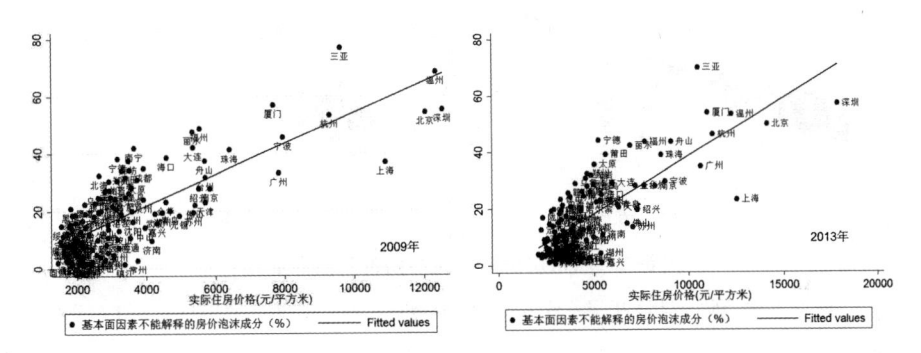

图 6-1　收入、人口等主要基本面因素不能解释的房价泡沫成分

在测度房价泡沫时，一些学者通过计算房价收入比以及比较房价收入比与合理区间的偏离状况来反映房价泡沫状况。①② 本书按照户均 3 口之家、人均 30 平方米（供给 90 平方米）居住面积的标准计算了全国 285 个地级及以上城市 2005—2013 年的房价收入比。

通过房价收入比与房价水平的关系，仍能发现热点地区更容易成为房地产泡沫载体的证据。2013 年，三亚、深圳、北京、温州等东部地区热点城市的房价收入比超过 10，远高于国际上房价收入比合理区间（4—6），也高于吕江林基于中国发展实际确立的房价收入比合理区间上限（4.38—6.78）。

三　局部房地产过热的空间扩散

从城市房价泡沫的空间分布上看，可以初步观察到房价泡沫成分相对较高的城市存在空间分布的集聚性特征。如前文所揭示的那样，中国房价分布存在高集聚的状况，反映了房价泡沫可能存在空间上的溢出效

---

① 吕江林：《我国城市住房市场泡沫水平的测度》，《经济研究》2010 年第 6 期，第 28—41 页。

② 高波、王辉龙、李伟军：《预期、投机与中国城市房价泡沫》，《金融研究》2014 年第 2 期，第 44—58 页。

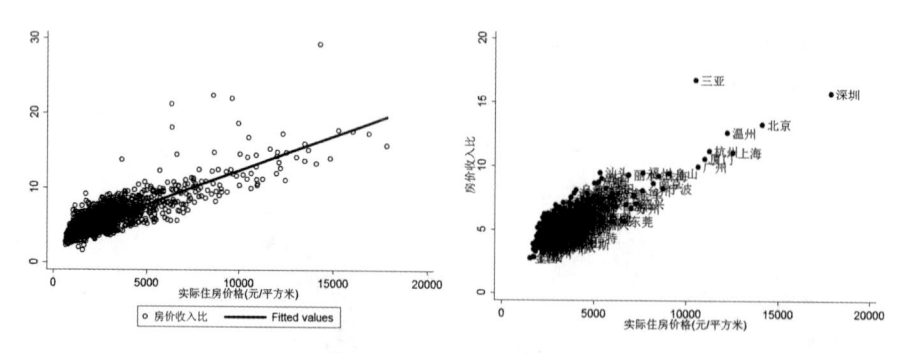

图 6-2　城市房价收入比与房价的散点关系

注：左图是 2005—2013 年房价收入比与房价散点；右图是 2013 年房价收入比与房价散点。

应。为了对此有一个更加准确的认识，这里进一步引入空间计量经济模型，测度房地产泡沫的空间溢出，以考察在房地产市场区域空间分异的背景下，重点、热点地区和城市出现的房地产市场过热是否会进行空间上的扩散与传染。

从地级及以上城市房价泡沫估计值、房价收入比的 Moran 散点图来看（见图 6-3 和图 6-4），房地产泡沫具有空间自相关性：较高房价泡沫的城市被具有较高房价泡沫的城市所包围。

借用空间计量经济学方法，再对房价泡沫的空间扩散效应进行检验。在模型设定过程中，考虑到金融信贷是房价上涨（泡沫形成和膨胀）的主要推手，以及房价容易受预期和投机投资的影响[①]，主要引入两个解释变量：人均金融机构年末贷款余额（ln$loanp$）和滞后一期房价上涨率（ghp）。然后，对采用两种形式度量（基于均衡房价和房价收入比超出合理区间上限 6）的房地产泡沫空间扩散效应进行检验。

检验结果显示（见表 6-2），用来测度房价泡沫空间扩散效应的系数 ρ（房价泡沫的空间滞后项）的估计值在 1% 的水平上通过显著性检验，而且为正值，表明房价泡沫在空间上存在扩散效应。另外，关键解释变

[①] 况伟大：《预期、投机与中国城市房价波动》，《经济研究》2010 年第 9 期，第 67—78 页。

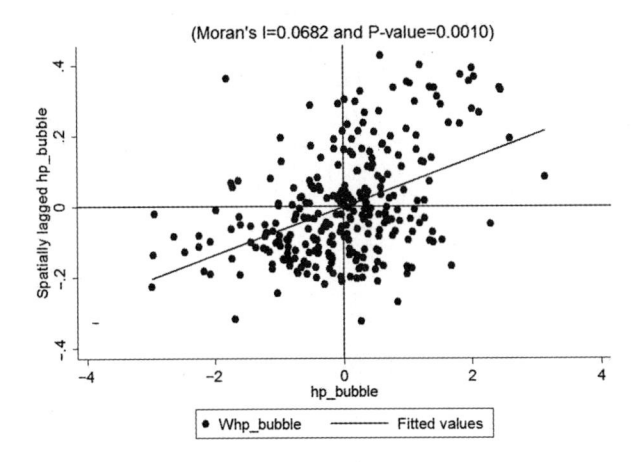

图 6-3 2013 年地级市房价泡沫的 Moran 散点图

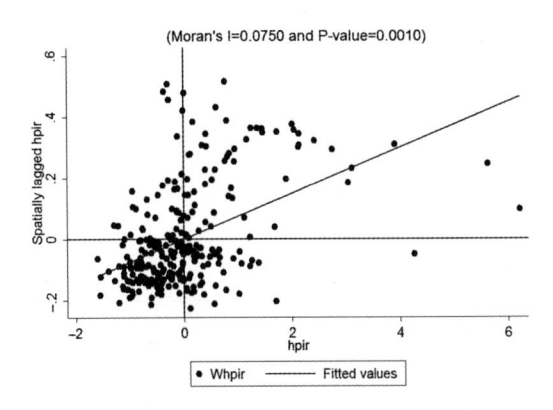

图 6-4 2013 年地级市房价收入比 Moran 散点图

量——滞后一期房价上涨率的估计系数为正,而且在不同泡沫测算方式下的估计系数皆通过 1% 显著性水平上的统计检验。这也说明预期房价上涨对房地产市场过热的形成和膨胀具有强化作用。

表 6-2　　　局部房价泡沫扩散的空间滞后模型估计结果

变量	用均衡价格模型测度的房地产泡沫	用房价收入比测度的房地产泡沫
ln*loanp*	0.558	0.0813**
	(0.83)	(1.99)
ghp	0.126***	0.00445***
	(6.68)	(4.03)
空间滞后系数 ρ	0.902***	0.919***
	(28.00)	(35.59)
直接效应：		
ln*loanp*	0.568	0.0844**
	(0.96)	(2.35)
ghp	0.133***	0.00476***
	(6.11)	(3.75)
间接效应：		
ln*loanp*	5.514	1.016*
	(0.82)	(1.89)
ghp	1.425*	0.0610*
	(1.76)	(1.72)
总效应：		
ln*loanp*	6.082	1.101*
	(0.84)	(1.96)
ghp	1.557*	0.0657*
	(1.91)	(1.81)
sigma2_e	122.7***	0.418***
	(33.65)	(33.66)
N	2280	2280

注：***、**、*分别表示在1%、5%和10%的显著性水平上显著；括号中的数值为 t 统计量。

资料来源：笔者利用 STATA 软件计算得到。

第二节　对人口流动空间结构调整的影响

一　局部过高房价对城市人口的离心效应

房地产市场的区域空间分异，使得热点地区更容易成为房地产泡沫的载体。房地产价格的非理性过快上涨，必将提高人们的居住成本，对城市集聚人口产生阻碍作用。从人口流动的动机及内在机制看，城市的较强规模效应、较高的收入水平以及良好的公共服务（宜居性），是吸引人口流入的主要集聚因素，而高居住成本（主要体现在住房价格上）则成为一种离心力。就已有研究来看，房价对劳动力流动的影响，一方面是由于房价作为备择城市的城市特征信号，降低预期未来收入的不确定性所带来的拉力，另一方面是房价作为居住成本压缩可支配收入所产生的阻力，两种作用最终对劳动力流动产生先吸引后抑制的倒 U 型影响。①

为了更加清晰地认识房地产市场区域空间分异过程中局部房价高涨对人口流动空间结构调整的影响，这里将常住人口（lntpeop）作为被解释变量，引入滞后一期房价泡沫（L. hp_bubble）、城市规模（用滞后一期的城市常住人口规模 L. lntpeop 表示）、城市收入（用市辖区在岗职工平均工资 lnwage_sxq 表示）以及反映城市公共服务状况（主要是教育状况）的中小学生人数（lnsxq_zxxue）作为主要的解释变量。估计结果显示（见表6-3），房价泡沫变量的估计系数显著为负，即使在控制了城市人口规模、收入水平等影响后，该变量的估计系数也显著为负。这说明城市房地产泡沫对城市人口的离心力效应是客观存在的，房地产泡沫水平越大，平均来说，对城市常住人口规模的负向影响就越大。因此，在那些房价泡沫水平较高的东部城市，如果房价泡沫长期积存，必将对其合理集聚人口以及释放集聚经济的分享效应、匹配效应和学习效应造成制约。

---

① 张莉、何晶、马润泓：《房价如何影响劳动力流动？》，《经济研究》2017 年第 8 期，第155—170 页。

表 6-3　　　　　　　房价泡沫对城市常住人口的影响

	ln*tpeop*	ln*tpeop*	ln*tpeop*
L. ln*tpeop*	0.290*	0.287*	0.286*
	(1.91)	(1.88)	(1.87)
L. *hp_bubble*	-0.000192**	-0.000147*	-0.000149*
	(-2.25)	(-1.76)	(-1.79)
ln*wage_sxq*		0.0185***	0.0193***
		(3.95)	(4.16)
ln*sxq_zxxue*			0.00522
			(1.43)
常数项	4.167***	3.986***	3.969***
	(4.69)	(4.54)	(4.53)
R^2	0.415	0.432	0.434
N	570	570	570

注：***、**、*分别表示在1%、5%和10%的显著性水平上显著；括号中的数值为 t 统计量。

资料来源：笔者利用STATA软件计算得到。

二　局部过高房价对城市规模体系的影响

中国正在进行人类历史上最大规模的城市化进程，大量人口在城乡区域间的流动转移正在深刻改变中国的城市体系。在此过程中，伴随房地产市场区域空间分异而出现的热点地区和城市房价飙升及泡沫风险积累，将对其人口流动产生影响。一方面，在住房租赁市场发展尚不成熟以及广大居民对自有住房具有强烈偏好的现实背景下，过高房价带来的高昂居住成本增加了当地以及流动人口的购房压力，无形中形成一种排斥力量。住房价格的非正常过快上涨以及房价泡沫累积对大城市在达到最优规模前的人口集聚造成扭曲，这将直接影响中国城市的规模体系。另一方面，中小规模城市由于住房供给相对过剩，房价水平上涨乏力甚至出现下降，其居住成本较低并具有潜在的居住吸引力，但是由于本地就业、公共服务等吸引力普遍不足，人口流入、回流有限甚至面临较大的人口外流压力，造成中小城市发展相对不足。

房地产市场区域空间分异过程中出现的城市间房地产供求错配、房价"冰火两重天"状况如果得不到有效解决，长期来看，不仅威胁房地产市场的稳健运行，还将不利于中国形成规模结构合理的城市体系。

第三节 对调控主体构成及政策搭配影响

一 对房地产调控主体及权责分配的影响

中央政府和地方政府是房地产调控政策制定、实施的主体。在全国房地产市场变化步调总体一致的情况下（比如房价普涨时期），中央政府的统一施策对防止房地产价格的过快上涨或下滑会起到重要作用，而各个地方政府在调控过程中扮演的角色相对有限，更多的是对中央调控政策的执行和落实。但在房地产市场区域空间分异的背景下，随着不同地区和不同城市房地产供需结构的调整深化，以及各个地区发展不同步对房地产市场差异化影响的逐步显现，房地产市场调控的主体所扮演的角色和承担的责任将发生改变。其中，中央政府部门将更多地采用全国总量性政策对房地产市场开展调控引导，地方政府尤其是城市地方政府则不仅需要落实中央政府部门制定的调控政策，还需要依据当地的市场发展实际状况和现实需求，制定和形成更加符合中央政府部门总体要求和当地实际情况的调控配套措施。也就是说，房地产市场的区域空间分异的显现对房地产调控主体及角色承担产生了影响，尤其对城市地方政府对房地产调控的主体责任要求更高了。

在中央政府及有关决策部门的统筹部署下，各地方政府根据当地房地产市场的供求矛盾程度及运行状况，制定有效的调控措施及调控配套细则。"央地合力"及地方政府承担主体责任开展房地产调控，将成为中国房地产市场进入区域空间分异显现阶段后的常态化调控组合模式。

二 对房地产调控政策的搭配结构影响

事实上，房地产市场区域空间分异的显现除了对调控主体构成产生影响外，还将对房地产调控政策搭配造成影响。为此，本书将进一步评估全国统一的调控政策对不同类型城市房地产市场的差别化影响，考察地区需求推动或供给约束程度对全国统一政策在地区层面落实效果的影响。

考虑到房价收入比指标某种程度上可以反映不同城市房地产市场供求结构状况（房价收入比在成果合理区间后越高，反映出的城市房地产需求相对于供给的矛盾更加突出），本书进一步按照房价收入比高低划分城市组别，以5年及以上贷款名义利率（lr_nm）作为全国统一政策的代理变量，同时在解释变量中加入城镇居民人均可支配收入对数（lny）、城市人口密度对数（$lnpd$）、商品房有效供给（hs）、土地价格（$lnlp$）等供给和需求变量，对全国统一政策对不同城市的差异化影响进行检验。

从表6-4检验结果来看，全国统一利率水平对具有不同供需矛盾的城市具有差别化的影响。房价收入比处于4—6之间的城市组中，贷款利率的估计系数绝对值为0.0143，且通过1%显著性水平上的统计检验；在房价收入比处于6—9之间的城市组中，该变量估计系数的绝对值提升至0.0165；在房价收入比更高的城市组（房价收入比超过9）中，利率的估计系数绝对值为0.0717，远高于前两个城市组别。这说明，随着全国利率水平的下调（上调），其对具有不同供求矛盾的城市的房价具有差异化的推高（抑制）作用。而且，城市的供需矛盾程度越大（即需求相对于供给的主导作用越突出），其影响程度也就越大。

表6-4　同一水平利率（政策）对不同城市房价的差别化影响

	全部样本城市	房价收入比低于4的城市	房价收入比在4—6间的城市	房价收入比在6—9间的城市	房价收入比超过9的城市
lr_nm	−0.0259***	−0.00950	−0.0143***	−0.0165***	−0.0717***
	(−7.47)	(−0.96)	(−3.43)	(−2.73)	(−3.28)
lny	0.995***	0.966***	1.033***	0.900***	0.984***
	(27.76)	(13.17)	(43.07)	(26.92)	(8.61)
$lnpd$	0.374**	0.0752	0.120	0.268*	0.705***
	(2.16)	(0.40)	(1.02)	(1.75)	(3.83)
hs	−0.00897***	0.0195**	−0.00936***	−0.00473	−0.00698
	(−2.65)	(2.11)	(−3.18)	(−1.63)	(−0.33)

续表

	全部样本城市	房价收入比低于4的城市	房价收入比在4—6间的城市	房价收入比在6—9间的城市	房价收入比超过9的城市
lnlp	0.0642***	0.0197	0.0198**	0.0511***	0.0588
	(5.44)	(0.80)	(2.53)	(4.95)	(1.18)
ghp	0.00189***	0.00236***	0.000503**	0.000457	0.00205***
	(8.49)	(4.14)	(2.52)	(1.37)	(3.66)
lnnuc	−0.00881	0.0000723	−0.00446	−0.0214	−0.452**
	(−0.37)	(0.00)	(−0.26)	(−1.30)	(−2.57)
lngc	0.0114	−0.0286	0.0138	0.0235	0.0358
	(0.52)	(−0.67)	(0.89)	(1.41)	(1.30)
常数项	−4.068***	−2.249**	−2.838***	−2.372***	−4.155***
	(−4.39)	(−2.25)	(−4.61)	(−2.86)	(−2.88)
R^2	0.825	0.828	0.900	0.897	0.796
F统计量	336.04***	88.16***	603.19***	220.29***	230.55***
N	2565	398	1413	634	120

注：***、**、*分别表示在1%、5%和10%的显著性水平上显著；括号中的数值为t统计量。

资料来源：笔者利用STATA软件计算。

从剩余解释变量的估计系数来看，需求和供给因素的相对力量差异对房价具有重要影响。比如，在房价收入比处于合理期间（4—6倍）的城市中，需求和供给的影响相对均衡，需求层面的收入变量（ln$y$）估计系数显著为正，供给层面的有效供给变量（hs）显著为负。但是，在房价收入比超过合理区间的城市组中（房价收入比在6—9之间的城市组、超过9的城市组），供给变量的估计系数尽管为负，但不再显著，而收入、人口等需求层面的变量的估计系数大小及显著性明显增大。

上述检验的结论及启示在于：在房地产市场区域空间分异的背景下，仅凭中央政府的全国统一性调控政策，已经不足以抑制部分地区房价的过快上涨，房地产市场调控需要处理好"统一"与"差别"的关系，进行央（中央政府）、地（城市地方政府）合力调控和政策的搭配运用。

第七章

房地产市场区域空间分异的国际镜鉴：以日本房地产泡沫为例

从国际经验看，房地产市场区域空间分异的出现，很容易促使重点、热点城市成为房价过热的策源地和房地产市场泡沫的载体。脱离经济基本面的房地产价格高位过快上涨极易诱发泡沫风险，并对国民经济和社会发展构成严峻挑战。20世纪80年代日本出现的局部房价、地价飙升及扩散蔓延造成的房地产泡沫与市场大起大落的经验教训，为我们认识房地产市场区域空间分异过程中房地产泡沫的发生机制、透视中国房地产市场局部过热等问题提供了典型的镜鉴案例。一方面，中国和日本作为东亚地区两个相邻的国家，在家庭、居住观念等社会生活方面具有诸多相似点。同时，经过改革开放数十年的经济快速增长，中国正经历着日本当年由二战后近30年经济高速增长到增速放缓的发展过程。另一方面，当前中国出现的房地产（局部）过热表现与日本20世纪80年代房地产泡沫形成和膨胀时期有许多相似之处。20世纪80年代的日本，以东京、大阪、名古屋为中心的三大都市圈的土地和房屋价格出现前所未有的高涨，并迅速向其他地区扩散蔓延，房地产价格与其基本价值严重背离，泡沫快速积累膨胀，最终于20世纪90年代初破灭。泡沫经济的虚假繁荣宛如空中楼阁一般轰然坍塌，对日本经济社会产生巨大影响，其教训无疑是深刻的。

事实上，学术界对日本房地产泡沫、泡沫经济的分析及教训的总结从20世纪90年代初就已经展开。随着近些年来中国房地产价格的节节攀升以及热点地区市场过热频现，出于对房地产泡沫的认知及风险的警示，日本房地产泡沫及其经验教训一直是国内相关研究绕不开的话题。学者们从信贷扩张、金融改革等角度对其进行研究和反思。项卫星等指出，银行信贷的过度扩张是日本房地产泡沫形成、膨胀的重要原因，这一因素在泡沫崩溃和经济、金融危机中同样起着重要的作用。[1] 王雪峰认为，日本房地产泡沫和金融不安全之间存在相互传递的关系，金融自由化等制度变迁为二者的传递创造了基础环境，宏观经济政策的调整变化则起到助推作用。[2] 冯维江和何帆基于政治经济学视角进行了更为深入的剖析，指出金融系统改革与企业系统改革先后次序的错误，以及由此带来的两大系统结构性不匹配是日本经济泡沫的根源之一，日本社会出现的与泡沫膨胀激励相容的投机与贪婪让泡沫不断扩大且不可收拾。[3] 房地产泡沫的最终破灭对日本社会及总体经济造成严重危害，中国需要在调控政策和信贷管理等方面吸取教训。[4]

已有研究对于理解日本房地产市场空间分布差异背景下的房地产泡沫生成，并从中吸取教训提供了重要视角和有益参考，但仍然存在一些局限。一方面，现有分析多基于金融信贷等单一视角或个别几个影响因素，而对金融信贷与经济、人口、土地、财政等多因素叠加，以及经济行为主体参与驱动房地产泡沫的综合性考察仍然有待深入。由于房地产不可移动且具有消费品和投资品功能，多层次住房需求的存在决定了房地产价格的驱动因素远比其他市场多元而复杂。尤其是房地产发展涉及政府以及购房者、开发商、商业银行等多元经济行为主体，房地产市场波动与宏观环境、政策因素的变动以及经济主体的预期及行为调整密切相关。正如野口悠纪雄指出的那样，与泡沫有关的经济环境和经济政策

---

[1] 项卫星、李宏瑾、白大范：《银行信贷扩张与房地产泡沫：美国、日本及东亚各国和地区的教训》，《国际金融研究》2007 年第 3 期，第 54—60 页。

[2] 王雪峰：《房地产泡沫和金融不安全——日本泡沫经济 15 周年评述》，《现代日本研究》2007 年第 3 期，第 25—29 页。

[3] 冯维江、何帆：《日本股市与房地产泡沫起源及崩溃的政治经济解释》，《世界经济》2008 年第 1 期，第 3—12 页。

[4] 谢百三、赖雪文：《日本房地产泡沫破灭累及社会之教训及我国的防范对策》，《价格理论与实践》2014 年第 8 期，第 26—29 页。

才是问题的根本所在。①另一方面，在总结日本房地产泡沫对中国的镜鉴意义时，大多数研究对中国房地产市场（局部）过热的复杂成因与当时日本房地产市场的对比研究并不充分。如果不加区分地简单对比不同发展阶段、不同经济体制、不同经济背景下的中日房地产市场，不对其异同之处进行综合审视与辨识，不仅难以得到科学的结论，而且有可能误导决策。为此，本书试图从一个更加综合的视角出发，检视日本房地产市场区域空间分异过程中房地产泡沫的形成、膨胀过程，以及泡沫破灭带来的影响，并结合比对中国房地产市场（局部）过热表现及成因，总结日本房地产泡沫的教训及启示，以便对中国房地产发展趋利避害提供更加客观、清晰的历史镜鉴。有鉴于20世纪80年代中后期出现的房地产泡沫是战后日本3次房地产泡沫中规模最大、影响最严重、警示意义最深刻的一次，这里重点以这一时期的日本房地产泡沫为例，进行系统分析、比较及镜鉴。

第一节　日本房地产市场区域空间分异的环境与背景

宏观环境条件决定着房地产市场发展的阶段特征。20世纪80年代后，日本的城市化水平、经济发展阶段、人口结构都出现一些新的特点。支撑日本房地产发展的基本面环境在此阶段发生了重要变化。国土面积狭小、经济高度集聚的日本，在房地产发展过程中出现了区域市场空间分异特征。

一　城市化进程接近尾声

经过二战后经济腾飞时期城市化加快推进过程后，日本的城市化率在20世纪70时代中期出现速度拐点。1975年，日本的城市化率已经达到较高水平，为75.72%，比1960年高出12.45个百分点。此后15年间，增速明显放缓，仅提升了1.62个百分点，其中1975—1985年间提升不到

---

① 野口悠纪雄：《泡沫经济学》，曾寅初译，生活·读书·新知三联书店2005年版。

1个百分点。从绝对量上看，1975年后的15年中，日本历年新增城市人口数量不到100万甚至更少，出现明显收窄趋势（见图7-1）。日本战后的城市化显著促进了房地产发展，并对房价形成支撑。但由于20世纪80年代日本城市化进程接近尾声，潜在需求几乎释放完毕，城市新增人口数量明显减少，其对房地产发展的直接影响体现为由城市人口支撑的住房需求释放空间非常有限，对房地产的支撑作用与之前快速城市化阶段相比明显减弱。

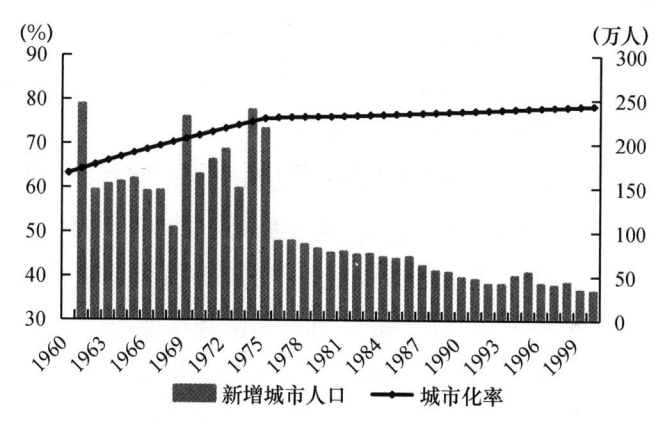

图7-1 日本城市化率及每年新增城市人口数量（1960—2000）

资料来源：世界银行、日本统计局。

二 发展进入高收入阶段

在日本经济持续发展过程中，人均收入水平不断提高。来自世界银行的数据显示，日本的人均GDP由1980年的9308美元增加到1990年的25124美元。也就是说，20世纪80年代中期之后的日本已进入高收入国家行列，收入水平的增加意味着人们手头的资金增多。同时，日本是世界上储蓄率最高的国家之一，其国民储蓄率在20世纪80年代一直保持在30%以上。高收入水平叠加高储蓄率，一方面让日本民众积累了大量的财富，助长了国民的乐观情绪；另一方面，导致资金长期过剩。这使得在国土面积狭小的日本，土地等不动产成为过剩资金追捧的对象，造成土地价格接连攀高，并被视为不灭的"土地神话"，但实质上已经埋藏了房地产泡沫的隐患。

三 人口结构老龄化加重

人口结构变迁对房地产发展具有重要影响。按照国际上通行的人口年龄结构划分标准，15—64岁的人口被视为劳动年龄人口，其余被视为非劳动年龄人口。劳动年龄人口的比例越高，对住房需求也就越大。1991年前后，日本人口结构中的"刘易斯拐点"开始出现，劳动年龄人口数量逐渐下降，老龄人口不断增加。与此同时，适龄购房人口数量增幅明显放缓，甚至开始大幅快速下降。在这一阶段，日本人口结构变迁对房地产发展的支撑作用相比之前明显减弱。

以上多重宏观环境条件的周期性变动与结构性调整叠加交织，使得20世纪80年代基本面因素对日本房地产发展的支撑作用缓慢减弱，带来泡沫滋生的经济温床，并成为日本房地产泡沫形成和膨胀的重要宏观诱因。在此过程中，一旦出现房地产非理性高涨和房地产价格非正常飙升，都将极其容易与基本面支撑发生偏离，导致泡沫出现。

第二节 日本房地产市场区域空间分异的表现及原因

一 日本房地产市场区域空间分异的表现

日本房地产市场区域分异集中呈现为大城市地价、房价暴涨，并领涨日本全国。1985—1990年，日本地价疯狂上涨，全国平均地价增长了46.3%，六大城市平均地价直线飙升，上涨率高达198%（见图7-2）。

从日本主要城市来看，东京、大阪、名古屋的住宅地价指数在1985—1990年间大幅领先其他地区以及全国水平，东京的住宅地价增幅在1987年高达60%，并领涨全国（见图7-3）。

基于日本辖区土地价格指数的变动来看（见表7-1），20世纪80年代日本房地产泡沫时期的土地价格在区域空间维度的变化呈现出如下变化趋势：一是住宅地价指数的快速上升首先从东京开始，随后向大阪、

第七章　房地产市场区域……日本房地产泡沫为例　/　161

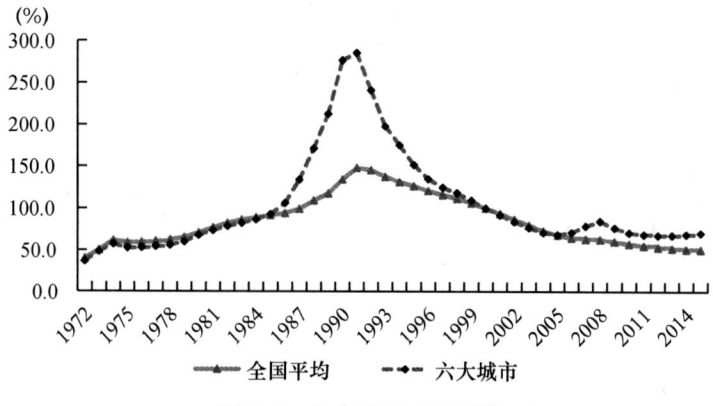

图 7-2　日本城市地价指数

备注：全国平均是指日本全国城市用地平均价格；六大城市指的是东京、横滨、名古屋、京都、大阪和神户。2000 年城市地价指数为 100。

资料来源：日本不动产研究所。

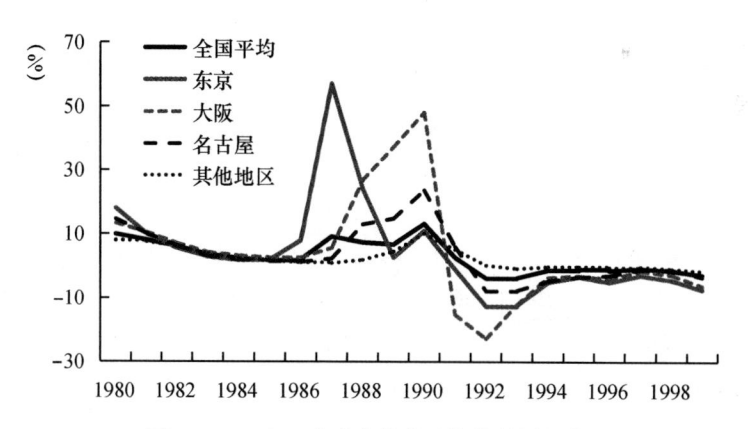

图 7-3　日本三大城市住宅地价指数增幅变动

备注：全国平均是指日本全国城市用地平均价格；六大城市指的是东京、横滨、名古屋、京都、大阪和神户。2000 年城市地价指数为 100。

资料来源：日本不动产研究所。

名古屋和其他地区扩散蔓延；二是土地价格在三大城市的上涨幅度要明显快于其他地区。

表 7-1　　　　　　日本三大城市住宅地价增幅变动情况（%）

年份	全国平均	东京	大阪	名古屋	其他地区	变异系数	三大城市变异系数
1980	9.90	18.00	13.30	14.60	8.00	0.27	0.13
1981	8.10	10.00	10.50	10.10	7.60	0.12	0.02
1982	6.20	5.60	7.10	6.40	6.20	0.08	0.10
1983	3.70	2.90	4.30	3.20	3.80	0.15	0.17
1984	2.50	1.90	3.30	1.90	2.50	0.24	0.28
1985	1.80	2.00	2.70	1.50	1.70	0.23	0.24
1986	2.20	8.00	2.70	1.30	1.20	0.84	0.72
1987	9.20	57.10	5.70	2.40	1.00	1.42	1.15
1988	7.40	24.10	26.90	13.00	2.00	0.60	0.28
1989	6.80	2.70	37.30	14.80	4.60	0.93	0.78
1990	13.20	11.00	48.20	23.70	10.10	0.66	0.56
1991	2.70	-1.00	-15.30	6.10	5.20	-6.85	-2.62
1992	-3.80	-12.70	-22.80	-7.80	0.30	-0.78	-0.43
1993	-3.60	-12.30	-12.10	-7.60	-0.70	-0.58	-0.20
1994	-1.20	-5.00	-3.50	-4.60	-0.10	-0.58	-0.15
1995	-0.90	-3.30	-3.00	-3.40	-0.10	-0.56	-0.05
1996	-1.30	-5.00	-3.90	-2.90	-0.40	-0.56	-0.22
1997	-0.70	-2.90	-1.50	-1.00	-0.20	-0.70	-0.45
1998	-1.40	-4.40	-2.70	-1.10	-0.80	-0.64	-0.49
1999	-2.70	-7.30	-6.20	-3.40	-1.50	-0.50	-0.29
2000	-2.90	-6.70	-6.50	-1.60	-1.80	-0.59	-0.48

数据来源：日本统计局、日本不动产研究所。

二　日本房地产市场局部泡沫生成、膨胀及扩散的原因

在 20 世纪 80 年代，宏观环境、金融信贷、财政税收、土地等因素的叠加交织，以及在此过程中居民、企业、金融机构等多方联合参与，共同造就支撑日本局部房地产泡沫形成、膨胀、扩散的资本运作与土地投机。

（一）金融信贷放松及扩张形成支撑泡沫生成及膨胀的资本运作

房地产业属于资金密集型产业，金融信贷的变动与调整会对房地产

市场上的经济主体产生重要影响。具体而言，一是对开发商融资、对购房者发放贷款的银行部门，容易受到金融信贷制度与政策变动的直接影响；二是或多或少利用信贷等途径购置土地和房屋的家庭住户与个体；三是房地产开发企业等相关组织。这三大主体皆是基于各自利益最大化进行决策，并在金融系统中形成一个环环相扣的资金供求利益链条。20世纪80年代，日本货币加速超发，加之金融自由化与金融监管放松，很大程度上支持了市场主体的联合投资投机行为，成为日本房地产泡沫形成和加速膨胀的直接驱动因素。

第一，货币超发加速经济"脱实向虚"。1982—1985年间，日本的货币供应相对稳定，但《广场协议》签署后，美国、日本、联邦德国、法国以及英国五国开始联合干预外汇市场，在国际外汇市场上大量抛售美元，日元对美元大幅升值。为应对日元的升值和不利的国际经济环境，日本央行于1987年2月将贴现率下调至2.5%，比1986年初的5%低出2.5个百分点。贴现率较大幅度地下调，引起货币供应量快速增加，广义货币量占GDP的比重由1985年的164.95%上升到1989年的189.31%。货币供应的大量增加完全超出日本当时的实际GDP增速，不仅没有被日本实体经济流通所吸收，反而被吸引至股票市场、房地产市场等，经济"脱实向虚"趋势越来越突出，资产价格被不断推高。

第二，金融管制放松鼓励了土地和住房投资投机。在全球金融自由化浪潮的影响下，日本不仅逐渐放开对利率的管制，而且对资本市场的管制和信贷配置也有所放松。然而，相应的金融监管体制改革未能跟上金融自由化的步伐，其结果是：一方面，商业银行缺乏实体产业的贷款客户，刺激了商业银行向非实体产业贷款的冲动；另一方面，极大地加剧了金融机构之间的竞争。基于自利动机的银行为了在竞争日益激烈的金融市场上保持一定的份额，偏向于将资金投放至房地产业，大量发放抵押贷款，积极对不动产融资，甚至不惜违规操作腾挪资金，鼓励、参与房地产投资投机。如此循环反复形成支撑房地产泡沫的资本运作。1985—1989年，日本金融机构对不动产的直接融资以及非金融机构的"迂回融资"规模惊人，累计剧增44.2万亿日元（野口悠纪雄，2005）。可以说，在当时环境下，银行在房地产投资投机中扮演了"纵容者"甚至"唆使者"的角色①,让更多的中小企业、家庭和个人加入房地产投资投机热潮。加之受人们强烈的地价上涨预期的影响,经济主体行为被明显异化,并以合作博弈的方式轮番推动土地与住房投机高涨。此外,由于日本的汇率改革先于利率改革实施,日本实体企业通过国际资金市场融资和大量外资涌入房地产市场,促使资产价格滚雪球式地膨胀。

(二)财政税收结构性失衡与扭曲助长房地产投资投机

在日本房地产泡沫形成与膨胀过程中,财政税收因素的驱动作用尽管没有金融信贷因素那么直接和强烈,但也不容忽视。因为日本中央与地方政府财税体制安排以及当时的土地税制结构调整并未对土地投资投机形成有效的制衡与惩戒,反而助长了地方政府的逐利激励和国民的土地投资投机倾向。

第一,日本分税制财政管理体制下地方政府存在财力短缺的压力。日本实行的是分税制,中央和地方政府在财政收支上不对等。在财政收入上,主要依靠税收,中央政府(国税)与地方政府(地税)的占比大约是6∶4,财力的中央集中度高。在财政支出上,支出责任集中于地方政府。尽管其责任划分标准比较明确,但是从最终的财政支出比例来看,中央与地方政府的支出之比大约是4∶6。由于财政收支不对等,日本地方政府存在较大的财政压力。

第二,中央对地方政府的巨额转移支付强化了地方政府的逐利激励。中央对地方高额的财政补助是日本中央政府与地方政府财政关系的另一个重要方面。②其自上而下建立的财政均衡制度,即中央政府对地方政府的转移支付由三部分构成:地方让与税、地方交付税和国库支出金。其中,地方让与税直接对应公路、港口、机场等基础设施的建设,地方交付税主要依据由城市基础设施(如城市中的自来水、下水道、道路、路灯等)等因素确定的当地经济社会发展水平。高额转移支付的利诱,加之迫于财政压力,许多地方政府逐渐形成依靠中央政府的补助金实施以

---

① 冯维江、何帆:《日本股市与房地产泡沫起源及崩溃的政治经济解释》,《世界经济》2008年第1期。

② 夏兴园:《日本中央与地方政府的财政关系》,《现代日本研究》1993年第2期,第44—46页。

土地开发为中心的城市经营。① 它倾向于尽可能增加转移支付的比重或是获得其他收入项目。于是，地方政府也被拉入推动城市土地开发、基础设施建设并间接驱动房地产发展的利益机制。

第三，税制的结构性扭曲助长了土地作为投机对象的倾向。房地产流通与持有环节如果形成合理的税制安排，将会对投资投机起到经济惩戒与抑制作用。但20世纪80年代泡沫形成初期的日本，由于税制结构的扭曲，并未能使其发挥应有的作用。1979年，日本政府减轻了法人长期持有土地转让所得税负，1981年对个人长期持有土地转让收入实施20%的低税率，1982年税收制度改革中将土地长期持有的年限由五年延长到十年。较为宽松的土地税收政策刺激了日本国民对土地的投资投机需求。同时，日本固定资产税等土地保有征收的税负过轻，助长了把土地作为资产保有的倾向。

（三）土地及相关因素助推局部房地产泡沫膨胀

第一，土地征用制度简化助推了土地开发热潮和投资投机。日本土地开发的制度支撑是1951年制定的《土地征用法》。虽然在日本个人可以获得永久的居住权和土地使用权，但是对于重要公共事业，政府可以依据《土地征用法》对土地进行征用。而且，日本的土地征用制度不断简化。1963年之后，日本出现土地开发热潮，部分土地开发项目可以规避开发许可程序。进入20世纪80年代，在金融自由化以及资本运作支撑下，日本土地开发、投资热潮不仅未减，反倒被越来越多带有浓厚投机色彩的资金所追捧。进一步受土地价格高涨预期的主导影响，日本土地市场泡沫不断膨胀。②

第二，土地的相关收入成为重要财源，进一步刺激土地开发和地价上涨。土地开发给地方政府带来财力，其财力来源包括两大部分：一是与土地相关的地方税收，其中房地产购置税、特别土地持有税和城市规划税直接与土地开发和转让有关；二是从中央政府获得的更高转移支付。

---

① 西堀喜久夫：《战后日本城市经营的教训》，《日本研究》2009年第3期，第40—44页。
② Kazuo, Sato., "Bubbles in Japan's Urban Land Market: An analysis", *Journal of Asian Economics*, Vol. 6, No. 2, 1995, pp. 153-176.

地方政府越倾向于城市基础设施建设，获得的转移支付越多，城市地价上涨也就越快。日本大藏省的统计数据显示，1983—1990年，日本中央对地方政府的税收补贴占中央财政支出的比重快速攀升，并在1990年达到峰值。相应地，日本的地价也出现了疯狂飙升。

第三，地方政府的地价管理控制措施失效。由于地方政府的土地开发可以有效改善其财力不足的局面，所以日本的地价管理控制措施失去预期的效果。在日本的城市土地价格管理和控制措施中，由地方政府实施的主要有土地交易审查、不动产评价、土地价格信息公布等。但是，对土地及价格控制与地方政府经营城市并改善财力的激励并不相容。经验证据显示，像日本神户型城市经营之所以能够取得成功，是以土地需求旺盛、地价持续上升等为条件的。因此，地方政府实际上并没有足够的动力来严格执行地价控制措施。此外，日本政策决策的行政主导以及相关省厅在集体层次上存在冲突、倾轧，导致错过共同预防及治理泡沫的机会[①]。

第三节　日本房地产市场区域空间分异及泡沫破灭影响

一　对房地产市场本身的影响

随着人口和经济资源向东京、大阪、名古屋等城市集中，日本房地产市场的空间分异特征越来越突出。20世纪80年代以前，日本房地产价格普遍上涨，不同地区、城市之间的差异并不明显。但到20世纪80年代，日本发展较好的大城市及其周边出现大涨，中小城市涨幅相对较小，空间分布差异明显。房地产市场区域空间分异为房地产投资与投机活动向重点、热点地区和城市转移创造了条件，导致其房地产价格在高位水平上持续攀升，热点地区和城市更容易成为泡沫的载体。

由于日本大城市中土地购入费用占了住宅购入费的大部分，地价上

---

① 冯维江、何帆：《日本股市与房地产泡沫起源及崩溃的政治经济解释》，《世界经济》2008年第1期，第3—12页。

涨的影响直接表现为住宅价格的暴涨，并与收入水平严重偏离。东京圈、大阪圈和名古屋圈住宅价格与收入的比值在 1986—1990 年间快速增加（见图 7-4）。其中，东京圈住宅价格与年收入比率的攀升速度更快，并于 1990 年超过 10 倍，而在东京圈的核心区域，这一比率更是高达 20 倍（见表 7-2），房地产泡沫不断膨胀。据野口悠纪雄（2005）测算，日本资产价格涨到顶点的 1989—1990 年间，地价有大约一半是泡沫。在这场资本运作与土地投机的盛宴中，房地产泡沫引起的资源配置扭曲、社会结构失衡等，使日本在无形中遭受着巨大的威胁与损失。

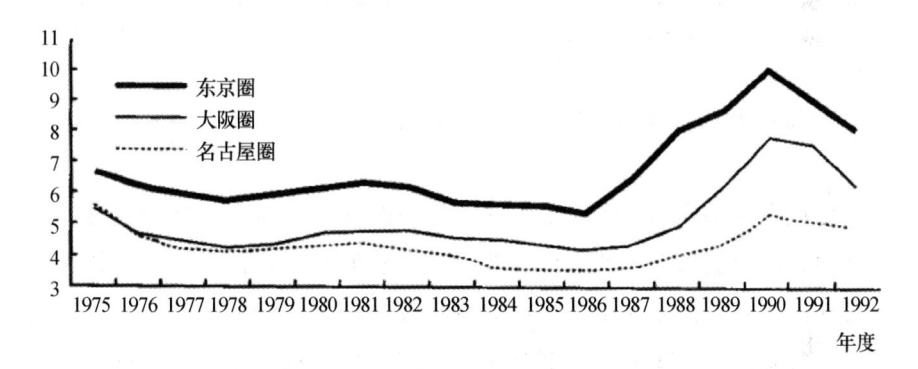

图 7-4 日本三大都市圈标准住宅价格与年收入的比值

注：1. 对象是民间企业供给的室内使用面积 75 平方米的中高层住宅；2. 1992 年为上半年的数值（速报值）。

资料来源：野口悠纪雄：《泡沫经济学》，曾寅初译，生活·读书·新知三联书店 2005 年版。

表 7-2　日本东京圈住宅价格收入比（根据距离圈划分）

年份	年收入（千日元）	—10	10—20	20—30	30—40	40—50	50—60	60—	东京圈平均
		距离圈（公里）							
1980	4493	7.96	6.39	5.54	5.07	5.14	4.91	5.19	6.26
1981	4795	7.95	6.73	5.68	5.36	4.52	4.88	4.50	6.32
1982	5024	8.12	6.51	5.37	4.96	4.96	4.37	5.60	6.18
1983	5261	7.20	6.61	5.37	4.99	4.60	—		5.84
1984	5453	6.93	6.15	5.20	4.59	4.66	4.47	—	5.64
1985	5655	6.95	5.78	5.12	5.28	5.54	4.67		5.62

续表

年份	年收入（千日元）	距离圈（公里）							东京圈平均
		—10	10—20	20—30	30—40	40—50	50—60	60—	
1986	5851	7.10	5.93	4.94	4.79	5.63	4.65	—	5.36
1987	6069	10.89	7.93	5.86	5.40	4.91	4.60	—	6.48
1988	6210	15.62	10.43	7.25	7.10	6.26	6.10	4.28	8.14
1989	6523	16.95	10.38	8.27	7.53	6.86	6.90	5.07	8.73
1990	6941	18.70	12.61	8.95	9.05	8.16	7.92	5.54	10.02
1991	7351	16.05	11.19	8.64	8.17	7.09	6.65	5.08	8.99
1992	7551	13.41	10.21	7.82	6.99	6.42	5.86	4.90	8.11

注：1. 对象是民间企业供给的室内使用面积75平方米的中高层住宅；2. 1992年为上半年的数值（速报值）。

资料来源：野口悠纪雄：《泡沫经济学》，曾寅初译，生活·读书·新知三联书店，2005。

房地产泡沫及其膨胀无论出现在任何时候都是对经济社会发展的严重威胁，因为泡沫引起的个体行为异化、资源配置扭曲、社会结构失衡等会让经济社会在无形中遭受巨大的风险与损失。房地产泡沫无论以何种形式被刺破或自我崩塌，都会对房地产市场本身以及经济与社会发展产生重要影响。从日本房地产泡沫被当局主动刺破后产生的影响来看，其中既有严峻的负面影响，也有不可忽视的正面效应。

泡沫破灭让日本房地产市场由"大起"转为"大落"，并陷入长期低迷。1991年，日本巨大的地产泡沫自东京开始破裂，迅速蔓延至日本全境。原先大量的房地产投资投机需求消失，现实的消费及改善型需求很大程度上已经得到满足，潜在的需求由于城市化接近尾声、人口结构老龄化加剧、适龄购房人群减少等出现断崖式下降。但大量的过剩还存在，土地和房屋根本卖不出去，陆续竣工的楼房也是缺少住户。日本的地价、房价开启大落以及漫长的下跌之旅。《日本统计年鉴2016》数据显示，日本土地价格从1992年开始持续下跌。1992—2015年，全国城市平均地价跌幅为65.8%，其中住宅地价下跌78.1%；东京、大阪、神户等六大主要城市平均地价下跌75.4%，住宅地价下跌85.2%，主要城市地价下跌幅度明显高于全国平均水平。泡沫破灭之后，像东京等地区土地市场上的价格结构与泡沫破灭前相比还出现了明显的结构性差异。[1]

二 对日本经济社会的影响

第一，波及深刻广泛。个人、银行、企业等市场主体乃至政府在泡沫破灭后都承受了巨大的经济代价。一是私人资产大幅缩水，私人持有的房产和地产在泡沫崩盘后随着资产价格的大幅下跌而严重缩水；二是企业经营恶化，负债增加，尤其是许多超出主业从事不动产投资投机的实体企业纷纷倒闭；三是银行坏账增加，金融丑闻不断。不少银行倒闭破产，其连锁效应又进一步让资本市场下挫。可以说，泡沫的破灭对金融系统产生的打击几乎是毁灭性的。

第二，挫伤国民信心。与泡沫崩塌相随的"土地神话"破灭、银行和企业破产、证券丑闻的暴露等，让日本民众对资本市场丧失了信心。此后，由于受到亚洲金融危机、次贷危机等国际形势的影响，日本房地产市场一直处在低迷状态，经济增速也是长期在低位徘徊。

第三，倒逼结构调整。泡沫的破灭在短期内对日本造成重创，但从长期来看，在促进市场回归正轨、倒逼结构调整等方面也存在不容忽视的正面影响。泡沫破灭后，日本经济社会系统结束了投机疯涨模式，并有机会开始进行经济机制的净化和重组。尽管日本房地产泡沫破灭后出现所谓"失去的二十年"，但这并不完全是泡沫破灭所致，还与国际经济环境趋紧、新兴经济体崛起以及日本人口结构变化等影响有关。另外，得益于日本社会传统中包含的稳定因素，以及日本当局力促社会稳定的施政意图[2]，房地产泡沫破灭并未导致日本社会出现动荡不安等严重的社会问题，反而倒逼日本建立了符合老龄化社会的完备社会保障制度和系统。房地产泡沫破灭后，日本公共财政用于社会保障的支出大幅增加，社会保障支出占 GDP 的比重由 1990 年的 13.56% 上升到 2009 年的 26.8%，这一比重比美国还要高。

---

[1] Chihiro, S., Kiyohiko, G. N., "Pricing Structure in Tokyo Metropolitan Land Markets and its Structural Changes: Pre-bubble, Bubble, and Post-bubble Periods", *The Journal of Real Estate Finance and Economics*, Vol. 35, No. 4, 2007, pp. 475-496.

[2] 高柏：《日本经济的悖论——繁荣与停滞的制度性根源》，商务印书馆 2004 年版。

第四，间接促进创新。房价上涨对工业企业创新具有抑制影响，房价上涨越快，企业的创新倾向越弱。[①] 日本最终刺破泡沫，使得房地产价格中非理性成分被挤出，某种意义上为企业从原来的资产投机回归到主业，以及为科技创新创造了条件。在房地产泡沫破灭之后，日本大量的金融资源和稀缺的土地资源得以投向实体经济和制造业的创新中，由泡沫引起的资源配置扭曲在泡沫被刺破后逐渐得到纠正。统计数据显示，从1990年以来的近20年中，日本对研发（R&D）的投入占GDP的比重是OECD国家中最高的，特别是从20世纪90年代中期（大约在1994年）开始处于上升状态，2008年接近3.5%。[②] 人才、技术和创新能力的增强，促使日本跃入科技创新先锋行列，实现制造业、高科技产业全新发展。

第四节　中日房地产市场（局部）过热表现及成因比较

在中国房地产市场区域空间分异显现的背景下，房地产市场不时出现的局部过热一直困扰着经济社会发展，其间尤以2016年中国房地产市场在回暖过程中出现的局部过热现象最为严重，并与20世纪80年代的日本在地价房价飙升、房地产泡沫形成膨胀时期具有一些相似之处。比如，都表现出核心、热点地区房地产价格快速攀升，并向周边城市波浪式扩散，市场过热面临区域进一步扩散和热点地区进一步失控风险等。从成因来看，2016年中国房地产市场局部过热是多种因素叠加以及多元行为主体联合驱动的结果。

一　市场分化为局部过热创造了条件

作为一个发展中大国，中国不同区域城市间在人口规模、居民收入、

[①] 王文春、荣昭：《房价上涨对工业企业创新的抑制影响研究》，《经济学》（季刊）2014年第1期，第445—490页。

[②] 数据来源：http://www.oecd.org/sti/msti.htm。

公共资源等方面存在较大差异。近些年，房地产市场区域分化特征明显，重点、热点城市极易成为房地产投资投机的追逐地和泡沫风险的策源地。北京、上海、广州、深圳等一线城市及其周边地区和部分热点二线城市房地产市场吸引大量本地与外地资金涌入，导致其地价、房价高涨，并轮番刺激、助长房地产投资投机及扩散蔓延，创造了2016年局部市场严重过热。与当时的日本相比，自20世纪80年代以来，随着日本人口和经济资源向东京、大阪、名古屋等大都市区迁移和集聚，这些城市及其周边地区房地产价格大幅上涨。从1986年开始，日本六大都市区的住宅地价和商业地价均快速上升，明显高于全国平均水平。可以说，当时日本房地产市场出现的区域分化为房地产投资投机活动向重点、热点城市转移创造了条件，导致这些地区的房地产价格在高位水平上持续攀升，很容易成为房地产市场过热的策源地和房地产泡沫的载体。因此，房地产市场出现的区域空间分化，为重点、热点城市的房地产过热创造了条件。

二 宏观环境因素诱导局部市场过热

2016年中国房地产市场局部严重过热的宏观环境诱因与当年的日本有类似之处。伴随改革开放以来持续数十年的经济高速增长，中国的经济实力与居民收入水平得到大幅提升。加之较高的国民储蓄率，当前民间财富积累日益庞大，对投资的需求不断增长，尤其是住房货币化改革背景下，对住房的消费、投资需求大量释放。在宏观经济整体增速相对放缓背景下，受国内投资渠道相对单一等客观条件限制、"有土斯有财"等传统文化影响以及前期房价地价持续上涨的强烈刺激，中国房地产如当时的日本那样成为资金追捧的对象。不容忽视的是，当前中国在城市化水平、人口结构等方面与20世纪80年代的日本相比存在显著的差异。1980年日本城市化率已高达76.18%，城市化任务基本完成，而2016年中国常住人口的城市化率为57.35%，户籍人口的城市化率（41.2%）比这还要低。这意味着中国的城市化具有巨大潜力，在当前及未来一段时间内仍将对中国房地产市场持续发挥重要支撑作用。从人口结构上看，尽管中国的老龄化程度在逐年加深，但与20世纪80年代中期的日本相比，中国劳动年龄人口和适龄购房人群比重仍保持在较高水平。2016年中国 15—64 岁人口占总人口的 72.18%，高于日本 1985 年 68.25% 的水平，当前中国仍蕴藏着大量的房地产需求。

三　热点地区市场主体合作博弈驱动

中国本轮房地产市场局部过热的深层根源在于驱动市场主体支持或从事房地产投资投机的利益机制。在此机制下，市场主体基于自利动机进行合作博弈，造成热点、重点地区和城市房地产市场过热。中国房地产市场运行中涉及政府以及多元经济主体。在经济增长放缓、区域市场分化等形势下，现行的经济发展、住房发展与城市化发展战略和住房、金融、财税、土地等制度，催生出一套市场主体共同参与的房地产化取向的合作博弈机制。在此过程中，地方政府基于土地财政现实与本地经济增长考虑，一方面存在控制土地供应、抬高地价、助推房价的内在激励；另一方面，通过支持房地产来经营城市，参与并支持融资、开发、投资与投机。银行等金融机构基于利润、风险及业绩权衡，在实体经济不景气以及资产价格不断上升的背景下，积极将大量资金引入房地产市场。在监管不严以及存在漏洞的情况下，想方设法通过各种渠道和途径加大对以土地为抵押的开发商、住房为抵押的购房者的贷款投放，支持甚至直接参与楼市投资投机。房地产开发销售企业通过房地产金融化向一二线核心城市扩展。中高收入居民和投资投机者基于避险、保值、盈利目的，在一二线核心城市疯狂购房。中介机构为了从火爆的房地产市场中受益，则出位运营、违规炒作，与开发商合谋，不惜传递虚假信息，加剧"抢房"狂潮。通过以上各大主体联合博弈，完成投资与投机在热点、重点城市楼市间穿越，制造了 2016 年中国局部地区房价暴涨和市场过热的奇迹。

四　巨量资金导入助推局部房地产热潮

巨量资金导入是中国本轮房地产市场局部过热的主要源头。2015 年以来，央行实行了一系列降准、降息的货币政策，目的是促进实体经济复苏与增长。在此背景下，银行及相关市场主体利用政策优惠和多部门"分治"形成的监管空隙进行所谓的"金融创新"，通过信贷、金融产品等将巨量资金腾挪到一二线核心城市的房地产市场。在此过程中，银行以及其他金融机构对房地产开发企业、居民和机构投资者的资金循环导入，形成多方参与并支撑房地产过热的资本运作。其中，银行信贷在此轮房价飙升中发挥了极其重要的作用，降低利率、首付比例和税费负担促进个人住房贷款激增。中国人民银行的统计数据显示，2016年第一、二季度全国个人购房新增贷款快速攀升，同比增速分别达到75.25%和110.71%。8月住户部门的新增贷款（主要是居民家庭的购房抵押贷款）在当月人民币新增贷款中的占比达到71.2%，而7月这一比例接近99%。此外，债权融资快速增长，房企公司债异军突起，通过明股实债、债权收益权转让方式绕开金融监管。房产中介公司为资金违规进入楼市起到推波助澜的作用。互联网金融也趁势而起，通过众筹模式、互联网理财产品以及类"首付贷"产品，借助监管漏洞，违规将部分资金导入房地产市场。

2016年1—9月，全国房地产开发企业到位资金同比增长15.51%，增速与1—8月相比略微上升，比第一季度提高0.81个百分点，与第二季度基本持平，比2015年全年相比提高12.88个百分点。同时，从开发企业到位资金与房地产投资变动关系上看，进入2016年，开发到位资金同比快速增长，表明房地产开发资金来源状况得到一定的改善，但房地产投资并未因为资金改善而得到明显提升。这表明当前背景下房地产开发投资开始变得谨慎。从金融机构对居民户的贷款投放来看，自2015年年中房地产市场回暖以来，各月居民户新增人民币长期贷款总体快速攀升，2016年9月达到历史峰值，高达5740.1亿元。2016年9月，个人住房贷款新增4759亿元，占据9月新增贷款的39%，以房贷为主的居民信贷仍处于高位运行状态。从主要金融机构的贷款投放来看，房产开发贷款与个人购房贷款呈现"剪刀差"式的扩大和背离。个人购房贷款余额累计同比增速快速攀升，2016年第三季度高达33.4%，比2015年第三季度增加12.5个百分点。与此形成鲜明对比的是，房产开发贷款余额的同比增速在不断下滑，2016年第三季度为9.6%，比2015年第三季度收窄11.3个百分点。主要金融机构资金供给结构分化，一方面助力购房需求方进一步推高房价；另一方面，一定程度上限制开发商通过金融机构获得开发融资，进而影响房地产开发投资。个人购房贷款与住房价格保持同向攀升、房产开发贷款和住宅开发投资维持同向下滑的变动特征，形象地呈现以上金融驱动楼市的机制。大量资金进场尤其是进入热点城市，直接驱动地价、房价的飙升。这与日本20世纪80年代金融信贷因素及资本运作助推地价房价高涨的情形如出一辙。

五 热点城市"地王"现象刺激房价飙升

"地王"频出是加速中国房地产市场局部过热与恐慌的直接原因。特殊的土地制度与分权的财税体制交织生成的土地财政制度，经过演化发展，成为经济与房地产相互依赖、相互推动机制的基础。在供给侧方面：现有的土地征用制度、使用权出让制度与土地储备制度，塑造并强化了地方政府作为土地使用权唯一供给者的垄断地位。土地出让收益主要归地方支配，强化了地方政府攫取土地垄断高价的欲望，控制节奏、饥渴供地成为许多地方政府的基本策略。在需求侧方面：众多的土地开发需求者中，国有企业拥有雄厚的经济实力和融资能力，使之拥有几乎不计成本地竞买土地的热情与高地价支付能力。一些非国有企业虽然经济实力有限，但通过与金融机构和中介机构合作，也拥有志在必得的高地价支付能力。在供需结构失衡的土地市场上，加之价高者得的土地拍卖制度，楼市长期看好、短期回升的一二线等核心城市成为高价拍地的重灾区。根据公开的资料数据整理，2016年1月初至9月底，全国共计产生246宗"地王"，创造了历史新高。其中，一二线城市"地王"数量领跑全国，大约占了94%。上海、南京、杭州、深圳等城市的"地王"出让金分别高达827亿、777亿、647亿和533亿元。随着热点城市"地王"接二连三出现及其影响扩散，全国土地出让金也是快速攀升。2016年前三个季度全国300个城市住宅用地出让金总额同比大增56%，绝对量超2015年全年总额。"地王"频现，加上媒体广泛报道，其对房价的传导效应愈加明显，刺激房地产价格不断攀高。图7-5显示，百城住宅均价增幅与"地王"数量几乎保持同步上升的态势。其中，房价上涨迅猛的城市，往往也是"地王"频频出现的城市。

此外，地方政府消极调控以及调控时机拖延，是中国局部地区房价

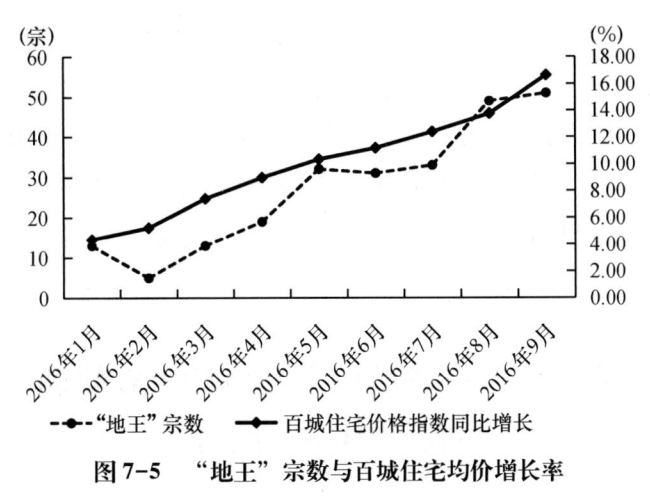

图 7-5 "地王"宗数与百城住宅均价增长率

资料来源：Wind 资讯等。

暴涨和市场恐慌的又一重要原因。分税制财政体制安排、以 GDP 为核心的考核机制，以及土地财政成为许多地方政府收入主要来源的现实环境下，加上调控监督与协调机制缺乏，导致房地产调控地方负总责制运行效率低下。地方政府对地价、房价的调节控制与其经营城市并改善财力等激励并不相容，这与当时的日本有相似之处。尽管中央早就提出明确的"分城施策"调控方针，但地方政府在调控上并未积极配合。一些库存较少甚至没有库存的一二线城市政府积极执行去库存政策，放松了监管，不仅未能有效抑制，反而刺激了一二线城市投资投机性购房，而且吸引了三四线城市的投资需求。针对 2016 年年中一些开发企业、中介机构趁机违法违规销售，恶意宣传炒作、严重扰乱房地产市场秩序等行为，相关部门未能予以及时制止；面对谣言充斥、房价暴涨、楼市抢购等严重影响预期的情势，许多地方政府保持沉默甚至发出错误的信号，从而让社会形成房价将短期暴涨的预期和恐慌心理。房价的大幅上涨和区域空间的进一步扩散蔓延愈演愈烈。直至 9 月底后，地方政府才开始密集发布楼市调控政策，采取"限购+"等一系列措施。最佳调控时机的延误以及随后政策的出台，加上预期变化，使得居民的真实住房需求推迟或者提前释放，投资及投机也如影随形，进而加剧市场短期波动。

从以上分析不难看出，在固有的制度漏洞和特定宏观环境之下，2016年中国房地产市场（局部）过热表现及其驱动因素与当时的日本有诸多相似之处，都源自金融信贷、宏观环境、土地等因素的多重叠加，是特定宏观环境与政策条件下多元市场主体基于自身利益追求和心理预期开展合作博弈的结果。在房地产市场过热及价格飙升的背后，都存在一些支撑房地产投资投机的金融、财税、土地等方面的制度、机制与政策问题。

第五节　日本房地产泡沫的经验教训对当代中国的启示

第一，发展阶段不同，使得中国在处理房地产市场过热时更加从容，但防控局部泡沫风险、撤除制度机制病灶的任务仍然迫切。在房地产泡沫经济环境温床、制度机制病灶存在的情况下，局部严重投机过热如果得不到有效管控而任其扩散蔓延，很有可能出现如日本那样由局部过热到泡沫不断膨胀，再到泡沫破裂的大起大落过程，其深刻教训值得中国认真吸取。不容忽视的是，当前的中国与20世纪80年代泡沫形成并膨胀的日本相比，在发展阶段等方面明显不同。1980年，日本城市化率已经高达76.18%，城市化已经接近尾声，并且处于高收入发展阶段。当前中国还处在城镇化加快推进的发展阶段。2016年，中国常住人口的城镇化率为57.35%，户籍人口的城镇化率比这要低（为41.2%），还具有很大潜力，显示城镇化是未来支撑中国房地产的重要变量。与投资性需求占多的日本不同，中国全国层面住宅房价短期波动的需求方影响因素更多地表现为消费性需求。[①] 而且，政府调控房地产市场还有金融、土地、监管等诸多工具可供使用和备用。因此，发展阶段的不同，使得中国在处理房地产市场过热时更加从容。但是，由于驱动全民投资投机房地产的利益机制依然存在，被限购限贷等行政手段打压沉寂的投资投机需求有

[①] 黄红梅、石柱鲜、李玉梅：《中日房地产价格影响因素的比较研究》，《现代日本研究》2014年第1期，第46—56页。

报复性反弹的可能，局部楼市虚火未减或重燃、资产泡沫积累扩散等风险仍然较大。因此，留给中国解决房地产深层问题的时间实际上并不多，防控泡沫风险、撤除制度机制病灶的任务仍然迫切。

第二，消化泡沫是经济社会发展中的必选项，采取吸收泡沫或刺破泡沫的办法各有利弊。日本房地产泡沫形成、膨胀及最终破灭的过程明确警示，过热投机驱动的房地产暴涨、泡沫膨胀带来的虚假繁荣不可持续，当达到一定程度后必然破灭。市场自身以及经济社会系统会深受其害，因此，消化泡沫是经济社会发展的必选项。究竟是主动着手刺破，还是缓慢吸收消化，从日本的经验教训看，不同的处理方式各有利弊。主动刺破泡沫有利于通过市场重建机制，是以一种相对剧烈的方式结束投机疯涨模式并有机会开始进行经济机制及系统的净化和重组，但在市场基础性制度不健全、社会保障等安全网不牢靠的情况下，主动刺破泡沫很可能带来市场大起大落、社会动荡不安等严峻问题。吸收泡沫虽然短期内不会对社会稳定造成较大的影响，但机制的调整与重构比较缓慢，市场主体基于自利动机的联合博弈以及与膨胀泡沫的激励相容，会让问题有积重难返的风险。全面权衡各种利弊及其可能产生的影响，寻求积极、稳妥的权宜之计及长久之策，是当前中国在促进房地产市场发展并使其符合中国经济社会发展全局目标过程中必须直面的选项。

第三，中国既要主动采取吸收局部泡沫的手段，又要抓紧实施关键领域的制度改革，由政府推动重建房地产经济机制与基础环境重塑。有鉴于中国城镇化持续推进、经济提质增效等发展机遇期不容错失，发展进程更不容许被泡沫及其引起的资源配置扭曲、社会结构失衡等中途延误而遭受巨大损失，积极稳妥地防控房地产泡沫风险，解决房地产深层问题，应坚持稳中求进、长短结合的施策原则与目标取向。一方面，积极采取主动吸收而非刺破热点地区和城市泡沫的手段。坚持"房子是用来住的，不是用来炒的"的定位，主动发声稳定社会预期，综合采取信贷、土地等政策措施，坚决抑制热点地区投机炒作，谨防局部泡沫继续膨大扩散以致不可收拾，让已经积累的泡沫通过新型城镇化推进和居民收入提高过程中现有需求和潜在需求的释放来对冲。另一方面，由政府推动构建符合国情、适应市场规律的房地产发展长效机制。在建立可持续的土地供应制度、调整完善中央与地方财权收支权责关系、实行长期稳定的住房金融信贷、完善住房法律体系与市场监管机制等方面，实施切实可行的制度改革，并在多层次住房供给、房地产税等基础性关键性领域进行改革突破，不断优化市场运行的基础环境与基础制度，夯实市场稳健发展的制度基础。这不仅有利于促进房地产自身稳健发展，而且对新常态下释放改革红利也具有重要意义。

第四，构建激励相容的房地产调控机制，引导、规制地方政府和经济主体积极理性地参与促进房地产发展。针对房地产市场出现的价格非正常过快飙升，动用限制性行政手段具有现实的必要作用。然而，虽然通过严格的限购、限贷等行政性措施在短期内可以抑制市场过热投机，但由于市场主体与地方政府部门取向和依赖房地产的制度和机制病灶尚未撤除，投资投机很有可能卷土重来。因此，在建立一套让房地产利润平均化的市场调节机制的同时，还须构建激励相容的房地产调控机制，把多元市场主体纳入统一框架，从市场信息搜集共享、调控部门协同联动、调控政策传递反馈、调控效果评估监督、社会广泛参与等方面进行科学有效的机制设计，以引导、规制政府部门与市场相关主体积极又理性地参与促进房地产发展。通过调控机制与长效机制的有机结合，让市场主体在自利动机下选择策略的相互作用，能够让资源配置的结果与预期促进房地产市场稳健发展的目标相一致。

第 八 章

中国房地产市场调控机制优化：
目标、原则与重点

1998年中国住房货币化改革开启后，特别是2003年全国房地产价格出现快速上涨以来，促进房地产市场平稳健康发展的相关调控及制度改革的步伐从未停歇，并随着房地产市场运行状况变化和国民经济社会发展阶段演进而深入推进。现如今，中国特色社会主义进入新时代，社会主要矛盾发生了历史性转化，经济由高速增长阶段转向高质量发展阶段，房地产市场空间结构及其内外部发展环境也发生着深刻的调整与变化。尤其是中国房地产市场区域空间分异的显现，以及城市住房价格多中心集群网络化差别联动运行体系的逐步形成，对房地产市场调控及制度机制建设提出新的更高要求。在此背景下，亟待进一步调整优化房地产市场调控机制，推进相关制度改革深化和长效发展机制的完善。

第一节 中国房地产市场调控机制优化的
重要性与迫切性

一 新时代新阶段需要加快优化房地产调控和深化改革

一方面，按期全面建成小康社会和实现全民住有所居，必须加快优化房地产调控和深化改革。住有所居、安居乐业是全面建成小康社会的目标要义，也是人民日益增长的美好生活需要的重要组成部分。经过长期的努力，中国住房发展取得巨大成就，尤其是近年来在加快构建"以政府为主提供基本保障、以市场为主满足多层次需求的住房供应体系"方面取得了显著成效，为到 2020 年全面建成小康社会奠定了坚实基础。但是，当前人们住有所居、安居乐业等美好生活需要的满足，正受到房地产不平衡不充分发展的制约，面临区域城市间房地产市场发展不平衡、土地供给增减与人口流入流出之间不平衡、住房租赁与销售之间不平衡，以及住房租赁市场发展不充分、住房保障尤其是针对新市民的住房保障不充分等问题。今后数年是全面建成小康社会的决胜阶段，也是为实现全民住有所居奠定重要基础的关键时期，这客观上要求在加快破解房地产不平衡不充分发展问题的调控及制度改革上要有持续的新进展。

另一方面，房地产发展新特征新趋向要求有更加科学合理的调控机制和长效机制与其相适应。经济社会发展变化特征总会呈现在时间和空间两个维度，房地产发展演进也是如此。从时间维度上看，中国房地产发展已进入新的阶段。国家统计局数据显示，我国城镇人均住宅建筑面积由 1998 年的 18.66 平方米增加到 2016 年的 36.6 平方米。人均住宅建筑面积已接近中等发达经济体的平均值，表明住房严重短缺时代结束，已从总量供不应求转向总量供求基本平衡、结构性矛盾突出的新阶段。[①] 这一阶段房地产发展的新趋向主要表现为：住房供给上，由增量主导向增量调整与存量优化转变；住房需求上，由数量需求向数量需求与品质需求并存转变；通过市场手段实现住有所居上由购房主导向购房与租房并举转变。从空间维度上看，中国房地产市场呈现出新变化。在区域和城市经济发展分化与收入差距依然较大的背景下，区域房地产市场运行的时空差异在较长一段时间内仍将持续存在。伴随中国城镇化进程加快推进和大规模高速铁路网络建设，区域与城市间的时空距离被空前压缩，城市间的联系日益加深，中国区域经济已由传统的省域经济向城市群经济转变。[②] 在此过程中，人们的居住、就业等活动空间不断扩展，房地产发展正由原先单个城市向都市圈、城市群拓展和转变，使得特定地区城

[①] 邓郁松：《我国房地产市场发展进入新阶段》，《中国经济时报》2017 年 11 月 30 日。
[②] 张学良：《中国区域经济转变与城市群经济发展》，《学术月刊》2013 年第 3 期，第 107—112 页。

市房地产市场既存在差异性，也具有一定的关联性。而且，各类城市房地产市场的调整、波动幅度会因供求关系的差异而不同，对经济、金融运行的影响也具有区域分化性。① 很显然，传统"一刀切"调控或简单的差别化调控已很难满足上述现实变化的需要。房地产发展新趋向要求房地产调控及相关制度要顺应上述变化而合理调整、改进和优化，以实现房地产调控政策和住房制度的动态调整与与时俱进。

二 化解房地产市场的突出问题及风险亟须优化房地产调控机制

在中国房地产市场规模不断扩大过程中，不时出现的市场（局部）过热现象蕴藏经济金融风险，困扰着房地产市场发展。尤其是2016年中国房地产市场出现了局部严重过热现象，重点、热点城市投资投机火热，"地王""抢房潮"频频涌现，部分城市房价暴涨惊人，且呈现扩散蔓延之势。鉴于当时的紧迫形势，2016年9月房地产调控开始全面收紧，政策手段和调控力度不断加码，多地先后启用限购、限贷、限价、限售等应急性干预措施。在调控政策收紧、措施从严以及调控效应显现背景下，目前房地产市场总体风险虽与2016年相比明显降低，但房地产市场发展及调控过程中存在的问题仍然比较突出，市场风险隐忧仍存。

（一）现阶段房地产市场仍面临潜在风险和不确定性

这主要体现在两方面：一是调整力度过猛、预期逆转造成局部市场大落的风险。针对2016年房地产市场出现的局部严重过热，许多地区和城市采取一系列严格的限制性措施，初衷是抑制房价的过快上涨和市场过热，但具体执行中出现了调控力度过速、过猛等问题。加之前期上涨周期中一些城市的房地产需求已集中得到释放，且短期基本都处在高位，严格的需求限制与管控措施很有可能引发预期逆转，造成局部房价下调过快、泡沫破裂等潜在波动风险。二是部分地区和城市房地产价格存在较大的上涨反弹可能。可以说，目前一些热点城市房价增幅下降或趋稳，很大程度上是调控重拳与严格限制性措施干预的结果，而非真正意义上

---

① 郭克莎：《我国房地产市场调整的趋势、影响及对策分析》，《财贸经济》2014年第12期，第17—26页。

由市场供求机制、价格机制发挥自我调节作用的下降。如果人口持续流入重点、热点城市，后续供给不能有效跟进，土地、财税等长效政策供给不足或调控出现松动，先前被限制性措施"堵""压"而沉寂的房地产投资投机性需求或将伺机复燃，一些热点城市房地产价格很有可能出现上涨反弹并再次向周边城市扩散蔓延，加剧房地产市场的空间结构性矛盾。化解房地产市场的潜在风险与问题，亟须注意调控的力度、节奏与平衡，由此对精准施策、高质量调控提出新的更高要求。

（二）行政化干预房地产市场和频施猛剂带来的副作用不容忽视

针对房地产市场出现的局部过热和房价高涨，启用限购、限贷等行政性权宜措施虽然在短期内见效较快，能够抑制房地产投资投机，但被动性应急干预、频施猛剂的副作用也比较明显，容易伤及真实合理的住房消费需求，扭曲资源配置机制等。观察2016年9月30日以来多地出台的限购、限价、限贷、限售、摇号等行政性干预措施与手段，其参差多样虽与各地情况差异有关，但也有过犹不及的问题，在推进调控精准化、精细化过程中出现了一些偏差。这不仅未能及时弥补市场功能缺陷造成的失灵，行政性干预过频、力度过猛反而加剧了市场波动，造成新房、二手房价格倒挂等问题，扭曲了价格信号机制和资源配置机制。特别是长期性、战略性的房地产政策缺失，抑制了房地产调控目标的实现。[①] 此外，本轮调控从严背景下，许多商业银行短期内收紧了房贷投放，调低或取消首套房贷利率优惠。一些商业银行甚至大幅提高首套房贷利率。这在一定程度上模糊了差异化房地产信贷政策支持与限制的边界，淡化了对首套自住购房需求的支持导向，容易误伤刚需购房群体。当前中国房地产发展迈入新阶段，房地产调控将更加强调科学化、精准化和高质量化。在此背景下，依然延续过去高度依赖政府政策和政府强力干预的房地产调控模式显然已不合时宜，亟须理顺政府与市场的逻辑关系，转变政府在促进地产市场平稳健康发展中的角色与定位，逐步调整、收缩政府干预的行为边界，改进其弥补市场失灵时采取的方式和手段。

---

① 吴宾、杨彩宁：《住房制度、住有所居与历年调控：自1978—2017年中央政府工作报告观察》，《改革》2018年第1期，第74—85页。

（三）房地产调控纵向监管机制、横向协调机制亟待完善

可以说，每一次房地产市场过热的出现，都是对房地产调控的一次检验与考验，尤其是 2016 年中国房地产市场出现的局部严重过热及扩散蔓延对房地产调控应急能力和调控机制进行了一次全面检验。虽然在多方协力之下化解了当时的紧迫局面，但经事后冷静检视，也暴露出中国房地产调控中存在的一些问题与不足。一方面，纵向调控监管机制仍然有待健全。市场监测预警不足，调控政策制定、传递、落实以及调控效果评估、反馈等环节缺乏有机组织和系统监管，导致地方政府在有关房地产调控政策落实上"过度执行"或"消极应付"，不仅延误最佳调控时机，还削弱了调控政策效应。另一方面，横向调控协调机制不完善。政府内部不同职能部门决策分散，调控应急协调不够，信号发送不统一，以致在紧要关头难以协同行动形成合力，以及时引导和稳定市场预期。应对未来中国房地产市场越来越复杂而敏感的情形，亟待在清晰理顺纵向政府间和横向部门之间调控权责利关系的基础上，改进和完善房地产调控监测预警、应急协调、监督评估和反馈机制等，让房地产调控科学化、规范化和长效高效化。

三 房地产发展基础性、长效性制度机制不足迫切需要深化改革

与发达国家比较成熟的房地产市场相比，中国房地产市场具有内生调节机制缺损、内在稳定性差等脆弱性特征。[①] 它存在基础性制度不完善，一些制度改革相对滞后，与房地产有关的人、地、钱、管制度供给不平衡不协调等问题，避"住"趋"炒"的经济利益机制及制度漏洞也长期存在。如果不及时改革完善，这些制度机制不足造成的消极影响将不断积存，并随着房地产发展阶段演进而越发凸显，严重制约"房住不炒"和"全民住有所居"的实现。

（一）土地供应出让制度改革相对滞后

与中国城镇化的推进速度和以人为本的新型城镇化的要求相比，土

---

① 杨继瑞、丁如曦：《中国城市住房市场的脆弱性及其化解路径》，《经济社会体制比较》2014 年第 5 期，第 157—167 页。

地制度方面的改革相对滞后，致使土地市场存在供应主体较为单一、垄断供给等问题。土地征用、储备、交易、收益分配以及用地指标行政分配等制度安排，不同程度上扭曲了市场竞争机制、供求机制和价格机制，导致土地市场垄断、供求错配以及保障房用地的短缺、商品房用地的炒卖等。土地供应结构存在居住用地比例普遍较低的问题，不能满足快速城镇化过程中居民住房建设用地需求。根据《中国城市建设统计年鉴》的数据计算，2016 年全国 285 个地级及以上城市中有 45.26% 的城市（129 个）居住用地面积占城市建设用地面积的比例低于 30%。这 129 个城市中有 36.34% 的城市居住用地面积占比低于 25%，其中不乏深圳等热点城市。住房用地供给调整会传导影响房地产供求关系及房地产价格。[①] 现有土地征用制度、土地储备制度塑造并强化了地方政府作为土地唯一供给者的垄断地位，"招拍挂"土地出让规定进一步让土地被高价竞拍，土地市场结构被扭曲，"地王"频频出现，高地价联动导致高房价，加剧房地产市场的波动。

（二）房地产财政税收制度亟待加快完善

调整房地产各环节税收政策并加大住房保有环节税负，是保持房地产市场和房价稳定的关键性措施，也是市场经济国家的普遍做法。[②] 但是，中国房地产财税体系存在"重流通、轻保有"等问题，缺乏支撑市场自我调节的财税稳定机制，多次交易和持有多套住房的经济成本偏低，住房投机不能得到有效的经济惩戒，大多数情况下只能通过启用限购、限价等行政应急性手段加以抑制。由于既缺乏抑制涉及"炒"房各环节的合理征收规制，又缺乏支持涉及"住"房、"租"房各环节的减免制度，既有税收体系助长了"炒"，影响了"住"。[③] 尤其在分税制背景下，现行土地出让收益主要归地方政府支配的制度安排、"为增长而竞争"的

---

① 张清源、苏国灿、梁若冰：《增加土地供给能否有效抑制房价上涨——利用"撤县设区"的准实验研究》，《财贸经济》2018 年第 4 期，第 20—34 页。

② 郭克莎：《中国房地产市场的需求和调控机制——一个处理政府与市场关系的分析框架》，《管理世界》2017 年第 2 期，第 97—108 页。

③ 倪鹏飞：《构建支持"住"抑制"炒"的房地产市场》，《紫光阁》2017 年第 1 期，第 27—28 页。

地方官员考核机制还强化了地方政府寻求土地垄断高价收益的内在激励。① 在此制度环境下，加之调控监管、协调机制的不完善，进一步导致中国房地产调控地方负总责制运行效率低下。

（三）房地产相关制度供给不平衡不协调及其消极影响凸显

多年来与房地产发展有关的人、地、钱、管等方面的制度供给不平衡不协调，导致出现一系列突出问题。比如，住房供给主体、渠道单一，成为住房问题产生的重要根源；城市中心区和非中心区、城市群不同城市间居住用地指标增减与人口流入流出不能有效挂钩，住房市场空间结构不平衡、不协调，加剧了房地产供需空间错配矛盾；租赁市场上长租机制建设不足，房源供给结构不合理，优质房源紧缺，专业规范的中介租赁公司缺乏，尤其是住房租赁法律法规和监管机制不完善，导致住房租赁市场秩序混乱。这一系列问题与新时代经济社会发展的内在要求、国民对美好生活的期许存在较大偏差。

（四）助长"炒房"的经济激励机制及制度漏洞仍然存在

在住房市场化改革过程中，与房地产市场规模的扩张速度相比，中国房地产信息平台建设等基础配套相对滞后，市场预警机制、反垄断机制、系统性遏制住房投机炒作的制度机制缺乏，导致房地产市场"虚火"旺盛，乱象、怪象频现。同时，受投资渠道狭窄、投资品种不足的现实约束，以及经济增速放缓、"资产荒"等宏观环境因素和"有土斯有财"等传统文化因素的影响，现有制度机制背景下居民、企业、中介等经济主体投资投机房地产的利益冲动始终存在，地方政府、金融机构、国有企业主导或参与配合抑制房地产投资投机的内在动力不足。由于激励各方通过地价和房价上涨以实现多赢的利益机制没有彻底改变，居民、企业、中介机构等投资投机房地产的利益冲动不仅未被有效约束，反而无形中被放大。在长效机制不足、长期稳定调控机制缺乏的情况下，一旦短期限制性措施松动或退出，经济主体基于自身短期利益考虑，随时有转向投机"炒房"并制造新一轮市场过热的可能。也就是说，在既有制

---

① 高波：《我国城市住房制度改革研究——变迁、绩效与创新》，经济科学出版社2017年版。

度机制背景下，经济个体基于自利动机的行为决策结果与预期促进房地产市场平稳健康发展的社会目标并不相容。

消除房地产相关制度机制缺失、缺陷及其造成的消极影响，亟须在住房租赁、土地、金融、财税等方面进行系统性的改革深化。

第二节　中国房地产市场调控优化及深化改革的目标设计

如何在顺应市场经济规律的前提下，通过建立健全相关制度机制来更好发挥政府的作用和市场对资源配置的决定性作用，以科学有效地促进房地产市场平稳健康发展，是新时代房地产调控优化及改革深化的重要立足点。党的十九大明确指出，要"坚持房子是用来住的、不是用来炒的定位，加快建立多主体供给、多渠道保障、租购并举的住房制度，让全体人民住有所居"。这一顶层设计与宏观指引为新时代房地产调控优化和深化改革奠定了总体基调，明确了目标方向。切实促进房地产市场平稳健康发展，必须处理好政府与市场的关系，结合国家经济社会发展战略部署以及房地产发展阶段性、空间性新特征，在"房住不炒""全民住有所居"奠定的基调和方向上，确立调控优化及深化改革的目标与原则。其主要目标在于形成科学规范、长期稳定的房地产调控机制和长效发展机制。

一　形成完善的"支持住、抑制炒"的房地产调控体系与调控机制

住房具有消费品和投资品的双重属性，存在自住、改善、投资、投机等不同类型的需求。其中，自住和改善性需求的变化相对平稳，投资投机性需求在短期内容易出现较大的波动，直接威胁市场的平稳运行。"房住不炒"的定位要求住房要回归到居住这一根本属性上来，由此需要正视房地产需求的多元性和多层次性，确立"着力满足基本自住需求、有序支持改善性需求、合理疏通投资性需求、坚决抑制投机需求"的住房需求调控导向，从供需两端综合发力，针对不同类型住房需求和具有不同供需矛盾的城市进行差别化精准施策与协同联动调控，形成更趋完

善的"支持住、抑制炒"的房地产市场政府调控运作和激励约束机制。这既有效弥补市场机制的失灵，同时防止政府调控机制扭曲加剧市场失衡。

二 形成房地产市场平稳健康发展的系统性基础制度与长效机制

房地产发展涉及人口、土地、资金、管理等多个层面，牵涉政府部门以及开发商、商业银行、购房租房者、中介机构等多元利益主体。这些多元利益主体间的相互牵连和相互作用，让中国这样的大国房地产市场成为一个极其复杂的巨型系统。因此，在房地产调控优化及改革深化过程中，需要充分考虑个体的自利动机并因势利导，形成促进多元利益主体积极又理性参与促进房地产市场平稳健康发展的制度化、规范化、系统性、长效性激励约束机制，系统性健全有助于更好发挥房地产市场自我调节与稳定功能的房地产金融、土地、财税等基础制度与长效机制，让各市场主体自利动机下行为决策的最终相互作用结果能够与预期促进房地产市场稳健发展、实现"房住不炒"和"全民住有所居"社会目标相一致。

三 实现住房市场体系、保障体系和制度体系的重要转变

通过房地产调控优化及改革深化，一是实现由售卖主导向租售并举市场体系转变。即由以商品房售卖绝对主导的"单腿独行"市场体系向租赁与售卖"双脚并用"、更趋协调充分的住房市场体系转变，将租赁作为增量改革和存量优化的重点；二是实现由单渠道保障向多渠道保障转变。由以前市场化导向下的"重市场、轻保障"向新时代市场与保障并行转变，将保障作为增量改革和存量优化的重点，建立市场与政府动态结合、有效衔接的多渠道住房保障体系；三是实现从以老市民为主的住房制度体系转向新老市民并重的住房制度体系。从忽视新市民住有所居需要向新老市民并重、更加重视新市民和老市民美好生活之住有所居需要转变，将新市民作为增量改革和存量优化的重点，建立健全新老市民住房租购同权、普惠金融等制度体系。

第三节　中国房地产市场调控优化及深化改革的推进原则

一　基本原则：调控与改革"两手抓"且有机配合

中国房地产有关"弊病"之所以迁延不愈，除了与大国住房问题本身的复杂性有关外，还与房地产调控机制不完善、长效机制建设不足等有关。由此决定了房地产调控机制优化及深化改革是一个有机统一的整体，针对的是房地产发展中存在的问题和风险，服务于"房住不炒""全民住有所居"的实现。这也决定了促进房地产市场平稳健康发展需要坚持调控与改革有机结合的原则，即机制建设与稳定市场调控长、短策"两手抓"且相互配合，将房地产调控融入房地产市场基础制度和长效机制建设中去。一方面，将房地产调控规范化、科学化、高质量化，让短期调控稳定市场并为机制的建设与完善创造时间窗口，充分利用该时间窗口加快出台长期性、战略性住房政策和住房发展规划及法律法规等；另一方面，用创新的制度和机制支持房地产调控，让制度机制建设为房地产调控的科学化、规范化和高效化提供保障。同时，把握好改革与调控的力度、节奏和平衡，使机制建设与调控相得益彰，让短期"降温"与长期"治病"相互促进，进而由表及里，标本兼治房地产市场顽疾。

坚持调控与改革有机结合的基本原则是房地产调控优化及深化改革的总体推进原则要求，除此之外，还须在此基础上确立主要推进基准与具体遵循，以更好地指引实现预期目标。

第一，坚持改革与稳定关系相融。房地产调控必须确保房地产市场不出现大起大落，实现市场的稳健调整和平稳发展。相关制度改革要在确保经济社会稳定的前提下开展，注意机制建设的力度、秩序、节奏和平衡，确保房地产市场运行平稳。

第二，坚持问题与目标导向统一。着眼于解决当前房地产市场的突出矛盾和问题，加快优化支持"住"、抑制"炒"的房地产调控机制，同时瞄准实现"全民住有所居"长远目标，系统性设计抑制投机炒作的长效机制，健全促进房地产市场稳健发展的权力、责任与利益机制。

第三，坚持统一与差别协同兼顾。中国地域辽阔、地区差异明显的大国特征以及不同地区城市房地产发展阶段性差异，决定了必须在准确把握国家宏观战略导向和顶层设计总体要求的前提下，充分考虑不同地区和城市的现实状况与实际需求，构建差别化、有针对性的房地产调控与住房政策体系。房地产发展基本制度框架和基本政策体系实行全国统一标准，以规范和纠正各地、各方行为。房地产具体制度安排、细化政策需要因地因城而异，让其具体内容符合国家总体要求和地区发展实际。

第四，坚持租房与购房衔接并举。新时代居住需求应该而且可以通过规范的租赁市场和售卖市场来满足，坚持租购并举更好地实现"全民住有所居"，让"阶梯消费、过滤使用"相衔接。同时，注意政府引导与市场作用的有机衔接和动态结合，坚持发挥市场在资源配置中的决定性作用。

第五，坚持多方参与和多系统聚合驱动。将房地产市场多元利益主体纳入统一框架，建立并完善激励约束机制，让政府和各市场主体积极又理性参与促进房地产市场平稳健康发展。培育增强"政府引导、市场推进、社会参与"等多系统聚合驱动力，加快推进形成多主体供给、多渠道保障、租购并举的住房制度。

二 推进力度：把握好房地产内外部系统动态平衡

随着中国国民经济的发展和社会转型，当前及未来房地产问题的重要性、复杂性和敏感性将愈加凸显，因此制度建设与调控推进的速度快慢、力度拿捏的松紧更加需要注意张弛有度，充分顾及房地产内部与外部的平衡、房地产内部各方面之间的平衡。

一方面，把握好房地产平稳发展与宏观经济、金融发展稳定的平衡。由于房地产关联性高、带动性强，房地产市场波动不仅直接关系房地产自身的发展，还会影响宏观经济、金融运行等。因此，机制建设与调控拿捏力度不能太松，也不宜过猛，要在促进房地产调控与稳增长、防风险目标兼容的基础上寻找契合点与着力点，准确把握调控及改革的力度、节奏和平衡，通过机制建设和调控优化的有机配合，实现房地产市场运行与稳增长、防风险之间的共生互惠。

另一方面，把握好房地产市场内部系统的动态平衡。时间上因势利导，把握好调控注意力强度与房地产市场形势的匹配，相机抉择并保持政策的连续性和稳定性，让住房土地、金融、财税、租赁等制度供给在时序上有合理搭配，最大限度上释放制度红利。空间上因地制宜，重点关注并监测重点、热点地区和中心城市群的房地产市场运行状况，统筹把握好不同类型城市房地产调控政策出台的协调性，以及关键性改革试点工作和改革举措在城市层面推进的节奏急缓与空间次序。要让时间维度的稳中求进和空间维度的循序扩展相结合，稳步促使房地产市场内部子系统间在时空维度上更趋耦合协调。

第四节　中国房地产市场调控优化及深化改革的路径重点

房地产调控及改革牵涉多元利益主体，涵盖多个层面和多个环节，是一项复杂系统性工程，由此决定需要按照新时代房地产调控优化及深化改革的目标与原则要求，取长补短，紧抓关键，找寻新时代房地产调控优化及深化改革的推进路径和重点内容。

一　加快建立科学规范、激励相容的房地产调控监控机制

推动房地产调控的科学化、规范化、高质量化是新时代优化房地产调控的关键路径，其重点内容在于建立健全覆盖房地产市场监测预警、政策贯彻落实、调控监督管理、效果评估反馈等整个有机链环的调控及监管体系（见图8-1），形成科学规范、长期稳定、激励相容的房地产调控监控机制，更好地引导、规制政府部门及相关经济主体积极又理性地配合参与到促进房地产市场稳健发展中来。其主要内容包括如下方面。

（一）优化房地产市场监测预警机制

及时准确地掌握房地产市场的真实状况，是科学开展房地产调控的基本前提，是改进、优化房地产调控机制的首要环节。为此，须进一步加强对城市房地产市场的监测预警。充分运用统计调查、"互联网+大数据"等信息化手段，密切监测房地产市场运行状况，尤其需要加强对重

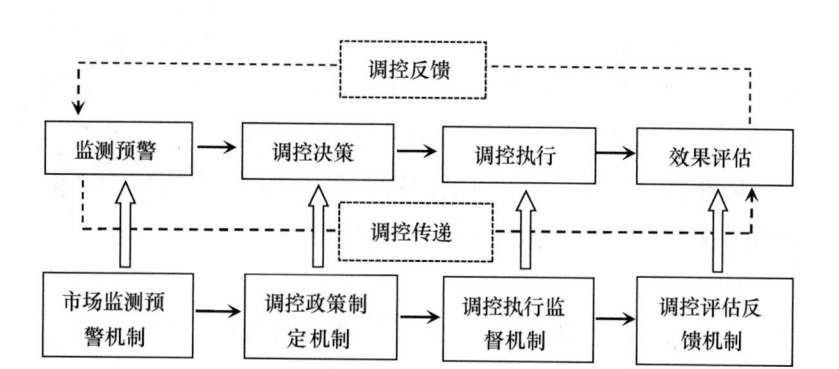

第八章　中国房地产市场调控机制优化：目标、原则与重点 / 191

图 8-1　房地产调控的有机链环及相应机制

点热点城市、潜在热点城市、中心城市群房地产市场运行状况的监测，及时了解局部异常升温和非理性波动，掌握市场的真实情况。在此基础上，从房地产价格等核心指标和房地产市场运行的主要影响因素出发，研究确立房地产市场的预警指标体系以及预警标准，根据跟踪监测的关键指标变动，加强对重点热点城市和全国市场形势的研判、预判以及对风险等级的判断，为及时启动、制定和调整相关调控政策，完善有关应急预案以及临时性应急措施的进入和退出等提供准确信息和科学的决策依据，为差别化精准施策打好头阵。这能有效避免"头痛医头，脚痛医脚"和"见涨就压，见跌就促"的短视化调控，防止对房地产市场不加分类地进行不当干预和过度干预。

（二）明晰房地产调控央地权责分配

明晰中央政府和地方政府在房地产调控中的权责关系并完善相关机制，是增强房地产调控激励相容性和更好发挥政府作用的内在要求与基础环节。其重点在于完善纵向政府间职能定位与调控分工，强化并落实房地产调控中中央政府的监督责任和地方政府的主体责任，确保房地产调控在按照中央总体要求并符合地区实际的基础上有效展开。一方面，在中央政府统筹确定房地产调控基调、调控方向以及发出调控信号、稳定市场预期的基础上，进一步完善相关职能部委对"人—地—房—钱"等调控的监管权责分配，明确对全国主要地区和城市房地产投资、金融、土地等重点领域的纵向监管责任，监督地方政府及主管部门同时建立起相应的监管权责体系；另一方面，健全地方政府落实调控主体责任的激励约束机制。建立地方房地产调控"领导负责，部门分工"的机制，明确政府内部的领导责任、主体责任和主要责任；完善土地、金融、财政和税收等职能部门的信息共享机制和协调联动制度，开展定期会议会商和临时应急会商，科学实施房地产市场协同调控。

（三）健全房地产调控政策执行监管机制

健全政策执行监督机制是确保调控政策被有效执行和落实的机制保障，重在约束地方政府、开发商、商业银行、中介机构等在执行落实有关调控政策方面的机会主义行为，增强调控实效。为此，在明晰房地产调控央地各自权责基础上，健全中央政府对地方政府在房地产调控政策执行与落实上的约谈、问责机制，强化纵向监督管理。对调控政策在地方层面特别是重点、热点城市的实施效果进行量化，并将其纳入相关责任人的政绩考核，以规制地方政府部门调控执行的机会主义倾向，防止并及时纠正调控"跑偏""走样""变形"。与此同时，拓宽调控监管对象与监管范围，坚持将房地产开发商、商业银行、中介机构等纳入统一的监管体系，对其违规操作、合谋操纵、炒买炒卖、哄抬房价等扰乱市场秩序和干扰房地产调控的行为予以通报和严肃查处，对其有关违法行为借助法律手段予以惩戒。坚持治理房地产市场乱象，整顿和规范市场秩序、调控秩序。

（四）强化房地产调控效果评估反馈机制

调控政策评估反馈机制是整个激励相容的调控机制中不可或缺的一环，重在弥补过往房地产调控中对相关政策在不同类型城市层面影响预估不足、效应评估不够和信息反馈滞后的缺陷，让调控链环有机衔接，让调控机制更趋完善。一是确立调控政策效果的综合评估体系。结合"房住不炒"目标定位，可将房地产价格是否与当地经济发展水平、居民可支配收入水平及购房支付能力总体保持动态协调和平稳增长，作为评估调控政策是否取得理想效果的重要参照标准。二是健全差别联动调控效果信息反馈与接收处理机制。结合评估和反馈来的信息因势利导地对调控政策内容进行补调、适调、细化，对调控手段、方式进行合理调整和改进，以更加准确地预调、精调、实调、协调房价上涨过快或下跌幅度过大的城市的市场供求关系，防止市场大起大落。同时，结合评估反馈来的信息，完善临时应急性、行政性干预措施的退出机制。

（五）探索建立以都市圈城市群为依托的房地产市场差别化精准施策、协同联动调控的协调机制

中国城镇化发展进入新阶段，城市群正在成为推进城镇化的主体形态，"以城市群为主体构建大中小城市和小城镇协调发展的城镇格局"的地位和作用必将越来越凸显。因此，应将都市圈、城市群作为中国房地产市场差别化精准施策、协同联动调控的主要实施区域。在巩固前期调控成效的基础上，继续坚持因地因城施策，结合城市群内不同城市间房地产空间关联、外溢关系及其差异进行协同联动调控。重点在长三角、珠三角、京津冀等空间组织紧凑、经济联系密切、发展水平较高的中心城市群，探索建立房地产调控城际协调机制，加强城市群内中心城市与周边城市房地产调控部门间的沟通、会商与协作，协调好房地产调控政策出台的时机，及时防止热点中心城市房地产价格的非理性上涨向周边城市扩散传染。

二 协同推进房地产相关制度改革并加快实现关键领域的改革突破

（一）建立健全租赁住房制度及配套机制

建立健全租赁住房制度是新时代深化房地产制度改革的重点内容，亟须在住房租赁的需求层面和供给层面从制度完善上迈出实质性步伐，保障住房租赁市场与售卖市场更趋协调，充分发展。在需求层面，加快住房租赁立法，保障租户正当权益，推进租售同权。借鉴成熟市场经济国家的成功经验，在调整住房发展内涵和住房发展定位的基础上，明确将"住有所居"等纳入法制框架，加快研究推动住房法、住房租赁法规的制定和出台，通过立法形成的强制性规制来杜绝违法违规出租住房，规范住房租赁行为。同时，积极探索租售同权的政策配套和共有产权住房模式等，支持相关改革在部分大城市优先试点并逐步向全国推广。在供给层面，完善租赁住房的土地、金融、供给等机制。加快建立适应城镇化趋势和人口流入态势的城市居住用地总量调整与接收转移人口数量相挂钩的制度，形成城乡一体、区域协调的租赁住房土地供给机制；完

善住房租赁的金融支持，创新租购并举的金融普惠机制，试点并推广住房公积金可提取用于支付房租的模式；加快扩大住房租赁的多主体供给系统，由政府引导搭建住房租赁平台，鼓励房地产企业参与住房租赁，培育住房租赁专业企业，让住房出租和管理规范化、透明化，让租房居住成为新时代满足人们住有所居美好生活需要的一种重要途径。

（二）完善多层次房地产金融体系与监管制度

深化住房金融制度改革的主要内容在于形成符合新时代要求的多层次房地产金融体系，更好地服务"房住不炒"和"全民住有所居"目标的实现。其改革举措主要有：一是完善多层次的房地产金融体系。在创造多元化投资渠道和多样化投资工具的基础上形成资金的供与住有所居的求有效匹配的机制。拓宽房地产金融投入渠道及资金来源，形成住房商业性金融体系与政策性金融体系有机补充、多元供给和供求总量匹配的可持续性住房金融投入机制。针对不同住房需求，坚持差别化信贷制度安排，积极支持合理的住房需求。二是强化房地产金融监管，平衡好房地产业与其他行业的资金配置，严防资金违规或违规"绕道"流入房地产，规范房地产金融市场秩序。三是改革和完善公积金制度。结合户籍制度改革，有序扩大公积金对新市民以及对"购房""租房"的覆盖，规范公积金提取审核，提升公积金使用效率。四是完善针对租赁租房的金融创新支持。推进租赁住房投资信托基金试点政策，支持金融机构向符合条件的住房租赁企业提供发行债券、票据、不动产证券化产品等服务，支持将这类信用类债券及资产支持证券专门用于发展住房租赁业务。

（三）深化土地制度改革，完善新时代多元住房用地机制

破解中国房地产市场不平衡不充分发展问题和主要城市房地产市场调控困局，供给侧的土地市场改革亦是重要的一环，需要以深化土地制度改革为抓手，建立多元化住房用地机制及配套机制。首先，加快多种渠道、多种形式的土地供应制度建设。修订相关的土地使用和用途调整法规，适度降低不同持有者和不同用途土地进入或转变成为居住用地的门槛，盘活城市闲置土地，尽快形成政府、企事业单位等多渠道供应土地，积极支持培育多主体供应机制。其次，探索建立农村集体建设用地使用权直接入市制度。在超大城市、特大城市周边和中心城市群内，开

展利用集体建设用地建设租赁住房的试点与推广工作。让集体建设用地入市，既扩大城市建设用地的供给主体，打破政府独家垄断土地供给的局面，又促进形成城乡一体、区域协调的土地市场。通过理顺、平衡好土地的供求关系以构建合理的地价形成机制，防止高地价催涨房价。再次，完善土地供应及利用管理机制。在多渠道增加建设用地的基础上，改革土地指标计划供应制度，建立适应城镇化进程的城市建设用地总量及增减与城市人口总量及流入流出增减挂钩的供求机制。调整城市土地利用结构，增加大城市保障房、普通商品房等居住用地比例，确保热点重点城市居住用地在城市建设用地中的合理占比。对于利用率较低的城市建设用地和闲置土地，应将其盘活重新统筹规划利用。最后，调整并完善土地出让方式。针对土地的不同性质以及不同用途采用不同的出让方式，重点完善普通商品房用地拍卖出让的配套制度，对土地的后续开发和住房销售等条件进行细化和硬化。

（四）加快财税体制改革，健全新时代房地产财税调节稳定机制

加快房地产财税体制改革是深化房地产制度改革的迫切环节和重要长效举措，重在调整理顺中央与地方的权责利关系以降低地方政府的土地财政依赖，通过完善房地产税收体系以有效约束经济主体的投机、炒作等行为，形成有助于市场发挥自我调节、自我稳定能力的财税稳定机制。一方面，以合理调整中央政府和地方政府利益格局为出发点加快改革土地财政，土地出让金实行中央与地方分成、中央占多，同时改革其他的税收分成，形成央地关系协调的财税机制，进而改变地方政府以土地出让利益最大化的内生激励。另一方面，完善房地产税收基础制度，确定合理的起征点和差别税率，按照抑制炒房行为、盘活存量住房的内在要求，合理增大反复交易环节、多套持有环节的成本，建立交易和持有环节税负结构更趋合理的房地产财税体系，尽快将房产税纳入立法议程，明确房产税的时间表。让经济成本惩戒机制生产的约束作用内化融入市场主体的行为决策过程，促使房地产交易和持有更理性、更稳定，逐步杜绝频出"重拳"、频施"猛剂"的行政性和临时性调控干预及其消极影响。此外，对参与租赁住房的单位、个人或专营住房租赁业务的企业给予一定的税收优惠或减免等支持，积极支持培育稳定的住房长租

市场。

三 完善都市圈城市群内连通性设施和公共服务，拓展房地产市场稳健协调发展新空间

切实化解城市间房地产供求错配、"冰火两重天"等空间结构性矛盾，还须跳出仅聚焦于单个城市房地产市场的传统思维，结合中国都市圈城市群经济新特征和房地产发展空间拓展新动向，加快完善大城市周边、特大城市周边以及城市群内大中小城市的联通性基础设施建设和基本公共服务均等化供给，提升中小城市宜居水平和人口吸引力，统筹促进更大空间范围内的房地产供求平衡。

一方面，让都市圈内大城市周边的中小城市成为大城市外溢住房需求的有效承接地，以缓解大城市人口过度集聚对土地、住房等资源的激烈竞争，通过需求疏解来平抑大城市供求矛盾和过高房价；另一方面，通过中小城市与大城市设施的互联互通，更好地分享大城市的规模经济和集聚经济，带动周边中小城市发展，通过规模借用或功能嵌入方式实现城市群内大中小城市及其房地产市场的互补、协调发展。

具体而言，未来应结合中国区域协调发展战略部署和都市圈城市群发展规划，加强都市圈城市群内基础设施尤其是大中小城市间快速交通网络建设，完善地级及以下城市的医疗、教育等公共服务，引导形成协调的人地关系、就业居住关系。通过推进都市圈城市群内大中小城市的协调发展，寻求和拓展新时代房地产市场供求平衡、稳健协调发展的新空间。

第九章

中国房地产市场调控政策优化：对策、措施及建议

第一节 中国房地产市场调控政策回顾：1998—2018 年

1998 年中国正式开启住房货币化改革以来，房地产市场规模不断扩大，房地产市场也先后经历了多轮调控，采取了多项政策措施。全面梳理、分析中国房地产市场调控及政策演变历程，对于总结过往房地产市场调控施策的经验及得失，并在已有成功经验和做法基础上进一步推动房地产市场调控方式和调控政策的调整优化，进而探索形成更加符合市场规律与中国国情的房地产调控政策体系具有重要意义。总体而言，1998 年以来中国房地产市场的发展及调控经历了如下几个时期。

一 1998—2001 年：房改启动了房地产市场

1998 年，面对亚洲金融风暴冲击，为扩大内需，《国务院关于进一步深化城镇住房制度改革加快住房建设的通知》（国发〔1998〕23 号）正式印发，启动了房地产市场。房改的主要目的是刺激住房消费需求，使其成为国民经济的支柱产业。1998—2001 年间，中国房地产以价格平稳趋势得到全面发展。1998 年 23 号文发布之后，城镇住房制度改革快速推进，银行信贷、土地管理等配套政策相继出台，鼓励住房消费的政策框架初步形成。在管理政策方面，1998 年下半年开始逐步实行住房分配货

币化政策，建立和完善房地产企业、中介收费、住房销售等方面的管理；在土地政策方面，完善土地流转、使用等方面的制度。经营性用地由协议出让转变为招标、拍卖或挂牌方式出让；在住房供应政策方面，建立和完善以经济适用房为主的住房供应体系，不同家庭实行不一样的住房供应政策。最低收入家庭可租赁由政府或单位提供的廉租住房，中低收入家庭可购买经济适用房，其他收入高的家庭可以市价购买或租赁商品住房。在财税政策方面，提出减税政策；在金融政策上，完善住房信贷、公积金管理等制度。全面推行住房公积金制度，出台住房信贷政策，使居民在只支付首付的情况下购买住房。在贷款利率上，2002年2月央行下调贷款利率0.54%，公积金5年以上贷款利率由4.59%下调至4.05%，住房商业贷款由5.58%下调至5.04%。

二 2002—2004年：抑制房地产市场过热

2002—2004年中国房地产出现过热苗头，房地产供求矛盾显现，价格投资增长过快。2003年，国家确立房地产为支柱产业，同年全国房地产开发投资首次突破1万亿元，同比增长29.7%，全国商品房平均价格同比增长3.8%。2003—2004年，全国房地产开发投资增长超过30%；2004年全国房地产销售均价增长超过17%，部分地区房地产价格的增长幅度已超过当地居民收入增长幅度。房地产行业出现投资和需求并存的过热现象。与中国城市房地产市场快速发展相伴的房地产市场发展不平衡问题日益凸显，如部分地区房地产价格和投资增长过快，房地产市场结构性矛盾突出等。

针对这些新情况，2003年8月12日，国务院发布了《关于促进房地产市场持续健康发展的通知》（国发〔2003〕18号），明确了房地产业在国民经济中的支柱产业地位。该文件出台后，为了鼓励居民扩大住房消费，2003年8月26日，建设部、国家计委、财政部、国土资源部等六部委就加强房地产调控、促进房地产市场健康发展出台了一系列涉及土地、信贷等内容的具体调控政策，采取了"扩大需求、抑制供给"的政策组合。

三　2005—2007年：以稳房价和调结构为主要目标

针对房地产从出现过热的苗头发展到上涨压力巨大，政府先后出台调整土地供应、调节市场与信贷结构和开征交易税费等措施。2003年国发〔2003〕18号文件出台后，房地产投资过快增长势头得到一定程度的控制。但由于住房需求庞大，部分地区投资投机性住房需求增加等，一些地区和城市住房价格上涨过快。为了抑制房价的过快上涨，促进房地产市场健康运行，2005年3月26日，《国务院办公厅关于切实稳定住房价格的通知》（国办发明电〔2005〕8号）发布，随后，4月27日国务院常务会议提出八项加强房地产市场调控的措施（即新"国八条"），5月9日国务院办公厅转发了建设部、发改委等七部门《关于做好稳定住房价格工作的意见》（国办发〔2005〕26号），首次提出将税收政策作为房地产调控的政策选择。2006年5月17日，国务院常务会议通过六项关于促进房地产业健康发展的措施（即"国六条"），此后国家相关部委出台了涉及调整住房供应结构、调整住房金融政策等一系列具体措施，其中对首套住房和二套住房的贷款首付款比例进行了限制，并提高了二套房贷款利率。

四　2008—2009年：调结构，扩内需，促进房地产市场健康发展

2008年美国次贷危机爆发，导致美国经济下滑，消费者信心不足，对进口的需求大大减少。次贷危机以及随后的欧债危机迅速向全球蔓延，升级成国际金融危机和世界经济危机，中国经济也受到冲击。不仅如此，国际金融危机还打击了投资者的信心，国际资本大量撤离，中国利用外资总额在2009年下降了3.6%，对房地产市场也产生了重要影响。

随着前期国内二套房贷的收紧、贷款利率的提高以及受国际金融危机的影响，中国房地产市场出现销售量下降和房价负增长的现象，楼市陷入低迷状态。为了保增长、扩需求，促进房地产市场发展，国务院及国家相关部委先后出台和采取了鼓励住房消费、降低首套房首付款比例、放宽商品房预售条件等一系列政策措施。在鼓励性政策的支持下，中国

房地产市场快速升温，呈现出价量齐升局面。2009 年，全国商品住宅销售面积达 86184.9 万平方米，同比增长 45.4%，平均销售价格为 4459 元/平方米，与 2008 年相比上涨了 24.7%，是住房货币化改革以来上涨幅度最大的一年。部分地区和城市住房价格上涨幅度更大，比如 2009 年，上海、南京、宁波和杭州市商品住宅平均销售价格上涨率分别高达 52.36%、43.37%、32.51% 和 29.25%。

五 2010—2013 年：遏制部分城市房价过快上涨

在一系列政策刺激下，中国房地产市场强势复苏，2009 年房价出现过快上涨。为了保持房地产市场的平稳健康发展，遏制部分城市房价过快上涨，2009 年 12 月 14 日国务院出台"国四条"，要求继续综合运用土地、金融、税收等手段来遏制部分城市房价的过快上涨。以此为标志，房地产调控政策从刺激转向遏制，政府先后密集采取多种调控措施，包括 2010 年的"国十条"(《国务院关于坚决遏制部分城市房价过快上涨的通知》)、2011 年的"国八条"(《国务院关于进一步做好房地产市场调控工作有关的通知》)和 2013 年国务院常务会议中提出的"国五条"及《国务院关于继续做好房地产市场调控工作有关的通知》(国办发〔2013〕17 号)中的六条措施等。其中，2010 年 4 月的"国十条"对购买首套和第二套住房的信贷首付比例进行调整，同时还提出对一些非本地居民暂停发放购房贷款的规定。国办发〔2010〕10 号文件指出，坚决抑制不合理需求，地方政府可以在一定时期采取限定购房套数的临时性措施。2011 年年初的"国八条"中提出进一步"强化差别化住房贷款政策"的规定，并明确要求全国各城市政府根据当地经济发展目标、人均可支配收入增速和住房支付能力合理确定本地区年度新建商品住宅价格的调控目标。2013 年国办发〔2013〕17 号文件给出了完善稳定房价工作责任制、坚决抑制投机投资性购房等诸多举措。

总体来看，这一时期的政策调整主要体现在五个方面：一是部分城市开始实行限购政策；二是更加重视税收政策的调控作用；三是更加重视差别化的房贷政策；四是更加重视加快保障房建设；五是加强土地市场的调控。①

六 2014—2015 年：总量放缓、区域分化背景下稳增长与去库存

2014 年中国经济再度面临下行压力，"稳增长"的诉求凸显。经济增速换挡，进入新常态。新常态不仅意味着经济增速发生变化，经济发展方式、结构、体制等也在不断变化。房地产市场步入"总量放缓、区域分化"发展阶段，一二线城市高房价和三四线城市高库存并存。针对国内经济及房地产市场的新形势，住房政策也相应地出现了变化，并逐渐把目标聚焦在去库存及分类管理上。在"稳增长"和"去库存"的政策诉求下，出台多项政策，主要是放松限购限贷，加强信贷支持和税收减免等。

截至 2014 年底，除北上广深等一线城市，大部分实行限购的城市取消了限购政策。2014 年 9 月 30 日，央行、银监会公布《关于进一步做好住房金融服务工作的通知》，明确规定调整房贷政策，二套房认定标准由"认房又认贷"改为"认贷不认房"。2015 年 3 月 30 日，央行、住建部、银监会联合发文，二手房营业税免征限期由 5 年改为 2 年，二套房商业贷款最低首付比例降至 4 成，公积金贷款首套房首付比例调整为 20%。从 2014 年 11 月 22 日至 2015 年年底 6 次下调存贷款基准利率，中长期贷款利率下降至 4.9%，多次下调存款准备金率。2015 年 12 月，中央经济工作会议强调"化解房地产库存"。2016 年 2 月 17 日，财政部、国家税务总局、住房城乡建设部三部门联合发布《关于调整房地产交易环节契税、营业税优惠政策的通知》：首套房 144 平方米以上房屋契税由 3% 降至 1.5%；二套房契税由 3% 降至 1%（90 平方米以下），由 3% 降至 2%（90 平方米以上）；2 年以上房屋交易全部免征营业税，不再征收 2 年以上非普通住宅的营业税等。

七 2016—2018 年：重拳出击应对房地产市场局部严重过热

2016 年初以来，央行下调首套房首付比，按揭首套房首付降至 2 成，

---

① 任兴洲等：《中国住房市场调控与政策》，中国发展出版社 2013 年版。

上调公积金存款利率，普遍下调存款准备金率0.5个百分点；财政部调整房地产交易环节契税（主要是降契税），调整营业税优惠政策，规定对个人将购买2年以上（含2年）的住房对外销售的，免征营业税。此外，公布营改增细则，明确自2016年5月1日起在全国范围内全面推开"营改增"。国务院要求减少土地储备规模，叫停土地储备贷款；鼓励个人出租房，允许商业房改租赁住房。在宽松的政策背景下，中国房地产市场回暖明显加速，个别地区和城市出现房地产市场投资投机需求高涨、房价飙升的过热迹象。针对2016年年初特别是3月一线及个别热点城市房价快速飙升，相关政府部门及时出手，调整了部分调控措施。4月以来，部分城市相继出台调控政策稳定楼市。房价大幅上涨和空间上的继续扩散蔓延引发了监管层的注意。针对火旺的投机炒作和严峻的楼市风险，各地相继出台房地产市场调控政策。从9月30日到10月8日，短短9天时间，南京、厦门、深圳、苏州、合肥、无锡、天津、北京、成都、郑州、济南、武汉、广州、佛山、南宁、珠海、东莞、福州、惠州、上海等20余城市密集发布楼市调控政策，发起一场密集出击的"楼市保卫战"，迅速由此前的疲于奔命、顾此失彼的"被动阻击"转变为"主动出击"。通过重启限购、限贷等组合政策，一方面将准备未来进场的投机者阻止在场外；另一方面，将已经进场的投机者套在高位。与此同时，住建部对存在恶意炒作、捂盘惜售、发布虚假房源等违法违规行为的开发商和房产中介进行查处公示。对这类违规企业的重拳整治，也显示了监管层正本清源的决心。

观察、比较之前的房地产市场调控政策，本轮调控的政策原则集中体现为协同、适时、适度地精确出击，呈现出如下几个特点。第一，"中央监控，地方调控"。维持市场平稳健康发展是政府义不容辞的责任，但房地产市场具有明显的区域空间差异性，地方政府一直承担着房地产市场调控的主体责任和直接责任。本轮调控更加明确了纵向政府间的责任以及横向部门间的分工配合。第二，"局部调控，整体不动"。鉴于本次过热主要集中在一二线核心城市，率先出台政策的多位于热度过高的城市，更多城市则是出台政策跟进。全国性的房地产市场政策并没有明显的调整和变化，可以避免一二线城市"发烧"、全国城市"吃药"的

"一刀切"弊端。第三,"抑制投机,保护消费"。多地房地产市场调控政策的共同特点是为了抑制投资、投机需求,通过具体的限购和调整首付比例措施,将投资、投机与真实消费区分开来,并将其防御于或"堵在"市场之外。第四,"一城一策,分区调控"。总体调控目标比较一致,但是各城市情况不同,政策有差异,效果也将不同。不仅不同城市有不同政策,同一城市里不同区域也有不同的政策。这既有利于抑制个别区域的过热问题,又可以将投机、投资与刚性需求挤出到相对较冷的区域,解决冷热不均、"冰火两重天"的问题,实现外围区域和城市的去库存与城区开发。第五,"统一行动,集体出击"。针对前期一线城市出现的房地产市场过热现象,一线城市出台抑制政策,导致投机需求向周边热点二线城市转移;随后热点二线城市出台调控政策,导致投资、投机再次转移,使得住房市场局部过热形成空间扩散蔓延且情势加剧。本次调控采取同时出击,一定程度上切断和浇灭投机蔓延和传染的"导火线"。第六,"边调边看,逐步完善"。虽然本次调控也有多项政策同时使用,但为避免出手过重导致市场大起大落,不少城市在总体政策使用及每项政策力度上留有一定余地。一些城市在政策出台后,感觉效果不够理想,接着出台力度更大的政策措施,实现预期调控目标。

从政策措施来看,有鉴于此前房地产市场形势急剧变化,迅速扭转局势和稳定预期,各地将限购作为调控政策主轴,选择重启"限制性+"政策模式。在行政措施方面,多地重启限购,并细化限购标准。对本地户籍居民、非本地户籍的居民购房,对在特定区域购房,对购买特定面积和户型标准以下住房进行临时性限购;在金融政策方面,重新认定二套房标准,提升二套房首付比例,对二套房实施差别化信贷政策;在土地政策方面,各地均提出扩大土地供给大致举措,同时提出改革和完善土地拍卖制度、引导土地出让合理竞价、避免"地王"出现的若干措施;在预期管理方面,调控措施通过明确调控形势、目的、任务,表达政府抑制投资投机、禁止市场炒作、促进市场稳健发展和保障居民住房有利于社会民生的决心,从而对市场未来形成清晰的发展预期;在市场监管方面,国家主管部门针对主流媒体揭露的一些涉嫌违法违规销售、恶意宣传炒作、严重扰乱房地产市场秩序等行为,对房地产开发企业和中介机构给予曝光、警示。

第二节 过往调控施策中存在的欠缺以及调整优化方向

一 过往调控政策中存在的欠缺

总的来看，过去展开的数轮房地产调控尽管在短期内发挥了相应的作用，但整体调控效果并不十分理想，存在许多问题和不足，集中体现为被动校正房地产市场的居多，主动引导城市房地产市场健康发展的较少。更为严重的是，中国房地产调控中有些政策本身存在不足。[①] 比如，房地产调控中过多地使用行政手段，习惯于"一刀切"，一些调控政策缺乏针对性和前瞻性，影响了宏观调控效果；对调控过程中涉及的多元微观行为主体的利益动机及广泛经济社会涉及面认识不充分，调控频度过高，长期以来缺乏一套完善的房地产调控制度规范和法律保障；调控过程中对地方政府执行中央房地产政策缺乏监督奖惩等有效约束机制，中央政府的宏观调控措施得不到地方政府的有力配合等。[②]

具体以2016—2018年的调控为例，将各城市陆续出台的调控政策与本轮房地产市场（局部）过热原因对比分析发现：房地产市场调控的统筹协同、差别施策等亟待改进；治本性政策与制度出台不多，在政策完善尤其是制度变革方面还有较大空间。第一，炒房经济激励机制没有改变。由于激励各方通过地价与房价上涨以实现多赢的利益机制没有改变，居民、企业、中介机构等投资与投机房地产的利益冲动依然存在；地方政府、金融机构、国有企业主导和参与配合抑制房地产投资与投机的内在动力不足。各经济主体基于自身短期利益考虑，在长效机制不足、限制性政策出现松动或退出的条件下，随时有转向房地产投资投机的可能。第二，政府内部调控政策体系及机制有待健全。政府内部部门之间及纵

[①] 李景国：《影响我国房地产市场健康发展的主要制度问题分析》，《甘肃社会科学》2011年第5期，第111—114页。

[②] 高波、赵奉军等：《中国房地产周期波动与宏观调控》，商务印书馆2012年版。

向政府间的关系还须进一步理顺。政府内部应急协调机制有待改进,行业主管部门权威性和政策手段有待提升。政府部门内部责任细分、考核监控、问责奖惩还需要完善。第三,土地政策力度不够。从各地出台的措施看,土地供给措施大多比较模糊,没有明确公布未来若干年内满足需求的供地计划,也没有提出切实可行的土地拍卖制度,没有提出确保土地充足供应的切实、可行的有效措施。第四,金融清查未能及时开展。房地产金融监管缝隙制度漏洞不同程度上仍然存在,向房地产市场违规违法导入资金有待及时查处。第五,财税政策及调节作用不足。房产税作为抑制投机和投资的一个重要政策手段,但总体实施进度仍然缓慢。重启"限制性"行政干预政策虽然见效较快,但是副作用也比较明显,容易伤及真实消费需求,加剧市场波动。另外,观察各地出台的房地产市场调控组合政策,其参差多样虽与各地情况差异有关,但也有过犹不及的问题,本轮调控的政策原则初步具有精准性与协同性特征,但政策措施具有短期性与行政性突出、长效性政策不足等缺陷,其消极影响不仅造成各种政策效应的相互抵消和市场资源的浪费,某种程度上会扰乱不同地区和不同类型城市房地产市场的自我调整周期,甚至对住房价格的平稳运行和房地产市场的健康发展产生一定的扭曲影响,陷入反复轮替的调控怪圈。

二 未来房地产市场调控政策的优化方向

针对现有调控政策存在的缺失与不足,必须稳中求进,沿着新时代"房住不炒"定位所奠定的房地产市场调控基调,结合房地产市场的区域空间分布差异及其内在联动的规律性特征,坚持统一与差别协同兼顾的原则,推进房地产市场调控政策的优化。

一方面,房地产调控基本政策体系和基本制度标准实行全国统一标准,使其符合国家宏观战略导向和顶层设计的总体要求,以规制、引导、纠正各地、各方行为,形成地方政府调控与中央政府调控的同频共振和调控政策的聚合力;另一方面,具体房地产市场调控细化政策须因城因地而异,使政策内容符合国家总体要求以及地区发展实际,用好房地产土地、财税、金融等政策组合和政策工具的弹性,科学、灵活地开展高质量的房地产市场调控。

第三节　构建以城市群为依托的差别联动调控政策体系

房地产市场（局部）大幅波动、扩散蔓延及其消极影响，已经对国民经济发展、民生改善和社会稳定形成严峻挑战。针对中国房地产市场区域空间分异过程中出现的局部房价高涨、泡沫风险累积以及局部过剩严重等突出问题，必须明确引导房地产市场实现温和调整与稳健运行的总体目标要求，坚持"分城施策，协同联动""虚实结合，主动引导""供需并举，综合发力""长短结合，标本兼治"等调控施策原则，着力构建以新型城镇化的主体形态城市群为空间依托的房地产市场精准协同化差别联动调控政策体系，及时监测预警并采取科学合理的政策措施有效化解房地产市场上出现的局部过热，谨防局部过热持续加剧、扩散蔓延引发全域性过热和房地产市场泡沫风险。

一　差别联动调控政策的施策原则

（一）差别联动，精准协同

中国是一个地域广袤的大国，区域间和城市间的房地产市场形势既相互区别又相互联系。针对局部房地产价格波动差异及非理性上涨的空间扩散蔓延，未来调控政策优化需要坚持如下施策原则：一是完善分城差别精准施策。在房地产市场宏观调控统一部署和总体要求下，结合不同地区和城市的实际情况，采取差别化精准调控。中心城市、重点城市、热点城市以稳房价为主要目标，外围城市、三四线城市等重在消化库存、促进房地产供求匹配。二是坚持协同联动调控。中心城市与其周边城市应坚持区域与城际调控联动，尤其在城市群作为推进城镇化的主体形态背景下，探索建立城市群内城际联动调控协作沟通机制，从房地产供给和需求两端并举，"疏""堵"配套政策结合，合力促进房地产市场供求平衡。

（二）虚实结合，主动引导

房地产市场容易受到预期因素的影响，因此在调控过程中需要加强预期管理，主动提前发出政策调整信号，引导预期向着调控所希望的目标变化。尽管房地产投资与投机相互交织、复杂多变，但是追逐最大化利益是其根本准则，在空间（不同城市）、时间（不同时段）和产品间穿越，具有内在变化的原则和规律。为此，需要研究运用好这些规律，因地制宜，因势利导，"疏堵结合"，做好市场监测预警，完善调控预案及应对。针对突发事件引起的局部房地产市场预期变化，政府部门要做出主动、及时澄清或回应，以稳定社会预期。

（三）供需并举，综合发力

房地产市场的区域空间分异是房地产"空间—需求—供给—价格"四位一体联动结果及空间映射。针对房地产市场区域空间分异过程中伴随出现的局部过热高涨和局部过剩等空间结构性矛盾与房地产供需错配问题，需要从房地产需求端和供给端两侧发力。在需求端，尊重房地产市场需求的多元性和多层次性特征，对于需求比较集中、房价上涨压力较大的城市，坚持"坚决抑制投资需求，合理疏解投资需求、支持满足改善性需求、着力保障基本自住需求"的政策导向，进行房地产市场调控施策。在供给方面，适当增加居住用地指标，实现供需空间匹配；对于库存压力较大的地区和城市，需要开辟和扩大新需求，加大对农业转移人口在中小城市、城镇首次购买住房政策的支持力度，同时激励原需求，释放改善性需求。在供给端，合理控制土地供给，防止房地产开发投资过度。

（四）长短策结合，标本兼治

中国房地产市场区域空间分异过程既存在一些长期性问题，也存在一些短期矛盾。因此，在调控施策过程中，要正确处理眼前与未来、短期与长期的关系，做到短期政策带来的立竿见影效果会给长期的制度改革完善创造窗口期和机会；长期性矛盾的破解和机制完善，有助于短期政策更好发挥调控效应，即"短期降温"与"长期治病"相结合。此外，针对房地产市场出现的价格非正常飙升，在房地产市场基础制度与长效机制不足背景下，动用限制性行政手段和短期强有力的措施是权宜之计。

虽然通过严格的限购、限贷等行政性措施在短期内可以抑制市场过热投机，但由于市场主体与地方政府部门趋向和依赖房地产的制度和机制病灶尚未消除，投资投机很有可能卷土重来。因此，针对房地产市场区域分化及复杂化运行特征，还应在因势利导、因地制宜基础上坚持"长短策结合，标本兼治"的施策原则。

二　差别联动调控政策的重点关注区域

（一）重点、热点城市和都市区

在全国和区域房地产空间格局中具有集聚引领和辐射扩散作用的城市，是房地产市场差别联动调控的重点城市。根据不同城市在全国和地区层面房价空间体系中所具有的能级和所处的地位，确立中央政府和地方政府的调控重点关注对象。从全国层面来看，北京、上海、广州和深圳等城市和都市区在全国房价差别联动体系中具有的主导地位和引领带动作用，决定了这些城市不仅需要当地政府进行科学有效的房地产市场调控，还应该是中央政府相关部门重点进行房地产市场监测预警，并有效开展房地产市场调控的核心城市。从区域层面来看，以省会城市为主的区域中心城市，在区域房价差别联动体系中扮演着重要角色，应该成为差别联动调控的重点监测预警和关注对象。

（二）主要都市圈和城市群

中国正在进行人类历史上最大规模的城市化进程和世界上最大规模的高速铁路网络建设，城市体系和经济发展的空间结构正在发生深刻演变。国际经验表明，随着一国城市化水平的持续提升和经济发展空间结构的深刻变化，中心城市、都市圈和城市群将成为承载发展要素的主要空间形式，并成为房地产发展的主要载体和空间依托。

在中国房地产市场区域空间分异趋势显现、都市圈和城市群正成为房地产发展主要载体和空间依托的背景下，须结合中国区域格局与城市经济的发展趋向，以及房地产由原先单个城市向都市圈、城市群拓展转变的新特征，进一步从都市圈、城市群层面明确房地产市场差别联动调控施策的重点关注区域，进而提高具有空间属性的调控政策的精准性和协同性。这些重点关注区域主要有两类：一是位于沿海通道的长三角城市群、珠三角城市群、京津冀城市群以及其中的重点都市圈。这三大城市群将发展成为世界级的都市连绵带，在中国乃至全世界范围都具有重要的地位，是未来中国房地产市场"中心拓展整合"和"职住空间一体化"的核心区域。二是内陆地区的长江中游城市群、成渝城市群以及其余的重点城市群和都市圈。其中，以成都、重庆双核带动的成渝城市群，位于全国房价空间体系"~形"的第二波峰处，在全国房价体系中的地位也将不断凸显，应纳入房地产市场差别联动调控的重点关注区域范围。通过重点加强对中心城市、都市圈、城市群房地产市场的监测预警，协同开展有关调控施策，进而科学引导和统筹促进都市圈、城市群内大中小城市房地产市场供求平衡。这不仅有助于支撑全国房地产市场的稳健运行，即成为全国房地产市场平稳健康发展的"压舱石"，还有利于发挥合理房价体系对中国经济社会发展转型的积极杠杆效应。

三　完善差别联动调控政策体系的主要措施

（一）理顺中央与地方政府的调控权责关系

过去中央和地方在房地产调控体系中的关系尚未理顺，中央政府部门在制定调控政策中容易出现全国"一刀切"，地方政府部门在具体房地产调控政策执行落实方面也难以按照"因地制宜、分城施策"原则精准化开展，"失调"和"过调"现象多有发生。这不仅未能及时对局部过热进行监测预警和科学干预，反而加剧了部分城市房地产市场的波动。未来，需要明确房地产市场差别联动调控中中央政府和地方政府的角色定位，进一步明确中央政府在制度设计、土地、金融等资源配置政策方面的责任，逐步强化地方政府调控、监管市场的主体责任和权力分配，在中央政府顶层设计引领和宏观统筹基础上，更多赋予地方政府一定范围的自主权，央地合力以更好发挥政府的作用，更加有效地开展调控。

（二）强化区域统筹与规划引导

未来中国的城市发展和区域格局将会向大都市、都市圈和城市群加快演变，人口和房地产市场需求也将主要集中在这些区域，因此应加强城市间连通性基础设施建设和公共服务的均等化供给，强化区域统筹与规划引导，促进都市圈和城市群内居住、就业等经济活动空间的一体化发展。合理规划布局，打破省区、城际行政壁垒，促进要素有序流动，推进中心城市周边中小城市和小城镇加快发展，形成大中小城市协调发展格局，打开和拓展都市圈、城市群房地产市场供求平衡与稳健协调发展的新空间。

（三）加强城际调控政策协同

加强都市圈与城市群内城市间的调控沟通、信息互换，在房地产市场调控的时序安排、调整政策出台力度上前后呼应，相互配合。同时，积极发挥城市群内中心城市引导、带动和配合周边中小城市去库存的作用，以及周边中小城市对中心城市外溢需求的承载作用，通过城市间调控政策协同，获取"1+1>2"的整体调控效果。这是因为：在房价合理上涨情况下，中心城市房地产市场对周边中小城市乃至更大范围的城市具有风向标意义，能够通过"需求外溢"带动周边城市去库存。但在过快上涨状态下，中心城市和周边中小城市还有可能存在零和博弈关系。中心城市房地产价格的上涨会导致周边城市需求（包括投资投机需求）向其涌入转移，造成"需求虹吸"，从而增加中小城市的空置和库存。未来，有效应对都市圈、城市群内重点、热点城市房地产市场出现的过热及其扩散蔓延问题，须重点加强都市圈、城市群内城市地方政府部门在房地产市场调控手段、政策运用上的协同性，协力谨防局部过热持续而引发全域性市场过热和房地产泡沫风险。

第四节　完善差别联动调控政策体系的基础性配套措施

一　完善房地产市场调控施策的基础性配套措施

中国城市房地产市场由于不是市场充分孕育的硕果，其产生之初就带有明显的制度机制缺失。一方面，房地产市场缺乏由商品经济内生出的自然生长环境，住房消费意识滞后，投资理念缺乏，房地产市场参与主体的信用基础薄弱、法制观念淡薄，房地产开发、销售企业的主体地位不明确，住房中介机构不规范等；另一方面，房地产市场的制度设计先天不足，传统的计划性住房分配虽已结束，但相应的房地产市场配套制度尚未建立，如住房信息平台建设、反垄断机制、房价预警机制、遏制住房投资投机及住房交易的规制不健全等。特别是配套机制不足，导致房地产市场信息不对称、住房炒作等问题更加突出，开发商囤地不建、捂盘惜售、价格合谋、虚假广告和哄抬房价等行为未能被有效监管和惩戒，这也对房地产调控政策效应的发挥产生挑战。

为此，在房地产市场调控政策优化过程中，一方面要进一步完善房地产市场监测，加强对热点地区和重要城市、都市圈和城市群房地产市场运行状况的实时监测与预警，把握房地产市场运行的最新动向，评估可能出现的问题，进而有助于科学合理和有针对性地开展房地产市场调控；另一方面，加强房地产市场的监管。针对房价高涨时期房地产市场秩序较为混乱，新房市场、二手房交易、住房租赁市场法律法规不完善的情况，进一步整顿和规范房地产市场秩序，严格惩处房地产开发企业、中介机构等的违规操作和违法行为，真正做到信息公开、买卖公平。加快法律建设，加强监管，建立房地产领域的信用体系、房地产监测和预警机制以实现长效监管，为房地产调控的有效开展和房地产市场的稳健运行创造良好的基础性环境。

二　强化房地产市场调控施策的监管协调工作机制

健全调控纵向监管机制和完善调控横向协调机制，是确保调控政策被有效落实的机制保障。要实现对房地产市场科学有效调控，保证调控政策及时落实和发挥作用，从而实现市场稳健发展，关键是完善调控工作机制，使之规范化、制度化。

一方面，健全纵向政府间的调控监管机制。在房地产调控过程中，明确政府内部的领导责任、主体责任和主要责任，构建覆盖调控政策制定、传递、落实，以及调控效果评估、监测、反馈等环节的监管机制，完善纵向政府间职能定位与分工，强化中央政府的监督责任和地方政府的主体责任，将房地产调控成效纳入地方领导政绩考核范围。

另一方面，完善政府部门之间的调控协调机制。针对政府内部不同部门决策分散，内部责任细分、考核监控、问责奖惩约束不足，以及调控应急协调不够，信号发送不统一等问题，完善政府部门之间的信息通报和决策沟通机制，建立房地产调控与宏观经济及其相关部门协同的定期会商和临时会商机制，相互配合，发出统一、明确的调控信号，形成合力，以及时引导、稳定市场预期。同时，加强都市圈、城市群内城市间房地产市场调控的协同性。

第五节 健全差别联动调控政策体系的长效性支持机制

一 完善土地供应政策及管理机制

完善土地供应政策是构建房地产市场差别联动、精准协同调控体系的主要手段和基本前提，重在引导规范地方政府和开发商的用地行为，推动合理地价的形成。在现有产权框架下，完善土地供应政策的重点在于完善土地供应管理和出让方式，引导和确保政府形成利于民生、保障普通居民合理住房用地需求的城市土地供应观。

第一，改革城市土地供给管理。探索建立城乡统一的建设用地市场，在此基础上逐步形成城市土地监督权与土地供给权相分离的管理体系。明确规定城市民生性住房用地的合理增长，科学编制城市建设用地规划，优化住房用地供给结构和布局。规范处置闲置土地，严厉打击热点地区和城市的"囤地炒地"行为。

第二，优化普通商品房用地出让方式，形成差异化土地出让机制。针对城市土地用途的多样性以及住房的经济属性与民生属性，明确规定不同用途的土地采取差别对待的出让方式，特别是民生属性较强的普通商品住房建设用地不宜采用"拍卖"出让。

第三，确立城市差别统筹的用地指标调配政策。按照人口与土地挂钩要求，增加中心城市及都市圈、城市群住房用地指标与土地和住房供应，以稳定市场预期；调整、减少库存大与人口吸纳能力较弱的三四线及以下城市的土地供给，使其建设用地及住房供给与人口规模、经济发展水平等基本面需求保持动态匹配；及时公布符合未来市场需求的土地供应计划。尤其是对一二线重点、热点城市，必须严格限制政府实施饥渴性供地，冷却开发企业的抢地热潮。

二 健全多元住房供给政策引导机制

城市房地产市场时空运行中的供求作用机理，决定了顺应市场规律的差别联动调控体系构建除了涉及需求层面政策因素外，还需要综合顾及供给层面政策因素，从全国城市层面创新住房供给及保障体系。就中国房地产市场区域空间分异的基本格局、特征及动力机制来看，确立多元化住房供给政策是完善房地产市场调控体系的重要构成内容。随着中国工业化和城市化进程不断推进以及沿海与内陆地区城市化空间格局的优化，未来还有更多分布在城乡的潜在居住需求向城市空间集聚，并转化为城市住房现实需求，完全依赖市场或政府无法解决像中国这样人口数量庞大、地区差异突出的大国城市住房问题。为此，按照《国家新型城镇化规划（2014—2020）》中"建立市场配置和政府保障相结合的住房制度"以及"加快构建以政府为主提供基本保障、以市场为主满足多层次需求的住房供应体系"的要求，从新建商品住房、保障房以及存量房层面创新住房供给制度，确立符合中国大国特征的城市多元化住房供给长效配套模式。

第一，完善市场导向、企业主体的城市商品住房供给引导政策和机制。中国自1998年开启的住房货币化改革，让商品住房在满足多数城市居民住房需求方面发挥了重要的作用。随着中国城市住房市场化改革深入推进，商品住房在满足住房需求尤其是中高收入者多层次住房需求方面将承担重要角色。因此，中国住房改革的市场化方向决定了城市商品住房供给体系构建需要坚持"市场导向、企业主体"的总体原则。其中，市场导向是指以不同层次住房消费需求为导向；所谓企业主体，是指企业是商品住房供给的承担主体。在规范、健康的城市房地产市场运作制度环境下，"市场导向、企业主体"的城市商品住房供给机制的运作核心是通过发挥城市房地产市场的价格机制、供求机制以及竞争机制的决定性作用来实现城市商品住房资源的优化配置。

第二，健全政府主导、多方参与的城市保障住房供给政策及机制。城市保障性住房供给是解决城市中低收入居民住房需求的重要途径和缓解城市商品房市场压力的有益补充。在工业化、城市化、市场化与全球化交织推进背景下，中国不同地区城市间以及不同阶层间收入水平存在较大差异，居民和家庭的购房支付能力存在差别，单靠以市价为准绳的市场配置很难有效解决城市低收入人群的住房问题。许多先行发达国家的实践已经证实了这一点。因此，应借鉴世界发达国家的成熟经验，结合中国的制度环境和基本国情，在民生属性较强的住房领域特别是保障性住房方面，按照社会参与这一机制设计准则，逐渐确立由"政府主导、多方参与"的供给机制。一是确立政府在城市保障性住房供应上的主导地位，发挥其在保障性住房用地供应、规划编制及配置中的主体作用；二是积极引导社会力量参与，形成广泛的社会参与机制，健全"政府主导、企业参建、民众监督"的城市保障房供给管理体系，完善城市中低收入居民以及满足一定条件的外来人口进入和退出保障性住房的标准与流程。此外，扩展多种形式以满足城市中低收入居民住房需求，探索形成实物保障与货币补贴并举的住房保障模式。

第三，完善盘活城市存量住房的租房税费减免与补贴政策及运作机制。盘活城市闲置存量住房是城市多元化住房供给政策的重要一环，是满足城市"夹心层"居民和外来流动人口住房需求、优化城市住房资源配置以及平抑商品住房价格尤其是中国高人口密度城市偏高住房价格的重要途径。机制设计理论指出，要想实现帕累托最优的资源配置机制，必须充分考虑激励相容问题。从长期来看，以提高信息效率和促进激励相容为目的构建盘活城市闲置存量住房激励机制尤为重要。这需要通过租房减免与补贴方式进一步调动城市闲置住房持有者和住房租住者的参与积极性，确立住房出租激励机制。通过税收优惠、税费减免或租房补贴等长期激励措施，引导闲置存量住房进入租赁市场，以增加城市住房尤其是重点、热点城市房地产的有效供给，提高城市住房资源的配置效率，进而通过租房供给、保障房供给和商品房供给的有序搭配，满足多层次住房需求，形成多元住房供给长效配套机制，促进房地产市场可持续稳健发展。

三　优化房地产财税政策及调节稳定机制

从世界发达国家房地产市场发展经验来看，框架健全、体系完善的房地产税收政策及制度对于房地产市场而言不可或缺。① 中国城市房地产市场由于内生于计划模式，成长于经济转型时期，存在先天发育不足和后天基础性制度机制缺损问题。② 就住房税收层面看，房地产税费多集中于住房开发和住房流通领域，住房保有阶段的税种不足，房地产税缺失，进而容易诱发房地产投资投机，影响住房调控政策正常效应的发挥。针对中国现有住房税收体系的缺损和不足，结合差别联动调控的目标导向，需要以"促进城市住房市场结构调整、合理引导住房消费以及稳定社会预期"的目的，设计形成公平合理的住房税收政策体系，从制度层面确立城市住房税收调节机制。在完善房地产税收基础制度基础上，择机扩大房地产税征收试点城市的范围，建立"以持有税为主"的房地产财税制度和政策，形成有效抑制房地产投资投机的经济惩戒机制。其重点内容是调整城市住房流通和持有阶段的税收负担比例，将房地产税收的调节对象真正落实到个人财产占有关系上。按照购房者对商品住房购买和持有两种不同的状态，房地产财税政策体系及调节机制由住房流通环节税收调节机制和住房持有环节税收调节机制两部分构成。

第一，完善住房流通环节税收调节。借鉴欧美等成熟型市场经济国家将住房税收作为调节住房资源配置有效手段的经验，构建中国城市住房流通环节税收调节机制需要通过针对特定人群或按照一定标准，实行差别化的住房交易税收。其主要内容包括两个方面：一是为抑制城市高收入群体过度消费住房、囤房和炒房，确保和促进合理住房消费的释放，实行限于首套住房的抵押贷款或按揭贷款利息个人所得税及其他相关税费的减免政策。二是为满足基本自住住房需求和有序支持改善性住房需求，规定降低首套或居住一定年限的唯一住房交易环节的税负，方便城市原有居民以及城市外来人口根据自己的收入、财务情况以及居住需求动态调整住房状况。这让购房者的个人购买决策在住房流通环节税收调节机制规制下变得愈加理性，并与促进合理住房消费的整个社会目标相

---

① 李乃康、易文华、王林：《我国房地产税收制度改革研究——基于发达国家的经验》，《中国房地产》2013年第10期，第3—11页。
② 杨继瑞、丁如曦：《中国城市住房市场的脆弱性及其化解路径》，《经济社会体制比较》2014年第5期，第157—167页。

协调。

第二，完善住房持有环节税收调节。住房持有环节税收调节机制的主体内容是通过征收房地产税来调节城市住房资源的配置效率。对于高收入群体且持有多套超标住房实行累进征收，对于中低收入、中小套型住房制定减免房产税的规定。考虑到中国房地产市场发育和发展程度的地区性差异，以及房地产市场空间分异呈现出的"多中心—外围"模式，房产税的试点和推广应坚持在区域空间上重点城市和热点城市优先突破，以及时间维度上循序渐进的原则。以重庆和上海两市为参照，先将房产税征收扩容到东部地区房价水平较高且具有较强领导、辐射、扩散效应的经济网络枢纽城市、都市圈和城市群核心城市，再逐步深入中部、西部、东北地区房价水平较高且具有较强局域溢出效应的高行政等级城市，再从这些城市逐渐向周边城市扩展。由中心城市"点"到都市圈、城市群区域"片"，再到更大地域城市体系"面"，最终使房地产税的征收覆盖中国全域空间范围，形成住房持有环节税收调节机制，有效发挥其对房地产投资投机需求和偏高房价的平抑与调节作用。同时，房地产财税调节稳定机制的确立需要长期严格执行房地产税收政策，借助完善且有差别的税制设计，减少城市房地产投资投机者的利润空间，并通过法律形式确定国家长期住房税收调节机制的价值取向，将符合中国国情、行之有效的住房税收调节政策上升为具有强制性的法律或行政法规。

总之，在中国城市发展和区域格局正发生深刻演变以及房地产市场在总量供求结构和区域空间维度上出现新特征、新趋向和新问题的背景下，要求房地产市场调控政策及相关机制顺应上述变化而合理调整、改进和优化。未来，在着力构建以都市圈、城市群为空间依托的房地产市场差别联动调控政策体系的过程中，须通过调控手段、调控政策和调控方式的优化，用好土地供给、房地产金融信贷、房地产税收等政策工具的弹性以及政策组合搭配的整体效应，以更加科学化、精准化和高质量化地展开房地产市场调控，不断引导和促进中国大国房地产市场的平稳、健康和协调发展。

参考文献

Alexander, C., Barrow, M., "Seasonality and Cointegration of Regional House Prices in the UK", *Urban Studies*, Vol. 31, No. 10, 1994.

Alonso, W., *Location and Land Use: Towards a General Theory of Land Rent*, Cambridge, MA: Harvard University Press, 1964.

Anselin, L., "Local Indicators of Spatial Association—LISA", *Geographical Analysis*, Vol. 27, No. 2, 1995.

Anselin, L., *Spatial Econometrics: Methods and Models*, Dordrecht: Kluwer Academic Publishers, 1988.

Brueckner, J., *The Structure of Urban Equilibria: A Uinified Treatment of the Muth-Mills Model. Handbook of Regional and Urban Economics (Ⅱ): Urban Economics, Edited by Mills E.*, Elsevier Science Publisher B. V., 1987.

Bruyne, K. D., Hove, J. V., "Explaining the Spatial Variation in Housing Prices: An Economic Geography Approach", *Applied Economics*, Vol. 45, 2013.

Case, K. E., Shiller, R. J., "The Efficiency of the Market for Single-family Homes", *American Economic Review*, Vol. 79, No. 1, 1989.

Chihiro, S., Kiyohiko, G. N., "Pricing Structure in Tokyo Metropolitan Land Markets and its Structural Changes: Pre-bubble, Bubble, and Post-bubble Periods", *The Journal of Real Estate Finance and Economics*, Vol. 35, No. 4, 2007.

Ding, C. R., "Urban Spatial Development in the Land Policy Reform Era:

Evidence from Beijing", *Urban Studies*, Vol. 41, No. 10, 2004.

Dobkins, L. H., Ioannides, Y. M., "Spatial Interactions among U. S. Cities: 1900 – 1990", *Regional Science and Urban Economics*, Vol. 31, No. 6, 2001.

Fujita, M., Krugman, P., Venables, A. J., *The Spatial Economy: Cities, Regions, and International Trade*, Cambridge: MIT Press, 1999.

Fujita, M., Ogawa, H., "Multiple Equilibria and Structural Transition of Non – monocentric Urban Configurations", *Regional Science and Urban Economics*, Vol. 12, No. 1, 1982.

Gong, Y. L., Hu, J. X., Boelhouwer, P. J., "Spatial Interrelations of Chinese Housing Markets: Spatial Causality, Convergence and Diffusion", *Regional Science and Urban Economics*, Vol. 59, 2016.

Goodman, A. C., Thibodeau, T. G., "Where Are the Speculative Bubbles in US Housing Markets?", *Journal of Housing Economics*, Vol. 17, No. 2, 2008.

Henderson, J. V., "Urbanization in Developing Countries", *World Bank Research Observer*, Vol. 17, No. 1, 2002.

Holly, C., Pesaran, M. H., Yamagata, T., "A Spatio-temporal Model of House Prices in the USA", *Journal of Econometrics*, Vol. 158, No. 1, 2010.

Kazuo, S., "Bubbles in Japan's Urban Land Market: An nalysis", *Journal of Asian Economics*, No. 2, Vol. 6, 1995.

Kim, Y. S., Rous, J., "House Price Convergence: Evidence from US State and Metropolitan Area Panels", *Journal of Housing Economics*, Vol. 21, No. 2, 2012.

Kobayashi, K., Okumura, M., "The Growth of City Systems with High-Speed Railway Systems", *The Annals of Regional Science*, Vol. 31, No. 1, 1997.

Luo, Z. Q., Liu, C., Pichen, D., "Housing Price Diffusion Pattern of Australia's State Capital Cities", *International Journal of Strategic Property*

Management, Vol. 11, No. 4, 2007.

Macdonald, R., Taylor, M., "Regional Housing Prices in Britain: Long-Run Relationships and Short-Run Dynamics", *Scottish Journal of Political Economy*, Vol. 40, No. 1, 1993.

Manning, C., "Explaining Intercity Home Price Differences", *Journal of Real Estate Finance and Economics*, Vol. 2, No. 2, 1989.

Meen, G., "Regional House Prices and the Ripple Effect: A New Interpretation", *Housing Studies*, Vol. 14, No. 6, 1999.

Miles, W., "Regional House Price Segmentation and Convergence in the US: A New Approach", *Journal of Real Estate Finance & Economics*, Vol. 50, No. 1, 2013.

Mills, E., Nijkamp, P., *Advances in Urban Economics. Handbook of Regional and Urban Economics (Ⅱ): Urban Economics*, Edited by Mills E., Elsvier Science Publisher B. V., 1987.

Mills, E., "An Aggregate Model of Resource Allocation in a Metropolitan Area", *American Economic Review*, Vol. 57, 1967.

Muth, R. F., *Cities and Housing: the Spatial Pattern of Urban Residential Land Use*, Chicago: University of Chicago Press, 1969.

Muth, R., *Cities and Housing*, Chicago: University of Chicago Press, 1969.

Oikarinen, E., Engblom, J., "Differences in Housing Price Dynamics across Cities: A Comparison of Different Panel Model Specifications", *Urban Studies*, Vol. 53, No. 11, 2016.

Papageorgiou, G. J., Cssetti, E., "Spatial Equilibrium Residential Land Values in a Multicentric Setting", *Journal of Regional Science*, Vol. 11, No. 3, 1971.

Pollakowski, H. O., Ray, T. S., "Housing Price Diffusion Patterns at Different Aggregation levels: A Examination of Housing Market Efficiency", *Journal of Housing Research*, No. 1, Vol. 8, 1997.

Potepan, M. J., "Explaining Intermetropolitan Variation in Housing Prices, Rents and Land Prices", *Real Estate Economics*, Vol. 24, No. 2, 1996.

Theil, H., *Economics and Theory*, Amsterdam: North Holland Publishing Company, 1967.

Tobler, W. R., "A Computer Movie Simulating Urban Growth in the Detroit Region", *Economic Geography*, Vol. 46, No. 2, 1970.

Wang, Y., Fang, C. L., Xiu, C. L, et al., "A new Approach to Measurement of Regional Inequality in Particular Directions", *Chinese Geographical Science*, Vol. 22, No. 6, 2012.

Zheng, Siqi, Kahn, M. E., Liu Hongyu, "Towards a System of Open Cities in China: Home Prices, FDI Flows and Air Quality in 35 Major Cities", *Regional Science and Urban Economics*, Vol. 40, No. 1, 2010.

巴顿：《城市经济学》，上海市社会科学院部门经济研究所城市经济研究室译，商务印书馆1986年版。

陈斌开、张川川：《人力资本与中国城市住房价格》，《中国社会科学》2016年第5期。

陈会广、刘忠原、张耀宇：《房地产市场及其细分的调控重点区域划分理论与实践——以中国35个大中城市为例》，《资源科学》2012年第10期。

邓郁松：《我国房地产市场发展进入新阶段》，《中国经济时报》2017年11月30日。

丁成日：《城市经济与城市政策》，商务印书馆2008年版。

丁如曦、倪鹏飞：《中国城市住房价格波动的区域空间关联与溢出效应——基于2005—2012年全国285个城市空间面板数据的研究》，《财贸经济》2015年第6期。

丁如曦、倪鹏飞：《房地产市场调控优化及深化改革：目标原则与路径找寻》，《改革》2018年第10期。

丁如曦、倪鹏飞：《中国经济空间的新格局：基于城市房地产视角》，《中国工业经济》2017年第5期。

丁祖昱：《中国房价收入比的城市分异研究》，《华东师范大学学报》（哲学社会科学版）2013年第3期。

董艳梅、朱英明：《高速铁路建设能否重塑中国的经济空间布局——基于就业、工资和经济增长的区域异质性视角》，《中国工业经济》2016年第10期。

范剑勇、邵挺：《房价水平、差异化产品区位分布与城市体系》，《经济研究》2011年第2期。

冯维江、何帆：《日本股市与房地产泡沫起源及崩溃的政治经济解释》，《世界经济》2008年第1期。

符育明：《中国房地产价格与城市化困境》，《经济资料译丛》2013年第2期。

高柏：《日本经济的悖论——繁荣与停滞的制度性根源》，商务印书馆2004年版。

高波、陈健、邹琳华：《区域房价差异、劳动力流动与产业升级》，《经济研究》2012年第1期。

高波、王辉龙、李伟军：《预期、投机与中国城市房价泡沫》，《金融研究》2014年第2期。

高波：《我国城市住房制度改革研究——变迁、绩效与创新》，经济科学出版社2017年版。

郭克莎：《我国房地产市场调整的趋势、影响及对策分析》，《财贸经济》2014年第12期。

郭克莎：《中国房地产市场的需求和调控机制——一个处理政府与市场关系的分析框架》，《管理世界》2017年第2期。

郝寿义：《区域经济学原理》（第二版），格致出版社、上海三联书店、上海人民出版社2016年版。

韩立彬、陆铭：《供需错配：解开中国房价分化之谜》，《世界经济》2018年第10期。

洪涛、西宝、高波：《房地产价格区域间联动与泡沫的空间扩散》，《统计研究》2007年第8期。

黄红梅、石柱鲜、李玉梅：《中日房地产价格影响因素的比较研究》，《现代日本研究》2014年第1期。

况伟大：《空间竞争、房价收入比与房价》，《财贸经济》2004年第7期。

况伟大：《利率对房价的影响》，《世界经济》2010年第4期。

况伟大：《预期、投机与中国城市房价波动》，《经济研究》2010年第9期。

李斌：《城市住房价格结构化：人口迁移的一种筛选机制》，《中国人口科学》2008年第4期。

李国平、王志宝：《中国区域空间结构演化态势研究》，《北京大学学报》（哲学社会科学版）2013年第3期。

李景国：《影响我国房地产市场健康发展的主要制度问题分析》，《甘肃社会科学》2011年第5期。

李乃康、易文华、王林：《我国房地产税收制度改革研究——基于发达国家的经验》，《中国房地产》2013年第10期。

李祥妹、刘亚洲、曹丽萍：《高速铁路建设对人口流动空间的影响研究》，《中国人口·资源与环境》2014年第6期。

李雪铭、张馨、张春花等：《大连商品住宅价格空间分异规律研究》，《地域研究与开发》2004年第12期。

李永友：《房价上涨的需求驱动和涟漪效应——兼论我国房价问题的应对策略》，《经济学（季刊）》2014年第2期。

梁刚：《日本城市地价变动及其经济影响分析》，《现代日本经济》2005年第2期。

梁云芳、高铁梅：《中国房地产价格波动区域差异的实证分析》，《经济研究》2007年第8期。

林睿：《我国区域房地产市场动态演变及差别化调控政策研究》，博士学位论文，中国科学院大学，2015年。

刘海云、吕龙：《城市房价泡沫及其传染的"波纹"效应》，《中国工业经济》2018年第12期。

刘志平、陈智平：《城市住房价格的空间相关性、影响因素与传递效应——基于区域市场关系层面的实证研究》，《上海财经大学学报》2013年第5期。

陆铭、欧海军、陈斌开：《理性还是泡沫：对城市化、移民和房价的经验研究》，《世界经济》2014年第1期。

吕江林：《我国城市住房市场泡沫水平的测度》，《经济研究》2010年第

6 期。

倪鹏飞：《构建支持"住"抑制"炒"的房地产市场》，《紫光阁》2017 年第 1 期。

倪鹏飞：《中国城市竞争力报告 No. 14——新引擎：多中心群网化城市体系》，中国社会科学出版社 2016 年版。

倪鹏飞：《中国住房发展报告 2015—2016》，广东经济出版社 2016 年版。

倪鹏飞：《中国住房发展报告 2016—2017》，广东经济出版社 2017 年版。

钱瑛瑛：《房地产经济学》（第二版），同济大学出版社 2008 年版。

任荣荣：《住房市场区域分化——日本经验的启示》，《中国投资》2016 年第 1 期。

任兴洲等：《中国住房市场调控与政策》，中国发展出版社 2013 年版。

邵朝对、苏丹妮、邓宏图：《房价、土地财政与城市集聚特征：中国式城市发展之路》，《管理世界》2016 年第 2 期。

时寒冰：《行政权力与中国房价的阶梯状格局》，《经济社会体制比较》2014 年第 6 期。

孙聪、郑思齐、张英杰：《高速铁路对中国城市经济的外部影响》，《广东社会科学》2014 年第 5 期。

王姣娥、焦敬娟、金凤君：《高速铁路对中国城市空间相互作用强度的影响》，《地理学报》2014 年第 12 期。

王锦阳、刘锡良：《住宅基本价值、泡沫成分与区域溢出效应》，《经济学》（季刊）2014 年第 4 期。

王松涛、杨赞、刘洪玉：《我国区域市场城市房价互动关系的实证研究》，《财经问题研究》2008 年第 6 期。

王文春、荣昭：《房价上涨对工业企业创新的抑制影响研究》，《经济学》（季刊）2014 年第 1 期。

王先柱、毛中根、刘洪玉：《货币政策的区域效应——来自房地产市场的证据》，《金融研究》2011 年第 9 期。

王雪峰：《房地产泡沫和金融不安全——日本泡沫经济 15 周年评述》，《现代日本研究》2007 年第 3 期。

王洋、王德利、王少剑：《中国城市住宅价格的空间分异格局及影响因素》,《地理科学》2013年第10期。

王雨飞、倪鹏飞:《高速铁路影响下的经济增长溢出与区域空间优化》,《中国工业经济》2016年第2期。

吴宾、杨彩宁:《住房制度、住有所居与历年调控:自1978—2017年中央政府工作报告观察》,《改革》2018年第1期。

西堀喜久夫:《战后日本城市经营的教训》,《日本研究》2009年第3期。

夏兴园:《日本中央与地方政府的财政关系》,《现代日本研究》1993年第2期。

项卫星、李宏瑾、白大范:《银行信贷扩张与房地产泡沫:美国、日本及东亚各国和地区的教训》,《国际金融研究》2007年第3期。

谢百三、赖雪文:《日本房地产泡沫破灭累及社会之教训及我国的防范对策》,《价格理论与实践》2014年第8期。

谢旦杏、林雄斌:《城市住房价格时空间特征及其影响因素研究》,《经济地理》2014年第4期。

许政、陈钊、陆铭:《中国城市体系的"中心—外围模式"》,《世界经济》2010年第7期。

杨继瑞、丁如曦:《中国城市住房市场的脆弱性及其化解路径》,《经济社会体制比较》2014年第5期。

野口悠纪雄:《泡沫经济学》,曾寅初译,生活·读书·新知三联书店2005年版。

尹虹潘:《不同房地产调控政策在城市层面的运行机制——基于城市房价空间分布曲线的理论分析》,《经济学家》2012年第12期。

尹虹潘:《开放环境下的中国经济地理重塑——"第一自然"的再发现与"第二自然"的再创造》,《中国工业经济》2012年第5期。

尹鹏飞、安晓明:《对当前我国城市房价变动分化的研究》,《价格理论与实践》2013年第1期。

余华义:《经济基本面还是房地产政策在影响中国的房价》,《财贸经济》2010年第3期。

张凌:《城市住房价格波动差异及连锁反应研究》,博士学位论文,浙江大学,2008年。

张清源、苏国灿、梁若冰：《增加土地供给能否有效抑制房价上涨——利用"撤县设区"的准实验研究》，《财贸经济》2018年第4期页。

张涛、龚六堂、卜永祥：《资产回报、住房按揭贷款与房地产均衡价格》，《金融研究》2006年第2期。

张学良：《中国交通基础设施促进了区域经济增长吗——兼论交通基础设施的空间溢出效应》，《中国社会科学》2012年第3期。

张学良：《中国区域经济转变与城市群经济发展》，《学术月刊》2013年第3期。

张亚丽、梁云芳、高铁梅：《预期收入、收益率和房价波动——基于35个城市动态面板模型的研究》，《财贸经济》2011年第1期。

周京奎：《货币政策、银行贷款与住宅价格——对中国4个直辖市的实证研究》，《财贸经济》2005年第5期。

周豫、胡俊：《中国城市间住宅价格的波纹效应研究》，《中国房地产》2013年第7期。

邹利林、杨俊、胡学东：《中国城市住宅价格时空演变研究进展与展望》，《地理科学进展》2013年第10期。

后　记

　　中国是一个历史文化悠久、自然环境多样、人口基数庞大、疆域辽阔广袤、地区差异明显的发展中大国，正处在工业化、城市化、市场化和全球化叠加推进的发展阶段。在事关人民安居乐业和经济社会发展全局的领域中，房地产问题的重要性、复杂性和敏感性正随着国家经济发展和社会转型而凸显。在中国城市经济与区域格局正深刻演变、房地产空间结构性调整加快以及发展机遇与挑战并存背景下，促进房地产市场平稳、健康、协调发展的重要意义，不仅在于房地产市场发展本身，更在于房地产业发展与国民经济发展、民生改善和社会和谐稳定息息相关。系统探究中国房地产市场区域空间机理、格局与特征，是厘清中国房地产市场时空运行机制及相关问题，进而科学开展房地产市场调控实践的核心内容。正是基于这样的认识，从区域空间维度上思考和探究区域与城市经济、房地产经济问题，成为我学术求索之路上的主要关注领域和研究方向。

　　自 2005 年进入本科阶段学习经济学以来，发生在中国西部地区以及我身边的一些重要而有趣的空间经济现象一直吸引着我。在老师的启发和引导下，我开始参与、开展相关科研工作，并连续攻读硕士、博士学位。从 2006 年参与教育部人文社科规划基金项目"城镇化进程中西部农民的流向研究"到 2008 年公开发表第一篇学术论文，从 2010 年参与国家社科基金西部项目"促进西部地区房地产市场稳定健康发展研究"到 2012 年完成硕士学位论文，从 2012 年进入西南财经大学攻读经济学博士学位到 2013 年主持中央高校基本科研业务费专项资金项目"中国西部地区房价空间分异及差别化调控政策研究",从 2015 年获得经济学博士学位并进入中国社会科学院应用经济学博士后流动站到 2017 年博士后出站进入高校从事区域与城市经济学教学科研工作……在不断学习、研究和调研实践中,我真切地感到不平坦物理世界和不平衡发展基础之上中国大国房地产市场区域空间问题的系统性与复杂性,也深刻认识到忽视空间效应、缺乏空间指向的"一刀切"房地产市场调控模式和简单的差别化调控干预所面临的现实挑战与困境。

近年来,在中国多个地区和城市的实地调研、旅行中,更是加深了我对这一问题的认识与理解。从寂寞寥广、风沙漫漫的酒泉到一河穿城过、两山夹一城的兰州,从秦川百里、八水绕城的古都西安到人口稠密、经济社会资源富集的首都北京,从地势平坦、河网纵横的天府成都到两江交汇、"山城"著称的重庆,从民族风情浓郁的丽江到有"绿城"美誉的南宁,从九省通衢武汉到十朝都会南京,从风景秀丽的杭州到富甲天下的上海,从雪域高原"日光城"拉萨到中国经济重镇广州……这"行万里路"的亲身感受让我认识到中国不同地区和城市在自然地理条件、经济发展基础和社会文化环境方面的鲜明差异,也感受到高速铁路大规模建设背景下中国区域与城市间时空距离的空前压缩及其相互联系与相互作用的日渐增强。这更加坚定了我对房地产市场区域空间问题的研究取向,并将研究对象由房地产价格扩展至房地产市场,把考察的区域从西部地区拓展到中国全国范围。

经过大量文献检索后发现,西方经典经济学理论强调市场和微观行为主体对塑造城市内部和城市之间房地产空间格局的重要作用,但多数是基于欧美发达国家的城市化实践的理论阐释和经验总结,缺少针对处于市场化制度变迁与工业化、城市化和全球化交织推进环境中的发展中大国的论述。与欧美发达国家不同,中国是一个人口众多、地域广袤、地区差异明显的发展中大国,正在进行人类历史上最大规模的城市化和世界上最大规模的高速铁路网建设。区域与城市间时空距离的空前压缩和经济联系的日渐增强,使得城市间房地产市场的差异联动越来越明显。这为把城市内部房地产空间演变的经典模型及分析拓展运用到中国全国地理尺度上提供了支持,中国大地上正在发生的这种生动实践也为相关理论创新创造了条件。与此同时，国内学界已对房地产市场传统"一刀切"的调控方式、简单的差别化干预及其机制欠缺、调整优化等问题展开了讨论，但基于中国城市房地产市场区域空间分异内在规律性特征的差别化精准调控体系探究，尤其是有关构建更加有效的中国房地产市场调控机制及长效发展机制的研究仍然并不充分。在中国住房发展告别总量严重短缺并转向结构性过剩与结构性短缺并存时代后，结合房地产市场时空发展新特征、新趋向进行系统性房地产市场调控机制设计优化，对于促进中国房地产市场稳健协调发展的重要意义越发凸显。基于此，我最终确定了本书"中国房地产市场空间分异与调控优化研究"的选题，力求在吸收借鉴国内外相关研究成果、汇集本人近年来相关研究思考及成果的基础上，结合经济规律与中国实践，从理论与实证方面对这一问题进行比较系统的探究与分析。

在研究开展、书稿写作过程中，我深感到区域经济学、城市经济学、空间经济学等理论的博大精深和与时俱进，深感到中国城市房地产市场运行基础、空间表现与调控实践的纷繁复杂和鲜明特色，也深感学术之路必经的身心考验与坚持坚忍，更深感专业知识的积累与研究能力的提升是一个渐进的过程。基于上述的种种主观和客观原因，本书的结果与选题的初衷还存在一定的差距，研究中还存在一些不足，有待后续进一步努力完善与拓展。在未来研究中，本人寄希望于把研究中提出的中国房地产市场"中心拓展整合、外围分化倾斜"的区域空间分异模式、多中心集群网络化房地产价格差别联动体系等予以拓展，将微观行为主体纳入统一模型框架，并赋予其微观经济学基础。在更进一步全面深入分析的基础上，探索形成框架更加完整、结构更为明晰、内容更为系统的中国房地产市场差别联动和精准协同调控机制体系。在中国这样一个拥有约 1/15 世界陆地面积和 1/5 世界人口的大国，区域与城市经济学有着广阔的理论创新空间和实践应用前景，由此也坚定了我将这项科研工作不断深入推进的理念与信心。

成书之际，我的内心久久不能平静，不由自主地回想起自己 20 多载不间断的求学生涯。从乡村小学到镇上中学再到高中，从本科到硕士再到博士，从博士到博士后再到如今的一名高校教师，这期间有长达八年的住校求学历程，有攀越过的数万里崎岖山路，有秉烛夜读，有风雨无阻……这一路对我而言并不平凡，它在我青春年华里铭刻了太多宝贵的记忆，并将激励我在未来学术求索之路上，一如既往地坚定向前走。这一路走来，我的家人、老师、领导、同事、朋友等给了我许多的关怀、支持和帮助，借此对他们深表感谢。

感谢我的家人，是他们给予了我学习和生活上无尽的支持与鼓励。我的父亲和母亲作为普通农民，他们在中国大西北那片黄土地上辛勤耕耘，含辛茹苦地将三个子女养育成人，并无怨无悔地坚持供我完成长达20多载的学业，这是多么不易的事情！如果我的研究工作能够对西部地区经济社会发展提出些许良好的建议，那就是对生我养我的父老乡亲以及那片我深爱的黄土地的感恩。感谢我亦师亦友、亦知己的妻子李东坤女士，在我人生中的一些重要关口以及生活和工作中的许多重要时刻，总有她的陪伴、宽慰和鼓励。她的支持和关爱是我努力向前、不断进步的幸福动力。

感谢我的博士生导师西南财经大学赵曦教授和师母郝老师。三年的博士求学生涯和学术成长之路，离不了赵老师耐心、认真、严谨的指导，我从中受益匪浅。除了读书治学上的影响外，赵老师在做人道理、生活艺术等方面也给予了我很多的启发。他严谨求实的治学风范和宽广博大的人文情怀将影响我的一生。师母郝老师一直默默地支持和鼓励着我，每次去家中做客，她总会提前准备好各种好吃的东西，并和赵老师亲自下厨为我们精心烹制香美的饭菜。每每这样的时刻，我总能感受到家的温暖。感谢我的硕士生导师广西大学朱仁友教授，是他的启发和引导帮我接触并"入门"房地产经济学这一重要而有趣的研究领域，并在学习和生活方面给予了我许多关怀。

感谢我的博士后合作导师中国社会科学院倪鹏飞研究员。在博士后流动站期间，我和倪老师一直保持着密切的交流探讨和融洽高效的科研合作。从参与编写多部年度报告到合作完成多本中英文著作，从重要论文和成果要报的构思、写作、修改、完善到最终刊发，离不开与倪老师面对面的反复探讨和交流合作。倪老师高屋建瓴、认真专业地指导和点拨，让我受益匪浅。他严谨求实的治学作风和追求卓越、成就学术精品的治学精神一直感染着我。

本书得到西南财经大学经济学院领导及同事的支持与帮助，并受到西南财经大学全国中国特色社会主义政治经济学研究中心"中国特色社会主义政治经济学理论体系构建研究"项目资助。本书的出版得到中国社会科学出版社喻苗女士及其同事的大力支持。在此一并谨表感谢！

光阴似箭，日月如梭。20多年前那个仰望大山憧憬外面世界的毛头小孩如今已跨过而立之年；20多年前那位经常在村口遥望儿子沿蜿蜒山路放学归来的年轻父亲，如今两鬓已花白；20多年前那位每逢周末总是忙碌不停为儿子准备住校所需干粮的伟大母亲，如今额头上已爬满皱纹。无情的岁月痕迹是父爱如山、母爱如水的真实印记，他们给了我前进的强大动力，是我最值得感恩的人。

谨以此书献给我的父亲和母亲！

丁如曦
2019年6月于成都